JURAL THOUGHT SERIES

法律思想丛书

丛书主编◎喻中

U0665746

喻 中｜著

以文明秩序为线索，把思想性人物与代表性著作串连起来，勾画东西方法律思想演进与变迁的历史轨迹。从"魏晋"到"桃源"，从"埃及"到"迦南"，两种相异的文明秩序及其原理，既纵向展开，又横向比较，形散而神不散。厚重主题，轻松阅读。

在法律思想的密林里

WALKING IN
THE FOREST OF
LEGAL
THOUGHT

陕西出版集团
陕西人民出版社

图书在版编目(CIP)数据

在法律思想的密林里/喻中著. —西安:陕西人民出版社,2012

(法律思想丛书)

ISBN 978 – 7 – 224 – 10182 – 9

Ⅰ.①在… Ⅱ.①喻… Ⅲ.①法律—思想史—研究

Ⅳ.①D909

中国版本图书馆 CIP 数据核字(2012)第 076465 号

在法律思想的密林里

作　　者　喻　中

出版发行　陕西出版集团　陕西人民出版社

（西安北大街 147 号　邮编：710003）

印　　刷　铁一局印刷厂

开　　本　787mm×1092mm　16 开　16 印张

字　　数　235 千字

版　　次　2012 年 5 月第 1 版　2012 年 5 月第 1 次印刷

印　　数　1—5000

书　　号　ISBN 978 – 7 – 224 – 10182 – 9

定　　价　25.00 元

《丛书》总序 ———

这套《法律思想丛书》，旨在为当代及未来的文明秩序寻求更加丰厚的思想理据，奠定更加坚实的思想根基。

人类文明的演进史已经表明，广义的法就是对文明秩序的规则化表达，广义的法律思想就是关于文明秩序的思想。一种自成体系的法律思想就是一种文明秩序原理，相异的文明秩序则会孕育出相异的法律思想体系。按照这样的思路，中国固有的法律思想就是关于中国固有的文明秩序的思想，欧美固有的法律思想就是关于欧美固有的文明秩序的思想。至于世界普适的法律思想，则是关于人类文明秩序的思想。

正是因为文明秩序的多样性，才造就了法律思想的多样性；正是因为多元文明之间的对话，才促成了多种法律思想之间的对话；正是因为法律思想与文明秩序之间存在的这种共通性，这套《法律思想丛书》也可以称为《文明秩序原理丛书》或《文明宪章丛书》。

循名责实，这套《法律思想丛书》当然要立足于法学，尤其是法理学、法哲学、法律思想史等分支学科。然而，文明秩序原理所牵连的思想领域，绝不仅限于这几个具体的分支学科。文明秩序是一个整体性、立体性的现象，绝

1

不是某一个具体的专业学科就能够作出有效的回应。因此，这套丛书将有意突破现有的学科界限，在跨学科或科际整合的方向上作出自己的努力。举凡法理学、宪法学、政治学、思想史，乃至于含义更为宽泛的政治哲学、社会哲学、国家哲学、伦理学、宗教学、人类学等等，都属于这套丛书的支撑性学科。这些不同的学科虽然各有旨趣，但却包含了一个最大公约数，那就是对文明秩序的探索；各个学科之间的根本性差异，就在于使用了不同的范式，关注并揭示了文明秩序的不同侧面、不同维度。

事实上，现有的体制性的学科划分并非"绝对真理"，它具有流变性与时代性，是特定的历史发展阶段的产物，很大程度上还是屈从于当代社会普遍盛行的"技术宰制"或"数字管理"的结果。不言而喻，在某些自然科学领域，特别是在某些技术领域，严格的学科划分当然能够产生积极的效应。但是，在思想领域，则很难得出同样的结论。因为，思想的本质，就是对边界的突破。没有对边界的突破，怎么会有思想？怎么称得上是思想？而严格的学科划分，其实就是高筑学科与专业之墙，其中所蕴含的隔离、阻挡与禁锢，恰恰背离了思想的本质。也许正是鉴于思想自由与学科壁垒之间所隐含的逻辑冲突，真正的思想者呈现给我们的，几乎都是善于打通学科界限的"通人"形象。中外历史上那些标志性的思想大家、思想名著，基本上都是跨学科的，都很难严格地归属于现行体制下某个具体的分支学科。

提倡以跨学科的方式汇聚法律思想、揭示文明秩序，不仅仅是出于对现行的学科划分体制的反思，更是为了回应当下的中华文明与世界文明发出的召唤。

就中华文明而言，出现于19世纪末期的"乾坤颠倒"、"三千年未有之大变局"，标志着传统中国的文明秩序已经趋于坍塌，由周公、孔子、董仲舒、朱熹等人建构起来的"文明秩序原理"或"文明宪章"也随之坍塌。20世纪初期，随着孔家店的倒掉，在空寂的中华神殿上，来自异域的"诸神"先后登临。中华文明从此迈进了一个"诸神之争"的时代，文明秩序的终极理据长期得不到贞定，"泛若不系之舟"，文明秩序原理也就长期处于飘浮状态。

中华文明秩序的理据困境，正是世界文明秩序的缩影。而且，世界文明秩序视野中的"诸神之争",其激烈程度,较之于中华文明秩序内部的"诸神之争",有过之而无不及。当代人经常提及的"文明的冲突"、"起火的世界",其实就是"诸神之争"在现实世界中的延伸与折射。

因此,无论是中华文明秩序的安顿,还是世界文明秩序的安顿,都必须首先面对"诸神之争"这个根本性问题。这个根本性问题的实质,就是解释系统之争,就是文明秩序原理之争,就是法律思想之争。这个根本性问题的解决,显然不能指望"快刀斩乱麻"。这个根本性问题的解决,是一个漫长的过程,既需要时间和耐心,更需要思想文献的不断积累与思想者之间的反复商谈。我们出版这套《法律思想丛书》,就在于为不同风格、不同背景的思想者提供一个相互交流的平台。希望得到学界同人的鼎力相助,希望各位读者不吝赐教,俾使点点滴滴的学思汇聚成为一条看得见的思想河流,以滋养中华文明,进而惠及世界文明。

喻中

2012 年 3 月

自序 ——

（一）

2009 年 7 月 10 日，在成都双流机场候机大厅的书亭里，无意中看到了一册薄薄的小书。王健文的《流浪的君子：孔子的最后二十年》，北京三联书店 2008 年 9 月出版，10 万字，112 页。这样的主题，这样的篇幅，恰好适合旅途中阅读。

果然，在从成都到北京的两个半小时的旅程中，我一直陪伴着这位"流浪的君子"，走完了他的"最后二十年"。当飞机在首都机场着陆的时候，我合上书页，竟不由自主地想到：孔夫子在流浪，我也在旅行；我的旅程与孔夫子的旅程，居然重叠在一起了！尽管这是一个极其偶然的巧合，尽管在事实上，我的旅程与孔夫子的旅程，根本就没有任何关联。但是，这种牵强附会的重叠还是促使我追问：这位"流浪的君子"，他从哪里来？他到底要到哪里去？他为什么流浪？

从表面上看，权威的典籍已经作出了明白无误的回答：老先生是从鲁国出发，先到齐国，再到卫国、曹国、宋国、陈国、蔡国、楚国……"周游列国"

1

之后，又回到了故地鲁国，并终老于斯。这位"流浪的君子"，坐着一辆牛车，带着一群弟子，历经14年的漂泊，绕了一个大大的圈子，最后还是重返他流浪的起点。这样一条"流浪路线图"，编述历历，早已黑白分明地写在《史记·孔子世家》中，似乎可以准确地描绘"孔子的最后二十年"。但是，这种貌似"科学"、貌似"客观"的回答，并不能解释孔子的方向。

孔子出游的目的是什么？用后世儒者的话来说，就是"得君行道"。孔子生活的春秋时代，乃是一个"礼崩乐坏"的乱世。其间，"弑君三十六，亡国五十二，诸侯奔走不得保其社稷者不可胜数"（《史记·太史公自序》）。按照孔子自己的说法，则是"太山坏乎，梁柱摧乎，哲人萎乎"（《史记·孔子世家》）。西周初年经周公奠基的礼乐秩序，从外到内，从上到下，从制度到精神，几乎全面解体。置身于这样的生活世界，孔子立下的宏愿，就是要重建已经衰败的礼乐秩序。

在孔子的想象中，理想的礼乐秩序的符号性人物就是周公。然而，在《论语·述而》篇中，孔子却伤感地说："甚矣吾衰也！久矣吾不复梦见周公。"这句旨深意远的"夫子自道"意味着，在孔子的思想与情感深处，周公所代表的礼乐秩序既是美好的，同时也有渐行渐远之势，甚至就像天边的云彩一样难以企及。

在孔子看来，春秋时代的世界是乱世，春秋时代的政治是秽政。他理想中的政治与世界，已经定格在周公时代。因此，孔子努力的方向，就是促成"春秋"回归到"西周"。这位"流浪的君子"，不辞辛劳地在众多的诸侯国君之间奔走、求售，就是希望得到某位明君的支持，把眼前这个不理想的社会与政治，变成理想中的社会与政治。

对于这样的愿望、期盼与梦想，晋代的陶渊明以简略而清新的笔法，为我们留下了脍炙人口的说明：

晋太元中，武陵人捕鱼为业。缘溪行，忘路之远近。忽逢桃花林，夹岸数百步，中无杂树，芳草鲜美，落英缤纷。渔人甚异之，复前行，欲穷其林。林尽水源，便得一山。山有小口，仿佛若有光。便舍船，从口入。

初极狭，才通人，复行数十步，豁然开朗。土地平旷，屋舍俨然，有良田、美池、桑竹之属。阡陌交通，鸡犬相闻。其中往来种作，男女衣着，悉如外人。黄发垂髫，并怡然自乐。见渔人，乃大惊，问所从来，具答之。便要还家，设酒杀鸡作食。村中闻有此人，咸来问讯。自云先世避秦时乱，率妻子邑人来此绝境，不复出焉，遂与外人间隔。问今是何世，乃不知有汉，无论魏晋。

在这篇中国人耳熟能详的经典文本中，高洁之士陶渊明为我们描绘了一种具有普遍性、永恒性的姿态：身在魏晋，心在桃源。这当然只是一个隐喻，但它背后的寓意却是清楚明白的。"魏晋"就是乱世、秽政的代名词，"桃花源"则是理想中的极乐世界。身处无序的、不堪的乱世，只好把目光投向"怡然自乐"的桃源仙境——那里"芳草鲜美，落英缤纷"，那里"有良田、美池、桑竹之属"。

由此，我们发现，隐逸的陶渊明与流浪的孔夫子恰好形成了某种殊途同归的效果："归去来兮，胡不归"的陶渊明，安于在东篱下采菊，走的是一条出世之路；"惶惶如丧家之犬"的孔夫子，急于向君主们求售，走的是一条入世之路。单从这个角度来说，他们选择的道路是截然不同的。但是，从另一个侧面来看，孔夫子面对的"春秋"与陶渊明眼前的"东晋"，都是令人不安的乱世，他们分别梦想的"西周"和"桃源"，则代表了他们共同期望的理想社会图景。换言之，孔夫子的方向，其实也就是陶渊明的方向。从"春秋"到"西周"，其实也就是从"魏晋"到"桃源"。跨越时间维度上的距离，其实也就是在突破空间维度上的阻隔，更是在寻求价值、意义与境界维度上的提升。

（二）

倘若放宽历史的视界，我们还可以发现，从"魏晋"到"桃源"，从"春秋"到"西周"，既代表了历代中国人埋藏在心底的一个永恒的梦想，它同时也是西方人的一个永恒的梦想。虽然在他们的文化传统中，没有魏晋，也没有桃源，但是，他们有"埃及"，有"迦南"。

《旧约·出埃及记》记载了以色列人从埃及走向迦南的艰难历程。在埃及，以色列人遭到了埃及人的残酷压迫：

> 埃及人派督工的辖制他们，加重担苦害他们。他们为法老建造两座积货城，就是比东和兰塞。只是越发苦害他们，他们越发多起来，越发蔓延，埃及人就因以色列人愁烦。埃及人严严地使以色列人做工，使他们因做苦工觉得命苦；无论是和泥，是做砖，是做田间各样的工，在一切的工上都严严地待他们。

这种饱受欺凌的情境，近似于孔夫子眼里的"春秋"，陶渊明眼里的"魏晋"。虽然具体遭遇不同，各有各的不幸，但都同属于亟待摆脱的乱世。对于那些受苦受难的以色列人来说，翘首以盼的福地就是上帝允诺的"迦南"。那可是一个丰美富饶的好地方，处处流淌着"奶和蜜"（《出埃及记》）。以色列人向往不已的迦南美地，不就是陶渊明笔下的桃源仙境吗？不就是周公治理下的西周初年吗？这就是说，从埃及走向迦南，其实就是从春秋走向西周，从魏晋走向桃源。在本质上，都是从世俗走向神圣，都是从不如意的现实世界走向称心如意的理想世界。

起点和终点都确定了，剩下的问题就是：怎么走才可能抵达目的地？对此，《桃花源记》留给我们的后话是：

> （武陵人）既出，得其船，便扶向路，处处志之。及郡下，诣太守，说如此。太守即遣人随其往，寻向所志，遂迷不复得路。南阳刘子骥，高尚士也，闻之，欣然规往，未果，寻病终。后遂无问津者。

这样的结局表明，桃花源其实就是一个虚幻的梦。梦境虽然美好，但梦醒之后，却再也找不到重归美梦的津渡了。甚至可以说，它在现实世界中根本就不复存在。"太守"找不到，"高尚之士"也找不到，这就意味着，桃花源不过是一个想象的乌托邦罢了。它可以期待，可以梦想，但就是不可能登临。按照王健文在《流浪的君子》一书中的判定：

> "桃花源"是非历史的、非现实的，是超越的，也因此只能内在于人
> 们心中。"问津"者则是试图将心中的美好图像建造于外在世界，寻求内
> 心世界与外在世界之间的津渡。武陵人无意中闯入桃源仙境，那是人们心
> 中存在的梦想的闪现，召唤着乱世中的人们。但是，通往"桃花源"的
> 津渡，却是上天下地，求索不得。到了后来，"遂无问津者"，却道出了
> 现世更深沉的悲哀。（《流浪的君子》第106页）

陶渊明以一句"遂无问津者"作结，既道破了桃花源的虚妄，其实也反
映了一个归隐者的志趣。相比之下，孔夫子却是一个固执而坚定的"问津
者"。14年炼狱般的流浪生涯，其实就是在努力寻找通往理想世界的津渡。他
找到了吗？没有。在极度扭曲的现实世界面前，他四处碰壁，一次又一次地徒
劳无功，就像推着石头上山的西西弗斯，知其不可而为之。在千般困厄、万般
无奈之下，孔夫子偶尔也会产生"道不行，乘桴浮于海"的念头。

有一次，他问子路："你愿意跟随我乘一只竹筏泛游大海吗？"子路听了，
居然真的准备和自己的老师归隐海外，远离这个扰攘困顿的乱世。然而，孔子
毕竟还是一个固执的、入世的实践家，他见子路信以为真，又好气又好笑地劝
阻他："仲由啊！你比我有勇气，但是，我还不知道到哪里去寻找制作竹筏的
材料呢！"这句话表明，孔子即使不断受挫，但对于他心中的桃花源，还是不
能忘怀，还是充满信心。

意志坚定的"问津者"垂垂老矣，依然还是找不到通往桃源仙境的津渡。
在这样的现实面前，孔子并没有放弃。在年届七旬之际，他终于作出了一个新
的抉择：通过编写《春秋》，来评判242年间的大是大非，以之作为天下道德
与天下政治的准据。在这部历史著作中，他贬抑天子，斥责诸侯，声讨大夫，
终于成就了自己终生期盼的王者之事。换言之，孔子通过对历史事实的排列与
组合，打造了一个想象中的纸上王国，"道"行在其中，游刃有余，无所滞
碍。现实中的一切不公不义，都在历史的法庭上得到了公正的审判。在历史的

天空中，美好的桃花源终于得以呈现。"知我者，其惟《春秋》乎！罪我者，其惟《春秋》乎！"通过写《春秋》而行道，对于晚年的孔子来说，应该是一个无可奈何的、退而求其次的、聊胜于无的选择吧。

如果说，孔子是通过"历史"找到了从现实世界通往桃源仙境的津渡，那么，以色列人则是借助"信仰"找到了从"埃及"通往"迦南"的津渡。按照《旧约》的教义，以色列人"因信称义"，在他们看来，只有对上帝怀有坚定不移的信仰，才能在苦难中得到救赎，才能走向永远流淌着"奶和蜜"的迦南美地。

孔夫子通过"写春秋"抵达了心中的桃源，以色列人通过"信上帝"走向了心中的迦南。儒家文明与犹太—基督教文明，莫非就是因为这两种不同的"津渡"而走向分野的？

通往桃源的"津渡"虽然不同于通往迦南的"津渡"，但是，无论是东方人还是西方人，始终都在寻求一个从现实通往理想的津渡。因此，从精神层面上说，人类文明的演进史，其实就是一部叩问津渡的历史。叩问津渡的过程，就是对理想的文明秩序的探索过程。那么，这是一个什么样的过程呢？该怎样描述这个过程呢？通往理想世界的津渡到底在哪里呢？在人类文明史上，有哪些关于津渡的想象呢？正是在思考这些问题的过程中，我写下了这册《在法律思想的密林里》。

这里的"密林"，就是陶渊明在《桃花源记》中所描写的"中无杂树，芳草鲜美，落英缤纷"的"桃花林"；在"密林里"干什么？在"密林里"叩问通往桃花源的津渡。

（三）

着眼于不同风格的"桃花林"、不同类型的"津渡"以及不同的"叩问方式"，我把这本书分成了三篇。

第一篇"从魏晋到桃源"，主要讨论东方思想密林中的"津渡"及其"叩问方式"。

本篇内容以"亲亲与尊尊"打头，旨在凸显周公的历史意义。后代人崇拜孔子，但孔子崇拜的对象却是周公，因此，中国人探索"津渡"的历史，应当上溯至周公。接下来，我讨论了孔子的"为政以德"，试图对这四个字作出正本清源的阐释。

在孔子身后，由子思、孟子开创的心性儒学，以压倒性的优势，支配了中国人的秩序观念。为了回应这种思想形态，我分别以"心性儒学的憧憬"、"禅在秋水花树间"为题，对这个主题给予了相互关联的梳理，同时，也借此勾画出源于"西天"的佛教对于中国固有文化的影响。

宋代，理学兴起，开出了塑造华夏中古文明秩序的思想新篇。理学的影响很大，相关的研究文献早已汗牛充栋。弱水三千，我只取一瓢饮。我的方法，就是从理学的一个历史遗留物——贞节牌坊这个物化、具象化的东西着眼，讨论理学对于制度的塑造作用。

理学不是万能的，理学的缺陷是由心学来弥补的。因此，在贞节牌坊之后，我对王学的诞生过程进行了历史切片式的考察，试图以此展示波澜壮阔的王学在初潮时分的景致。稍作延伸，也可以从中体会王学对于思想共同体的意义。

清末以降，中国的文明秩序出现了剧烈的震荡，甚至直到现在，也没有得到很好的贞定。其间，置身于"历史三峡"的各路思想者，都在想象通往桃源的"津渡"。在数量庞大的思想者群体中，我回顾了钱穆（1895—1990）、萧公权（1897—1981）、吴经熊（1899—1986）、张荫麟（1905—1942）、牟宗三（1909—1995）等人的代表性论著，以此重温他们关于文明秩序的点点滴滴的认知。在本篇的最后，我评论了黄宗智、李贞德、丛日云、江平等不同风格的学者及其作品，期望为进一步的思想对话拓展出更加广阔的空间。

第二篇"从埃及到迦南"，侧重于论述西方思想密林中的"津渡"及其"叩问方式"。

首先，我选取了三个不同的切入点：阿那克西曼德的正义论，悲剧《安提戈涅》所蕴含的"底比斯困境"，以及苏格拉底的守法观念，从不同的角度分析了古希腊时期的理想世界图景。接下来，我讨论了两起死亡事件：其一是"耶稣之死"，其二是"修女之死"。希望通过这两起死亡事件，以见微知著的方式，反映基督教关于文明秩序的理解与安排。

在资本主义革命前后涌现出来的思想巨人中，我评析了霍布斯的一部代表作，论述了他的政治哲学的一个侧面。在19、20世纪的思想家群体中，我主要阅读了萨维尼（1779—1861）、马克思（1818—1883）、梅因（1822—1888）、缪勒（1823—1900）、西美尔（1858—1918）、卡多佐（1870—1938）、西田几多郎（1870—1945）、布洛赫（1885—1977）等人的作品，试图抽出他们思想体系中的一个片断，以想象他们"问津"的姿态。

在当下，西方人对于"津渡"的叩问依然没有停息。为此，我选择了莫里森、奥巴马的文字进行评论，试图反映学术型人物、实践型人物心中的理想世界图景及其实现途径。此外，还有一些西方人早已把思考的目光投向了东方的中国，并由此开创出一个值得注意的学术思想领域，那就是海外汉学。本篇的最后一节文字，旨在对这个领域作出初步的回应。

第三篇题为"超越东西方"。显而易见，这个标题源出于吴经熊的同名自传体灵修著作。这个标题已经表明，本篇的内容偏重于西方文明与东方文明之间的对话与沟通。

为了走向这个目标，我首先比较了儒家文明与犹太—基督教文明中具有神奇魅力的"先知"形象：孔子与摩西。当然，正如本书中的其他部分一样，这里的比较并非系统而全面的条分缕析，而是选择了一个特殊的取景框：旷野中的先知。也许，安排两大先知在旷野中同时出场，有助于我们强烈地感受到两种文明各具特色的精神内核。

当然，要理解和比较两种文明秩序，既要着眼于坐在云端里的"半人半神"式的先知，也要着眼于尘世间的实践者。就实践者这个维度而言，我从安乐哲的著作中，发现了东方的韩非与西方的林肯之间的可比性：一方面，他们都是政治事务的实践者，都极具现实眼光；另一方面，他们分别想象的"津渡"又截然不同，大相径庭，刚好构成了一组相互对照的标本式人物。此外，我还以"11世纪"这个特定的时代作为考察的对象，分析了"理"与"法"在东西文明秩序中的地位与作用。以上几个方面的比较，分别着眼于先知、实践者，以及形成秩序的准据。以这些个案性质的比较作为基础，可以进一步分析两种文明秩序的基本框架：以"艺术—伦理"为核心的东方文明秩序，以"宗教—法律"为核心的西方文明秩序。将这两种基本框架进行对照，有助于我们从宏观上把握两种相异的文明秩序的神髓。

如果说，这些比较与对照主要突出了两种文明秩序之间的差异，那么，它们的相通之处也值得留意。为此，本篇从"法律与艺术"、"法律思想史"等角度，就东西文明秩序的共性问题进行了透视，以体现"超越东西方"的旨趣与追求。

在本篇的末尾，是一组关于法律思想与法律学术的反思性的文字。其中，"法学家与法的相互寻找"着眼于法学家的天职，"艺进于道"讨论了两种不同的学术境界，"中医思维与中国法学"试图为中国法学拓展新的思维空间，"立法与法学的当代使命"立足于当代中国的现实焦虑，"走出法学的托勒密体系"反思了当前的法学格局，"学在民间，道在山林"旨在向一种已经失落了的思想传统表示敬意。

概而言之，以上三篇文字，既反映了历代问津者"在法律思想的密林里"持续不断地叩问津渡的思想旅程，其实也是我自己阅读、梳理这些思想旅程的一份笔记。由于多年追随这些问津者的足迹，潜移默化之间，我也习惯于"在法律思想的密林里"想象通往桃源仙境的"津渡"，在一定程度上，我也把自己变成了一个问津者。因而，以上三篇文字就具有双重意义：一方面，它是对历代问津者不断叩问津渡的记录；另一方面，它也是我自己持续问津的记录。我希望自己在问津旅程中留下来的这些文字，既是理性的，也是温热的；既能益人神智，也有补于世道人心。

目录

第一篇

UNIT 1

从魏晋到桃源

1. "亲亲"与"尊尊"

"亲亲"与"尊尊",构成了中国传统法律文化领域内的一对关键词。对于这两个关键性的概念,有一本颇具权威性的法律思想史教科书是这样解释的:"在周礼中始终贯串着两条基本的原则:一是'亲亲',二是'尊尊'。这两条原则,既是人人必须遵守的行为准则,又是奴隶主阶级最基本的道德信条。'亲亲'的原则,要求父慈、子孝、兄友、弟恭;尊尊的原则,要求下级贵族必须服从上级贵族,不许犯上作乱。奴隶与平民必须畏敬奴隶主贵族,不得反抗。在宗法制度下,这两条原则是相互结合的。"①

这段叙述看似清楚明白,其实并没有准确地揭示出"亲亲"与"尊尊"的内涵。其一,无论是"尊尊"还是"亲亲",都不是"人人必须遵守的行为规则"。下文的分析将表明,这两个原则调整的对象主要限于社会的上层,与当时的草根阶层根本就没有什么关系。其实,所谓"礼不下庶人",就已经说明了这个道理。其二,"尊尊"的原则,并不是要求"奴隶与平民必须畏敬奴隶主贵族,不得反抗",它没有这个含义;"亲亲"的原则,也不是"要求父慈、子孝、兄友、弟恭"。因而,教科书上的这段话基本上是望文生义的产物,是"想当然"的结果。既然如此,周礼中的"尊尊"与"亲亲"到底是什么意思呢?

从源头上看,"尊尊"与"亲亲"出自西周初年。周公(姬旦)是这两条

---

① 张国华主编:《中国法律思想史》,法律出版社 1982 年版,第 26—27 页。

原则的主要创立者。其中，"尊尊"的核心含义是嫡庶制，即后来通行的嫡长子继承制。西周之前的夏商王朝，尚未确立这样的"尊尊"原则，因而，在夏商时代，君主职位的继承是以"兄终弟及"为主，以"子承父业"为辅。商代后期的实践证明，这样的继承制度容易出乱子。原因很简单：继承人没有法定，多个兄弟之间的争夺就在所难免，宫廷内部的流血冲突与政治动荡也就防不胜防。

为了有效地解决这样的政治难题，周公审时度势地确立了"尊尊"的政治原则：只有君主的嫡长子才享有对君主职位的继承权。这样的制度，虽然有可能排斥最优秀的人当政（嫡长子有可能不是最优秀的），但却有助于"定分止争"，有助于维护政治的稳定。从政治影响来看，"尊尊"的原则与制度确立了后世所流行的宗法制。所谓宗法，实为宗族继承法，它的核心条款，就是"尊尊"，就是区分嫡子与庶子，就是嫡长子继承制。此外，在"尊尊"原则之下，由于只有嫡长子享有继承权，君主的众多子嗣，只好由君主册封到其他地方做诸侯。因而，在君主与诸侯之间，就形成了后世所习以为常的君臣关系。而在此之前的夏商时代，并没有严格意义上的君臣关系，只有诸侯联盟召集人与诸侯的关系——换个角度，也可以视为霸主与诸侯的关系。打个比方：周公之前的国家政体，类似于美国初期的邦联制或现在的欧盟，在周公的"尊尊"原则的规范与引导下，松散的邦联制政体变成了中央集权的单一制政体。可见，具有政制意义的"尊尊"原则，不宜用"不许犯上作乱"、"不得反抗"等空泛之论来解释。

如果说，"尊尊"原则主要是对未来的政治继承人的安排，那么，"亲亲"原则主要体现了对于已经死去了的君主谱系的确认，这种确认主要通过祭祀制度来实现。"国之大事，在祀与戎"，《左传》中的这句话表明，那个时代的祭祀，承担着极其显著的政治建构功能。

在周公之前的商代，虽然也有祭祀活动，但是，商代的祭祀活动比较繁杂。在祭祀对象的数量选择、尊卑排序诸方面，并没有进行科学的设计，尤其不能与新建立的"尊尊"原则进行有效的对接。因此，如果要发挥"尊尊"原则的政治效用，就必须建立起与之相适应的祭祀制度，这就是"亲亲"原则。按照这个原则，祭祀的对象主要限于祭祀者的四个祖先：高祖、尊祖、祖父、父亲，此即为"立亲庙四"。所谓五服，即自己、父亲、祖父、曾祖、高祖这五代。所谓"亲亲"之礼，就是以这五服为限。不过，周王朝比较特殊，祭祀对象除了高祖、尊祖、祖父、父亲之外，还有三个固定的祭祀对象，那就是"小邦周"最初受封的后稷，再加上声名卓著的周文王与周武王。因而，周王朝的祭祀对象就是七个人（三个不变的"常委"，四个随不同的君主而不断地变化的祖先——因为每个君主的父亲、祖父、尊祖、高祖都是不同的）。这就是"亲亲"原则或"亲亲"之礼的核心内容。换言之，"亲亲"原则也是一种具有严格规范意义的政治制度，绝非一般意义上的"父慈子孝"所能涵盖的。

"尊尊"原则与"亲亲"原则结合在一起，共同支撑了周公身后的宗法制国家形态与政治形态。不过，由于"尊尊"与"亲亲"的调整范围，主要限于统治集团内部。仅仅依靠这两个原则，似乎还不足以全面地安顿好家国一体的文明秩序。于是，在"尊尊"与"亲亲"之外，周王朝还确立了"贤贤"的原则，这个原则主要用于选拔为姬周王朝服务的官员。卿、大夫、士，这几种为国家效劳的人，没有领土，不能世袭，必须选能任贤。否则，各种各样的政治事务就无法得到妥善的处理。

概而言之，"尊尊"原则与"亲亲"原则调整的对象是天子与诸侯，这两种人本来就是具有血缘关系的父子、兄弟、叔侄，他们构成了一个世袭的、分享政权的、拥有土地的大宗族。至于"贤贤"原则调整的卿、大夫、士，则充当了天子与诸侯的雇员。这样的政治框架，这样的文明秩序图景，就是"尊尊"、"亲亲"以及"贤贤"所描述的、所追求的。因而，应当认真对待"尊尊"、"亲亲"所涵盖的制度信息。

2. 说"为政以德"

《论语·为政》记载了孔子的一句名言:"为政以德,譬如北辰,居其所而众星拱之。"这句"子曰",阐述了中国思想史上的一个极其重要的命题,那就是"为政以德"。这四个字虽然人人都会说,但却很少有人深究。孔夫子在两千多年以前讲的"为政以德"到底是什么意思?

按照现在通行的理解,"为政以德"主要是指"德治"或"以德治国"。譬如,有一本权威的思想史教科书就这样写道:"孔丘从'礼'与'仁'相结合的思想出发,极力提倡'德治',认为统治者如果能'为政以德',实行'德治',人民就会心悦诚服地接受统治。"按照这样的解释,"为政以德"作为一种儒家的信条或训诫,旨在要求当政者提升自己的道德水准;要求他们凭借道德上的感召力,把广大的人民群众吸引和团结在自己的周围,上下一心地实现他们所期待的政治秩序与社会关系。仿照孔子打的比方,道德品质超群的统治者就仿佛魅力四射、磁场强大的北斗星,永远是其他星辰共同环绕、不忍离去的核心。

这是现代人的理解。问题是,孔子当年讲的"为政以德"是这个意思吗?表面上看,这样的解释说得通,与孔子的仁学思想能够契合不悖,与后来的"德主刑辅"思想及其实践也可以彼此协调。但是,这样的解释很可能不符合孔子的本意。因为,按照东汉经学大师郑玄的注疏,"为政以德"之"德",是指"无为",绝不是指现代伦理学层面上的道德。按照郑玄的解释,所谓"为政以德",就是要求当政的君主要以无为的方式执政;要求君主清静无为,而让百官积极有为；通过君主的无为，鼓励、引导、激发文武百官充分发挥各自的能动性和创造力。由此，孔子打比方所用的北辰，也不是现在所理解的道德典范的象征，而是"静止不动"的隐喻：北斗星永远待在同一个地方，它无所作为，消极虚静，其他星辰却环绕着它运转不息；就像一群忙忙碌碌的官员，在围绕着一个无为的君主旋转。

把"德"解释为"无为"，并不是两汉通儒郑康成一个人的异想天开，相反，这很可能代表了周秦两汉时期的普遍看法。对此，张舜徽先生在《周秦道论发微》一书中，已经对"德"与"道"在秦汉时代的含义进行了详细而精审的考证。他说，"无为之谓'道'，'道'之名又通于'德'"①。换言之，不仅"德"是指"无为"，"道"也是无为的意思，甚至"德"、"道"、"一"三个字都可以视为同义词。正如《管子·兵法篇》所言，"明一者皇，察道者帝，通德者王"，既然"皇"、"帝"、"王"没有区别，则"一"、"道"、"德"也就是一回事了。

张舜徽先生认为："'道论'二字，可说是'道家理论'的简称。它的具体内容，便是'人君南面之术'。用'道论'二字来概括这种理论，在西汉初年，便已通行了。"（同上书，页2）譬如，司马迁在介绍他父亲的学术本末时就称："太史公学天官于唐都，受易于杨何，习道论于黄子。"司马谈所习之"道论"，就是君主无为而让百官有为的理论。这样的理论主张："事在四方，要在中央；圣人执要，四方来效；虚而待之，彼自以之。"②"无为而尊者，天道也；有为而累者，人道也。主者，天道也；臣者，人道也。"③"人主，天下之有势者也。深居，则人畏其势；人主去其门而迫于民，则民轻之而傲其势。"④"得道者必静，静者无知，知乃无知，可以言君道也"⑤。"（人主）深

① 张舜徽：《周秦道论发微》，中华书局1982年版，第34页。
② 《韩非子·杨权》。
③ 《庄子·在宥》。
④ 《管子·形势解》。
⑤ 《吕氏春秋·君守》。

居隐处，不见其体，所以为神也"①……诸如此类，讲述的都是以"君主无为"作为基础的"道论"。甚至《尚书·大禹谟》中的"人心惟危，道心惟微，惟精惟一，允执厥中"，其主旨也可以概括为"君主无为"论。

以"君主无为"作为理论内核的"道家理论"或"道论"，与马基雅维利的《君主论》一样，本质上都属于人们常说的帝王术。它是谋士的理论。怀抱这种理论的谋士们虽然自认为奇货可居，但却只有一种销售对象，那就是在位的君主。在诸子百家时代，韩非子把它成功地卖给了秦始皇；在后诸子时代，董仲舒更成功地把它卖给了汉武帝。后世所艳称的"秦皇汉武"，与这两大"道论"高手的辅佐是分不开的。也许正是因为这种"道论"的实用品质，自秦汉以后，这种强调"无为而无不为"的帝王术，以"潜规则"的方式，支配了中国两千多年来的宫廷政治实践。

以上分析表明，当下流行的关于孔子的"为政以德"的理解，很可能并不符合孔子的原意。这就提醒我们注意：对前人与他人的理解，一定要小心谨慎，要有距离感。就像美国历史学家丹屯（Darnton）所强调的：最好用人类学的方法来解读古人。因为，按照人类学的立场，他人始终是他人，古人始终是古人，"他们并不像我们一样思考"。从这个角度上说，要真正理解古人，是一件困难的事。但是，困难和挑战也潜伏着机会，"当我们无法理解一个谚语、一个笑话、一项礼仪，或一首诗时，我们便知道自己正触及某些事物。选取文献最使人难以索解的一面进行考索，我们或许可以开启一个相异的意义体系。沿此线索，甚至可能进入一个奇异而美妙的世界观"。对"为政以德"之"德"加以索解，不就可以开启一个与流行见解截然不同的"意义体系"吗？

如果再作一点延伸性的讨论，我们还可以发现，这种强调"无为"的"为政以德"，与西方近代强调"放任"的自由主义政治思想还存在着一定的可比性：在传统中国，在"无为"的君主之下，是一群殚精竭虑的文武百官，再加一群胸怀利器、急于兜售自己的"道论专家"；在近代西方，在"无为"的政府或"最小政府"之下，则是众多的相互竞争、各显其能的工商阶层。

---

① 《春秋繁露·天地之行》。

不过，"无为之君"与"最小政府"之间的相似只是形似，两种政治哲学之间的差异才是根本性的：传统中国的文武百官或"道论专家"，服务与效忠的对象，只是轮流坐庄的一氏一姓的君主。所谓"学成文武艺，卖与帝王家"，描述的就是士人阶层那种"求售"的心态与事实。近代西方的工商阶层，虽然也在奔波忙碌，追求的却是自己的利益，他们搞所谓的"圈地运动"、贩卖鸦片与黑奴、寻找矿藏、发现新大陆，诸如此类的活动，基本上都是在谋求自己利益的最大化。换言之，传统中国的官员、士人在忙，但只是雇员的忙法，他们的老板，是那个高高在上的"无为之君"；近代西方的工商阶层也在忙，但却是老板的忙法，因为他们自己就是主人，至于政府，反而是为他们守夜打更的值班员。

3. 心性儒学的憧憬

蒋庆是大陆新儒家的代表人物之一，从早期的《公羊学引论》到后期的《政治儒学》，多年以来，一直致力于政治儒学的研究与弘扬。他认为，当代新儒家的主流偏向于心性儒学，这样的发展方向并不是儒学的正途。因为，在蒋庆看来，孔子创立的儒学，本质上是政治儒学，孔子之后的公羊之学、荀子之学、董仲舒之学，直到晚近的刘逢禄之学、康有为之学，都强调了经世致用，努力为政治探索美好的未来，恪守了政治儒学的基本品格。但遗憾的是，孔子之后的子思之学、孟子之学、陆王之学以及当代新儒家所阐释的儒学，却滑进了心性儒学的泥淖。对当代及未来中国的政治发展，殊少助益。因而，当代儒学的发展方向，应当从心性儒学转向政治儒学。

对于这样的儒学主张，我抱有"同情式的理解"。我认为，传统儒学的政治智慧确实应当进一步挖掘，从这个层面上说，政治儒学的发展具有无可置疑的正当性。但是，在强调政治儒学的同时，不必矫枉过正，更不必贬斥甚至放逐心性儒学。因为，心性儒学并非就是儒学的歧途，它也是儒学的一个极其重要的组成部分。如果说政治儒学是外王之学，那么，心性儒学就是内圣之学。在华夏文明的发展进程中，心性儒学一直履行着一个极其重要的功能：安顿人心，规范中国人生活的彼岸世界。

一般说来，无论是个体还是群体，如果要持续不断地生存下去，如果要保持旺盛的生命力，都必须有效地安顿好两个世界的秩序。哪两个世界？人的内心世界与人的外在世界，或者说，人的彼岸世界与人的此岸世界。所谓人的外在世界或此岸世界，就是每个人所置身于其中的政治性的、群体性的社会关系。在传统中国，这个外在世界的秩序主要是由儒家伦理来安顿的。其中，君臣关系、父子关系、夫妻关系、兄弟关系、朋友关系，构成了这个外在世界的主要秩序关系。蒋庆所说的政治儒学，就是对于人的这种群体性、社会性、政治性生存方式的回应。通过政治儒学及其制度化的礼法规则，形成了有序的政治关系与社会关系。

但是，人与其他动物不同的地方在于：除了生活在此岸世界或外在世界，每个人都还生活于彼岸世界或内心世界。所谓"人心小宇宙"，就是说人的内心也是一个纷繁复杂的世界，它同样也期待着秩序与和谐。如果人的内心世界失去了秩序，找不到一根"定神针"，就可能导致人的内心世界的全面崩溃。中国每年自杀身亡的 20 多万人（每年自杀未遂的达 200 万人），就是他们的内心世界极度失序的结果。这么多"无言的游魂"，足以提醒我们：当代中国人的精神世界、内心世界、彼岸世界，是一个多么需要投入、需要建设的世界！

心性儒学，就是为人的精神世界、内心世界寻找、确立"定神针"的儒学。无论是唐君毅的《生命存在与心灵境界》，还是牟宗三的《心体与性体》，其核心目标都在于构建一个精神的家园，以滋养、安顿人们的彼岸世界，从而让世人的心灵能够找到一个稳妥的归宿。俗话说："人的一生，总要求一个心安理得。"问题是，无论是"心安"还是"安心"，总要把"心"安放在某个地方。这个地方在哪里呢？显然不可能无中生有。数千年来，从子思、孟子开始，中经陆象山、王阳明，直至现代的唐君毅、牟宗三，都是这个"安心之所"的建设者。

放宽我们的视界，我们还会发现，西方文化虽然是一个内容丰富、成分多元的复合体，但追根溯源，主要还是由两大要素构成的：源于古希腊的理性与源于古希伯来的信仰。西方人凭借理性，以民主与法治作为制度安排，已经有效地安顿了他们的外部世界，调整了他们外在的社会关系。但与此同时，西方人还借助于信仰，依赖基督教、《圣经》这些载体，成功地安顿了他们的内心世界、精神生活。西方文明之所以构成了一种相对自足的文明形态，一个根本性的原因就在于，西方文明的两大要素全面地、互补地满足了西方人的内在需要和外在需要。

再看传统中国。我们虽然没有西方式的民主法治，也没有西方式的宗教组织，但在我们的儒学系统中，有政治儒学与心性儒学两大分支。其中，政治儒学关于公共生活、社会关系的安排，满足了中国人的外在世界的需要。一家之内的秩序、一国之内的秩序、整个天下的秩序，费孝通所谓的"差序格局"，基本上都是按照政治儒学的框架来安排的。从这个意义上说，政治性的儒家礼法，履行了西方的民主法治所承担的基本功能。儒家伦理关于"可以做什么、不能做什么、应当做什么"的规定，就相当于西方法理中的"授权性规范、禁止性规范、义务性规范"。

心性儒学作为儒学的另一个分支，以天道性理为核心，在一定程度上，履行了西方的宗教神学所承担的基本功能。如果说西方人以摩西、耶稣作为自己的精神导师，中国人则是以孔子、孟子、朱熹、王守仁作为自己的精神导师；如果说西方社会有"上帝与恺撒"的二元划分，中国社会则有"儒家圣人与世俗皇帝"的二元划分；如果说西方的历代国王多为上帝的信徒，那么，中国的历代皇帝几乎都是儒家圣人的信徒。所谓"无道昏君"，其实就是违反了孔孟之道的昏君。由此可知，中国文化中的心性儒学，大致就相当于西方文化中的宗教神学。就像西方人需要宗教神学一样，中国人的精神世界、内心精神、彼岸世界，也需要有所寄托。寄托于何处？寄托在心性儒学的天地里。

"人总得有条出路啊！"俄国作家陀思妥耶夫斯基的这句名言提示我们：一个人既要在社会生活中寻找出路，同时也要在精神生活中寻找出路。比较而言，一个人在社会生活中没有出路，政治国家还可以提供"社会保障"，媒体、自愿者、慈善机构、公益性组织还可以介入，还可以救济。但是，一个人在精神生活中找不到出路，陷入了困境，谁能介入呢？救生圈在哪里？

在当前这个贞下起元的时代，在这个多种价值观正在相互角逐的时代，在这个日趋"物质化、庸俗化、异化"的时代，心性儒学应当承担起一项历史使命：卓有成效地建构中国人的精神家园。倘若要说当代的心性儒学还有什么欠缺的话，那就是过分的精英化、学院化、学术化、概念化。因此，心性儒学的未来，是走出象牙塔，像龙场悟道之后的王阳明那样，走向民众，以滋养普通中国人的精神生活为己任。

4. 禅在秋水花树间

秋水与花树，正是十月的美景。如果在这个季节去九寨沟，既可以看到秋水的极致，也可以看到深藏在山间的花树。面对寂静的秋水，拈花微笑，禅就是那枝花，禅就是那汪水，禅就萌生在那一片秋水花树之间……这样的意境，还可见于日本 13 世纪的著名禅师道元的名句："君不见，竹声中悟道，桃花中明心。" 15 世纪更有名的一休禅师也有类似的道歌："且问心灵为何物，恰似画中松涛声。"

秋水既可以汇聚成为一汪水，同时也是庄子笔下的名篇。在《秋水》篇中，庄子写道："秋水时至，百川灌河。泾流之大，两涘渚崖之间，不辨牛马。于是焉河伯欣然自喜，以天下之美为尽在己。"稍后，河伯"顺流而东行，至于北海，东面而视，不见水端。于是焉河伯始旋其目，望洋向若而叹曰：'野语有之曰，闻道百，以为莫己若者，我之谓也。且夫我尝闻少仲尼之闻而轻伯夷之义者，始吾弗信。我今睹子之难穷也，吾非至于子之门则殆矣，吾长见笑于大方之家。'"在无际涯的大海面前，河伯醒悟过来了。

把河伯进一步唤醒的大方之家是北海若，他说："井蛙不可以语于海者，拘于虚也；夏虫不可以语于冰者，笃于时也；曲士不可以语于道者，束于教也。今尔出于崖涘，观于大海，乃知尔丑，尔将可与语大理矣。"北海若向河伯宣讲的"大理"，其实就是庄子念念不忘的"大道"或"至道"，就是永恒性的真理，就是被层层迷雾遮掩起来的本来面目。

如果把"秋水"看做庄子之道的一个隐喻、一个由头，那么，"花树"则

可以看做阳明心学的一个符号。《传习录》记载了有关王阳明的一则著名典
故：

先生游南镇，一友指岩中花树问曰："天下无心外之物。如此花树，在深
山中自开自落，于我心亦何相关？"先生曰："你未看此花时，此花与汝心同
归于寂。你来看此花时，则此花颜色一时明白起来。便知此花不在你的心外。"
这句话，形神兼备地描绘了阳明心学的核心命题：心外无物。

"花树"与"汝心"一同"寂寞"，又一同"明白"，意味着"花树"与
"汝心"之间的同一性，甚至是一体性。所谓"吾心便是宇宙，宇宙便是吾
心"，所谓"致良知"，所谓"知行合一"，其实都可以从那棵"花树"中映
照出来。见花树而知心学，恰如见落叶而知秋色。

庄子通过一河秋水，表达了道家的精神；王阳明凭着一棵花树，阐述了心
学的旨趣。从庄子的道学到王阳明的心学之间，还横亘着一个无形无象的中
介，那就是禅。虽然都说达摩是中国禅的一世祖，但是，真正为禅赋予中国心
灵的，其实还得数慧能。虽然，在中国思想史的座次表上，慧能的地位似乎没
有庄子、王阳明那样显赫。但是，在骨子里，在境界中，慧能是可以与庄、王
比肩而立的。慧能的明心见性、顿悟成佛，上接庄子的心灵自由、无所期待，
下启王阳明的知行合一、天理良知，实为一种性格相似的中国思想在不同时代
的不同显现。他们三人，是中国思想史上的关注心灵的三个里程碑式的高峰。

如果以外物与内心作为区分的标准，那么，中国思想史上有两大潮流：留
意于外在秩序的一派，譬如孔子、荀子、董仲舒、朱熹，都属于这个流派；留
意于内心秩序的一派，譬如庄子、慧能、陆象山、王阳明，就属于这个流派。
如果说前者的影响，主要在于政治与伦理，那么后者的影响，主要在于心灵与
艺术。单就后者而言，要说对于传统中国士大夫心性世界的影响力，人们最容
易想到的是庄子。作为轴心时期的原创性思想家，庄子的巨大影响确实有目共
睹。明代以后，随着 1508 年的龙场悟道，随着心学的勃兴，王阳明掀起的思
想波澜也是极其壮阔的。然而，我以为更值得注意的是慧能。他的《坛经》，
为中国人的心性世界拓展了更宽的空间，构成了中国艺术精神的重要源泉。正
如法学家吴经熊所言："《坛经》并不是一本绞尽脑汁的学究之作，而且出自

一位真人的肺腑之言。其中的一字一句，都像活泉中所喷出的泉水一样，凡是尝过的人，都会立刻感觉到它的清新入骨，都会衷心地体验到它是从佛性中流出的。只有佛才能认识佛，也只有佛才能知道自己心中有德性，知道一切众生心中都有佛性。"①

吴经熊的这个评价已经很高了，但是，还不够，还没有全面展示慧能对于中国的意义。我认为，慧能的贡献，不仅是在心性思想体系中所起到的承上启下的桥梁作用，更重要的贡献还在于：他把一种从西方传过来的异质文化，全面地融入中国人的血脉里，实现了两种文明在化学层面、分子层面、原子层面上的有机融合。

在荷兰汉学家许理和的《佛教征服中国》一书中，主张"佛教征服中国"。但是，在陈观胜看来，不是佛教征服了中国，而是中国转化了佛教。中国转化、吸纳佛教的标志，就是中国禅宗的诞生。纯正的中国禅宗诞生的标志性人物，就是慧能。这就是说，中国转化了佛教，但这种转化最终是在慧能身上实现的。因而，慧能才是中国成功地转化佛教的象征性、符号性的人物。

稍作延伸，我们还可以注意到，如果说中国文化转化"西天"来的佛教差不多花了400年的时间，那么，自从19世纪中叶到现在，另一种来自"泰西"的，伴随着坚船利炮而来的文化，已经扎根中国170年了。在经历了170年的试探、摩擦、碰撞之后，这种不同于佛教的西方文化是否"征服"了中国？抑或是中国文化像转化西天佛教那样，再次"转化"了这种新的西方文化？②

也许，提出这样的问题尚为时过早。相对于上一次的400年，这一次的170年也许还显得过于短暂。不过，170年来，像唐三藏那样，到西天取经的中国人多如过江之鲫；像菩提达摩那样，把真经送到中国来的西方人也所在多有。但是，谁能像六祖慧能那样，把一种来自异域的西方文化极其妥帖地融入

---

① 吴经熊：《禅学的黄金时代》，海南出版社2009年版，第21页。
② 详细的论证可参见喻中：《自由的孔子与不自由的苏格拉底》，中国人民大学出版社2009年版，第138页。

中国血脉、中国心灵？如果把禅宗作为中西文化第一次化合融会的硕果，那么，在中西文化第二次化合、第二次融会的过程中，我们期待着第二个慧能的到来！

5. 贞节牌坊背后的制度信息

一

很多地方都有贞节牌坊。

2009 年 11 月 8 日，我陪同来自广州大学的友人去四川省大邑县安仁镇的刘文彩地主庄园陈列馆，看到了一组有关守节妇女生活场景的塑像：低落的神情，凄凉的面容，冷清的色调，晦暗的气氛。伫立在塑像旁边的文字提醒川流不息的参观者：这是一种畸形的婚姻，是旧时代、旧制度的产物，记载了传统中国妇女的血泪与辛酸，云云。

离开雾霭沉沉中的安仁古镇，再回想起流行的主流意见对于贞节牌坊的憎恶与贬斥，总感觉我们这个时代对于贞节牌坊的评价过于简单。没有对贞节牌坊这种历史现象作出令人信服的解释，情绪化、感性化、脸谱化的成分较多，理性化、学术化的思考则相对欠缺。本文作出的这个判断也许有些主观，但至少基于一个简单的事实：30 年来，那么多的学术期刊，居然没有发表过一篇以贞节牌坊为主题的研究论文。

学术界不愿关注贞节牌坊，莫非是已经形成了定论，或已经达成了某种默契：这种臭名昭著的东西，没有专门研究的价值？我认为，这样的逻辑过于牵强，难以成立。因为，即使是名声不好的东西也自有其理论认知的价值。譬如，希特勒的名声就很不好，但关于希特勒的研究一直都很热闹。

要不，就是这种历史现象不重要？显然也不是。因为，按照普遍流行的意见：每一座贞节牌坊的下面都有一个妇女在呻吟；贞节牌坊是"三从四德"、"从一而终"这些腐朽没落思想的物化与象征，等等。既然那么多妇女的命运、身世都与贞节牌坊息息相关，这就意味着，贞节牌坊既影响了中国历史，也影响了传统中国妇女的生活状况，具有历史意义与文化意义。因此，即使从这个角度来看，贞节牌坊也足以构成一个有学术意义的研究主题。正如胡适在《贞操问题》一文中所言："这个问题并不是'天经地义'，是可以彻底研究，是可以反复讨论的。"[1]

可见，有必要拨开流行意见对于研究视野的遮蔽，有必要祛除过于强烈的价值预设对于理性思考的妨碍，以学术的眼光重新审视这种早已被妖魔化了的历史文化现象，认真解读这种现象背后的制度信息。

二

那么，如何解读才是有意义的解读？

在《中国历代政治得失》一书的《前言》中，钱穆提出了评价历史制度的两种"意见"：历史意见与时代意见。他说："历史意见，指的是在那制度实施时代的人们所切身感受而发出的意见。这些意见，比较真实而客观。待时代隔得久了，该项制度早已消失不存在，而后代人单凭后代人自己所处的环境和需要来批评历史上已往的各项制度，那只能说是一种时代意见。时代意见并非是全不合真理，但我们不该凭时代意见来抹杀已往的历史意见。"[2] 如果这两种"意见"的区分是有道理的，那么，当代中国人对于贞节牌坊的鄙夷态度就属于典型的"时代意见"。相比之下，对于贞节牌坊的"比较真实而客观"的"历史意见"又是什么呢？

从整体上说，历史上的传统中国人对于贞节牌坊及其背后的思想观念普遍持一种赞同或肯定的态度。在这种整体性的倾向中，根据不同的思想立场又可以细分为两种观点。第一种观点以程颐为代表，它极端地推崇贞节，不妨称之

---

① 胡适：《贞操问题》，远流出版事业股份有限公司1986年版，第57页。

② 钱穆：《中国历代政治得失》，三联书店2005年版，第3页。

为"原教旨主义的贞节观"。《近思录》（卷六）记载了与程颐有关的一段著名的对话，典型地表达了这种"原教旨主义的贞节观"。

> 或问："孀妇于理，似不可取，如何？"伊川先生曰："然！凡取，必配以身也，若取失节者以配身，是己失节也。"又问："人或居孀贫穷无托者，可再嫁否？"曰："只是后世怕寒饿死，故有是说。然饿死事极小，失节事极大！"

为现代中国人所诟病的"饿死事小，失节事大"就源出于此。的确，按照当下流行的"时代意见"，这个论断过于荒唐，太不近情理，难称持平之论。但是，这两句话却得到了朱熹的认同。在给陈师中的一封信里，朱熹写道：

> 令女弟甚贤，必能养老抚孤以全《柏舟》之节；此事在丞相夫人奖劝扶植以成就之。使自明设为忠臣，而其室家，生为节妇，斯亦人伦之美事。计老兄昆弟，必不惮赞成之也。昔伊川先生尝论此事，以为饿死事小，失节事大，自世俗观之，诚为迂阔，然自知经识理之君子观之，当有以知其不可易也。

朱熹的这段话蕴含着两个信息：第一，即使在宋代的社会舆论中，"饿死事小，失节事大"也显得有些迂腐——因为它太极端了；第二，即便如此迂腐，朱熹还是表示认同，因为在朱熹看来，这个说法表达了一个"不可易"的道理（至于为什么"不可易"，下文将作进一步的分析）。

正是由于朱子对程子（伊川）的认同，后世把程、朱归在一起，指责他们的"程朱理学"是"以理杀人"。不过，如前所述，程朱理学的这个观点，实际上代表了一种极端化的贞节观，无论在当时还是在后世，基本上都是一种令人侧目的"学术理论观点"。一种个性化的论述，并不能在社会生活中完全变成现实，而且也没有得到国家法律的正式认可——国家法律从未规定：即使饿死，也严禁失节。

值得注意的是，在程朱之外，还有一种比较理性的贞节观，那就是认同贞节的价值，但是，并不愿以此强制妇女，因而对所谓的贞节持一种相对开明的、务实的、更加合情合理的态度。譬如大名鼎鼎的王安石，在他的儿子死后，就曾主动为儿媳另觅夫婿。还有宋太祖，在妹夫米福德死后，将其妹另嫁中年丧妻的高怀德。甚至连宋仁宗的妻子曹皇后，都是先嫁给李化光，因不满于丈夫的冷淡，跑回娘家后，再遴选入宫当上皇后的。清代嘉道年间的著名思想家俞正燮曾经说过："再嫁者不当非之，不再嫁者礼敬之，斯可矣。"① 这句话，可以视为"历史意见"中的理性之论、持平之论。

就思想观念的命运而言，较之于极端的思想观念，持平的、中庸的思想观念更容易被接受，因而也更有生命力。极端的思想观念虽然更具冲击性，更有爆发力，但往往因为过于凌空蹈虚，不能落到实处，大多止于昙花一现的效果。考诸中国历史，我们可以发现，正是以俞正燮为代表的理性、持平的贞节观，才构成了"历史意见"中关于贞节的一般思想、一般制度的主流。"饿死事极小，失节事极大"之所以广泛流传，在人们的头脑里留下了深刻的印象，主要还是因为它是一种极端化的、耸人听闻的惊人之语。

三

"历史意见"是在历史进程中产生的。从历史演进的角度来看，关于贞节的思想观念最先出现，紧接着出现了关于贞节的正式制度，至于贞节牌坊——作为贞节观念及其正式制度的物化出现的时间，还要晚一些。为了在历史的语境下展示贞节牌坊的意义，有必要对贞节牌坊的发生稍作回顾。

贞节牌坊的思想先导可以追溯至文明的早期。《礼记·郊特牲》中所载的"壹与之齐，终身不改，故夫死不嫁"，也许是关于贞节观念的较早的权威论述了。不过，在"礼不下庶人"的特殊背景下，"礼"的适用范围是有限的。因而，这种关于"夫死不嫁"的禁止性观念，应当是针对"士"及其以上阶

---

① 《癸巳类稿·节妇说》。

层的妇女提出来的要求。至于人数众多的"庶人"阶层，则不必受这种"礼"的约束。

秦始皇时代，"夫死不嫁"的观念已有微妙的变化。据记载，始皇东巡之时，"上会稽，祭大禹，望于南海，而立石刻颂秦德"①。石头上刻写的文字中就有"饰省宣义，有子而嫁，倍死不贞。防隔内外，禁止淫逸，男女洁诚"，意思是：妇女在已有生育的情况下，就不要再嫁他人了。这句话出现在歌颂"强秦大德"的正式文本中，到底是一种表达社会理想的意识形态，还是一条具有强制约束力的法律规范，还有待于进一步考辨。不过，这句话较之于《礼记》中的要求，已经宽松多了：它只限制"有子"的妇女再嫁。按照这个标准，妇女倘若"无子而嫁"，当在允许之列。

西汉时代，政府开始通过具体的奖励性规定，鼓励丧夫的妇女不再另嫁他人。据《汉书·宣帝纪》载，神爵四年（前58），"夏四月，颍川太守黄霸以治行尤异秩中二千石，赐爵关内侯，黄金百斤。及颍川吏民有行义者爵，人二级，力田一级，贞妇顺女帛。令内郡国举贤良可亲民者各一人。"按照这个规定，凡是颍川地区范围内的贞节之妇，都可以获得政府奖励的帛。

到了东汉时代，政府的奖励性规定进一步具体化。据《后汉书·孝安帝纪》："元初元年春正月甲子，改元元初。赐民爵，人二级，孝悌、力田人三级，爵过公乘，得移与子若同产、同产子，民脱无名数及流民欲占者人一级；……不能自存者谷，人三斛；贞妇帛，人一匹。"这句话没有限定适用范围，意指全国范围内的贞妇都可以获得一匹帛的物质奖励。不仅如此，五年后的元初六年，孝安帝再次发布诏书，规定："夫政，先京师，后诸夏。月令仲春'养幼小，存诸孤'，季春'赐贫穷，赈乏绝，省妇使，表贞女'，所以顺阳气，崇生长也。其赐人尤贫困、孤弱、单独谷，人三斛；贞妇有节义十斛，甄表门闾，旌显厥行。"这项规定不仅提高了对于贞妇的物质奖励标准，还增加了对于贞妇的精神奖励。这里的"甄表门闾，旌显厥行"，就是光耀门庭，"树阙而显之"。这里的"阙"，就是贞节牌坊的雏形。

---

① 《史记·秦始皇本纪》。

如果说，汉孝安帝的"甄表门闾，旌显厥行"已经为初期的贞节牌坊提供了制度化的依据，那么，明朝政府发布的一项正式命令，则直接催生了后世所见到的贞节牌坊。

据《明会典》（卷七九）记载，朱元璋在登基的第一年就规定："民间寡妇，三十以前亡夫守制，五十以后不改节者，旌表门闾，除免本家差役。"这就是说，中青年妇女丧夫后，如果守节不再另嫁，不但可以免除整个家族的差役，而且还可以获得一个实实在在的大奖牌——贞节牌坊。从此，贞节牌坊不断地矗立起来，成为贞节观念、贞节制度符号化、定型化的象征。

四

贞节牌坊作为贞节观念及其正式制度的物化载体，其核心功能，就在于表彰丈夫死后不再改嫁的中青年妇女，特别是这些妇女中的典型代表。按照这样的价值选择与价值导向，同时也为了体现贞节牌坊引领社会的功能定位，贞节牌坊当然也要表彰一些更极端的贞节行为。譬如，还没有完成最后的结婚仪式，丈夫就死去了，这样的妇女如果不再另嫁他人，显然就比那些结婚生育之后丧夫，同时也坚持不再嫁人的妇女更具典型意义，更具牺牲精神，也更值得表彰——因为她们把贞节牌坊蕴含的价值理念推向了极致。

在此需要特别指出的是，国家虽然鼓励那些死了丈夫的中青年妇女不再另嫁他人，但是，国家并没有作出严厉的禁止性规定，禁止妇女再嫁。套用现在的法律术语来说，即使是在传统中国的正式制度中，再嫁他人也是丧夫妇女可以享有的一项"天赋权利"，国家并没有剥夺丧夫妇女的这项权利。国家只是通过贞节牌坊这种荣誉性的符号，以及其他的相关配套措施，鼓励丧夫的妇女放弃再嫁的权利。

当然也有一些特殊的禁止性规定。其一，按照汉朝政府创立的一项规定，在丈夫刚死，还未下葬，或丧服未满的情况下，确实不准妇女另嫁。但是，这个规定依然符合一般的情理。因为，在亡夫尸骨未寒之际就匆匆出嫁，确实显得有些"不义"。即使以当下的观点来看，也显得太匆忙了。其二，在宋元明清时代，因为丈夫的缘故而受到朝廷册封，获得了爵位的妇女——所谓的"命妇"，也不得在丈夫死后再嫁。否则，就会被夺去爵位或相关的荣誉称号。譬如，明代《皇明制书·吏部职掌》就规定："凡妇人因夫得封者，不许再嫁。如不遵守，将所受诰敕追夺，断罪离异。"这样的规定似乎有些严厉。不过，即使按照现代的法理，这样的规定也不算过分。因为，妇女之所以获得爵位或其他荣誉称号，是由于丈夫的缘故。如果另嫁他人，实际上就是主动撤销了与亡夫之间的夫妻关系。既然如此，因为亡夫而获得的爵位或荣誉称号，也应当随着与亡夫之间夫妻关系的断裂而终止。退一步说，朝廷也只是把作为奖赏的爵位或荣誉称号剥夺了，并没有额外地侵害再嫁妇女的其他权利。

可见，即使有以上这些特殊的例外规定，我们也可以得出这样的结论：按照国家的正式制度，所有妇女都可以在亡夫丧服期满之后另嫁他人，具有较高社会地位的"命妇"也不例外，前提是：必须交出此前因亡夫而获得的爵位或荣誉称号。

因此，从法律制度的角度来看，贞节牌坊并没有一般性地禁止妇女再嫁，也没有从制度上剥夺丧夫妇女再嫁他人的正当权利。它的实质，是对丧夫妇女放弃再嫁权利的一种奖励、一种补偿。它不是一个惩罚性的制度符号，而是一个奖励性的制度符号。这就是贞节牌坊的功能与意义。

在此基础之上，我们就可以进一步思考：传统国家为什么会作出这种让现代中国人极度鄙视的制度安排？这样的制度安排蕴含着什么样的制度信息？对于这样的追问，不妨从政治国家、宗法社会、妇女个体等相关角度来分析。

五

从政治国家的角度上说，这种奖励性的制度安排符合皇权国家的政治意识形态，构成了传统中国政治意识形态的一个支撑点、一个组成部分。

在传统中国，政治意识形态的核心是君权至上。"忠君"乃是皇权国家向所有人设定的一项政治义务。"忠君"既意味着忠诚于君主，更意味着所有人效忠的对象仅仅止于君主一人。因而，这种"效忠"具有唯一性、排他性、垄断性。所谓"忠臣不事二主"的信条，就是这种政治意识形态的题中应有之义。

但是，君权至上并不是一个孤立的事物，而是传统中国意义体系、制度体系网络上的一个纽结。在这个共生共荣、相互依赖、彼此关联的网络中，除了君权至上的信条，还有"家国同构"的观念与实践。按照"轴心时期"的正式制度：天子的领地是"天下"，诸侯的领地是"国"，大夫的领地是"家"。这种分封体制虽然在秦汉以后逐渐式微，但家国同构的意识形态却一直沿袭下来。家国同构意味着：家是国的缩小，是微型的国；国是家的放大，是硕大的家。如果君主相当于全国的大家长，那么家长则相当于全家的小君主。正是因为这种"同构性"，"齐家"与"治国"、"平天下"被视为同一种事业的不同阶段。既然在全国范围之内，"忠臣不事二主"，那么，按照同样的逻辑，在全家范围之内，所有家族成员也要保持对家长（家父）的忠诚。

在家庭成员中，子孙对于家长（父亲）的忠诚，具有天然的排他性、唯一性，这是由父亲与子孙之间的血缘关系所决定的，也是经由"孝"的观念教化生成的。在通常情况下，甚至在父亲死亡之后，这种忠诚也难以撼动——所有的家庭成员每年都要向列祖列宗叩拜敬礼，就是对已经死亡的历代"家父"表达忠诚的仪式。相比之下，妻妾对于家长的忠诚，就没有血缘关系这种生物学上的基础了。家长（丈夫）一死，他的妻妾在理论上就可能成为其他男子的妻妾。这种潜在的可能性，就构成了对于家长角色、家父权威的冲击。推演开来，也构成了对于家族内部的"君主"权威的冲击。如果这样的"冲击波"普遍蔓延，彼此鼓荡，在整个社会上形成了一股强大的示范效应，就可能威胁到君主在全国范围内的权威。因为家国同构，家族成员对家长的背叛与全国人民对君主的背叛具有很大的相似性、可比性、示范性。

由此可见，国家通过制度性的安排，鼓励丧夫的妇女不再另嫁，保持贞节，表面上是在宣扬"烈女不事二夫"，本质上是在强化"忠臣不事二主"，是在夯实"忠臣不事二主"的社会基础与思想基础。其实，丧夫的妇女是否另觅夫婿，是否另嫁他人，属于典型的细枝末节、"民间细故"，如果不涉及君主的统治利益，朝廷完全可以听之任之，根本不必在意。君主体制下的政府之所以推行贞节牌坊制度，实际上是在追求一种潜在而深远的政治利益。因此，我们可以把贞节牌坊旨在强化的贞节观念视为传统政治意识形态的精神基础，视为一种政治运作艺术。正是这一点，构成了朱熹赞同"饿死事小，失节事大"的深层原因。形式上看，朱熹是在强调"饿死事小，失节事大"不可更易，实质上是在强调传统中国的政治意识形态不可更易，因为它是皇权国家的立国之本，历代君主的执政之基。

从更宽的视野来看，贞节牌坊不仅满足了君主政体在意识形态方面的需要，而且还能够带来一些极其现实的政治收益。譬如，在战争时期，由于大量的男子会在战争中死去，如果国家从物质与精神两个方面奖励他们的妻子守节，实际上也是在鼓励那些勇于参战的男子，有助于提升军队的士气。在这种情况下，国家颁发的贞节牌坊实际上就成了皇权国家采取的一种军事动员艺术。

六

站在宗法社会或家族社会的角度上说，贞节牌坊还有助于维护家族体制与家族利益。

在法律史家瞿同祖的代表作《中国法律与中国社会》一书中，第一章就浓墨重彩地描述了"家族"。这样的安排意味着，传统中国的家族既是一种基本的社会制度，也是一种基本的法律制度。家族这个概念，本身就意味着聚族而居。巴金的代表作《家》，为我们展示了传统家族的常态：兄弟、叔伯、祖孙共同生活，形成了一个伦理、经济与社会生活的共同体。黄仁宇的《万历十五年》这样写道：

> 早在二三十年前，在丧父家居的时候，李贽就已经有了这种经验。当时倭寇犯境，城市中食物奇缺。他虽然只是一个最低级的文官，也不得不接受亲族的拥戴，负起了为三十多人的大家庭寻找饮食的义务。和他同时的何良俊，《四友斋从丛说》的作者，就提到过他在南京为避难的亲族所包围，要求解决吃饭问题。另一位著名的散文家归有光则在信上向朋友诉苦，说他不能避难他迁。因为如果离开昆山，他必须随带"百余口"的族人同行。

这种对于宗族的照顾，不是暂时性的责任，也不仅是道德上的义务，而有其深刻的社会经济和历史的背景。①

黄仁宇的这两段话，明白地告诉我们，传统中国的家族或大家庭与当代社会流行的原子式的小家庭或"核心家庭"——父母再加一个未成年的孩子，绝不可同日而语。

传统的"大家族"与现代的"小家庭"在形态上的差异提醒我们：历史上的贞节牌坊，必须放在传统家族或大家庭的背景之下，才能作出制度性的解释。

在传统的家族体系中，所有的家族成员休戚与共。一旦某个成年男子死亡，他的妻子和孩子一般会继续留在这个家族之内。而且，他的妻子与孩子的生活来源将由整个家族来提供保障，家长或族长将成为"孤儿寡母"生活保障的第一责任人。由于家族人口较多，某一个成年男子的死亡通常不会影响一个家族的正常运转。家族内部的财富、人丁也不会因为他一个人的死亡而遭受更多的损失。而且，在族人同舟共济、共同保障"孤儿寡母"的过程中，家族内部的凝聚力反而还可能进一步增强。《红楼梦》中的李纨母子在丈夫贾珠死后的生活场景，以及近现代很多著作家的回忆录（譬如萧公权的《问学谏往录》）中都谈到父亲死后由族人抚养长大的经历。这些都可以为这种家族体制、家族功能提供形象化的佐证。

反之，如果丧夫的中青年妇女选择再嫁，则可能导致一系列的消极后果：第一，年幼的孩子没有母亲抚养，不利于孩子的健康成长。第二，带着孩子出嫁，则会减少这个家族的人丁，将在一定程度上冲击"人丁兴旺"的家族理想。在这里，值得注意的是，在传统中国，由于家族是社会保障、社会互助的基本单位。一个人丁兴旺的家族，有助于扩大互助互济的范围，有助于聚集更多的人形成合力、相互提携，从而降低各种难以预测的生活风险。第三，如果改嫁的妇女享有分割财产的权利，则不利于家族财富的积聚。第四，如果完全

① 〔美〕黄仁宇：《万历十五年》，中华书局1982年版，第208页。

剥夺改嫁妇女分割家族财富的权利，则意味着她对于这个家族的投入（时间、精力、情感）没有任何物质上的回报。青春已经磨损、精力已经衰退的妇女依然孑然一身，身无分文，似乎也有失仁道。第五，中青年妇女改嫁还可能造成更多的"同母不同父"的兄弟，这对于家族关系的纯洁与家族内部的秩序也会带来某些消极的影响。

更重要的是，丧夫妇女再嫁还会一般地损害家长（或候补家长）角色的权威。"君生日日说恩情，君死又随人去了"的现象，意味着家长（或候补家长）的权威还没有得到妻妾们的认同。可以想象，在一个人口较多的大家族中（譬如《红楼梦》中的贾府），如果家长（或候补家长，譬如《红楼梦》中的老太太或贾政）没有足够的权威，根本就不可能有效地维持和谐的秩序关系，家族内部就会乱成一团糟。这就是说，妇女守节，可以为大家族内部关系的稳定与有序，提供精神、情感诸方面的支持。

七

站在妇女个体的角度上说，贞节牌坊鼓励妇女守节，对于传统中国的妇女自身来说，也并非黑不见底、暗无天日的深渊与地狱；夫亡即改嫁，也并不意味着奔向无忧无虑、"天天开心"的伊甸园。正是这种极其现实的考量，才是很多妇女在丧夫之后自愿选择守节的物质原因与精神动力。

首先，从物质与经济的层面上看，在传统的家族体制之下，家族这样的组织在相当程度上承担了现在的民政局承担的社会保障、社会救济的功能。守节的妇女能够得到整个家族提供的"社会保障"，物质生活大体上可以维持丈夫在世时的水准。这是传统妇女愿意守节的经济根源。尤其是那些经济状况较好、社会地位较高的家族（极端的例子是《红楼梦》中的贾府），即使丈夫已经死亡了，家族提供的生活平台对于妇女们的吸引力依然不容低估。而中上层妇女的选择，通常还可以引领整个社会的风尚与习惯，并成为中下层妇女普遍效仿的对象。当然，任何时代、任何社会都有一些富有个性的妇女，譬如大名鼎鼎的寡妇卓文君，就愿意抛弃优越的物质生活条件，另嫁穷书生司马相如。但是，这样的个案属于传奇或例外，而不可能成为生活的常态，不可能成为多数人的选择。

其次，在多数情况下，丧夫的妇女已经生育子女。这些子女实际上充当了联结妇女与亡夫家族之间的纽带。妇女凭借自己生育的子女，既可以在家族之内拥有一席之地，也能够在家族内部找到足够的归属感。这就是说，即使丈夫已经死了，她依然会强烈地体会到：她就是这个家族的一个正式成员，她属于这个家族。因此，继续待在这个家族之内，乃是一种符合逻辑的、极其自然的、顺理成章的选择。如果选择改嫁，如果离开这个家族，反倒像一个超越常规的革命行动。且在相当程度上，还意味着对"自己的家族"的一种背叛。在《红楼梦》这部反映传统社会的"百科全书"中，李纨丧夫之后并没有改嫁，就给读者留下了"正常生活"的印象。如果她寻求另嫁，不仅在贾府内部，甚至在现代读者眼里，也会成为一个比较奇怪的选择。

再次，丧夫之后的改嫁虽然意味着一个新的机会，但在某种程度上也意味着风险：如果她在新的家族内不能生育子女（特别是儿子），那么，她在新家族内的地位则不能得到保证。因为在传统社会，婚姻承担的核心使命就是传宗接代，保证家族的繁衍。此外，改嫁妇女与新家族之间的磨合，也是一个费时、费力的过程。换言之，与守节相比，改嫁将增加未来生活的不确实性。

最后，从情感上说，改嫁通常意味着抛弃自己在前夫家生育的儿女，这对于那些已经为人母的妇女来说，也是一种情感上的代价。这里必须指出，传统妇女不是现代的职业妇女，她们的很多希望、梦想都是寄托在子女身上的。且夫亡之后，子女就是她们的依靠。在现代，由于妇女能够在政治、经济、文化、社会中找到更多的寄托，因此子女对于母亲的意义，无论是在情感寄托方面还是在养老保障方面，都已经迅速减弱。

以上几个方面说明，贞节牌坊所宣扬的贞节观念及其生活方式，实际上也满足了丧夫妇女的某些需要。因此，历史上的丧夫妇女选择守节，不选择再嫁，在很大程度上也是她们自己理性思考的结果。

八

概括上文的分析，我们可以得出这样的结论：贞节牌坊体现了主权者的意志，是对守节妇女的一种制度性奖励；作为一种奖励性的正式法律制度，它并没有额外地剥夺丧夫妇女另嫁他人的正当权利，因而，不宜把它视为一个十恶不赦的制度安排，不宜把它过分地妖魔化。

与此同时，我们也要看到，政府仅仅凭借一个符号性的贞节牌坊，并不足以驱使大量的妇女选择守节。政府主动提供的贞节牌坊之所以受到了家族、妇女的接受，在传统中国长期畅销不衰，说明这个符号性的产品满足了家族、妇女的内在需要。因而，从社会科学的角度来看——本文的分析也已经表明，妇女守节或贞节牌坊，并不仅仅是一个高调的道德问题、理想问题，不能仅仅从"饿死事极小，失节事极大"这种极端化的表达方式来解释。严格地说，贞节牌坊实际上是传统中国社会中彼此牵制、相互关联的制度体系中的一个纽结。一方面，它满足了皇权国家与宗族社会的制度性需要，因而构成了传统中国法律与传统中国社会的一种支撑性因素。另一方面，这种奖励性制度也满足了丧夫妇女自己的某些现实需要。虽然，这个奖励性制度也随之剥夺了丧夫妇女在其他方面的一些需要。然而，正如郑也夫在《代价论》一书中所揭示的，什么样的选择没有代价呢？什么样的选择没有"机会成本"呢？只要得到一样东西，就会失去另一样东西，这是生活的铁律。

不过，话又说回来，对于妇女来说，贞节牌坊或守节的实质，就是曾经的丈夫死了，以后不再有丈夫。然而，没有丈夫的日子并不一定就是地狱，有丈夫的日子也绝不能保证就是天堂。在《红楼梦》的世界里，有丈夫的王熙凤的幸福指数，似乎还比不上丧夫守节的李纨的幸福指数。在《围城》中，有一个关于"婚姻就像一座城，城里的人想冲出来，城外的人想冲进去"的著名寓言。此外，在禁忌越来越少、一切都被解放了的现代社会，很多妇女却自愿选择独身……诸如此类的现象，都给我们提供了重新观察、反思、评析贞节牌坊的新视角。

20世纪以来，传统中国已经远去。在现代中国。妇女已经完全解放了。所谓"解放"，就是失去了禁忌。夫亡之后的妇女无论是另嫁还是不再另嫁，都无所谓。"守节"一词已经退出了社会生活。无所谓"守节"，也无所谓"不守节"。既没有人提倡另嫁，也没有人提倡不再另嫁。国家不再制定鼓励守节的法律制度，也没有人修建新的贞节牌坊了。对于这种新的变化，也许有人会归因于现代人、现代社会的"觉醒"或"进步"。其实不然，这种转变的真实根源可以用一句话来概括：因为生产力的提升、生产方式的变迁、社会分工的发展，迪尔凯姆所谓的社会团结方式的转型所导致的国家形态、家庭形态、两性关系模式、家国关系模式的深刻革命。

6. 500 年前的龙场悟道

　　500 年前的 1508 年，一个春天的夜晚，在偏僻的贵州龙场驿，发生了一件值得追溯的重大事件：一个突然的顿悟，就像初生婴儿的第一声啼哭，宣告了阳明学的诞生；中国思想史的河流，也身不由己地在那里猛然拐了一个弯。

　　据《王阳明年谱》记载，1508 年，时值明正德三年，"时瑾患未已"，身居龙场的王阳明"自计得失荣辱皆能超脱，惟生死一念尚觉未化，乃为石墩，自誓曰：'吾惟俟命而已！'日夜端居澄默，以求静一；久之，胸中洒洒。而从者皆病，自析薪取水作糜饲之；又恐其怀抑郁，则与歌诗；又不悦，复调越曲，杂以诙笑，始能忘其为疾病夷狄患难也。因念：'圣人处此，更有何物？'忽中夜大悟格物致知之旨，寤寐中若有人语之者，不觉呼跃，从者皆惊。始知圣人之道，吾性自足，向之求理于事物者误也。乃以默记《五经》之言证之，莫不吻合。因著《五经臆说》。"

　　这段有时间、有人物、有细节的记叙性文字，让人联想到佛教、基督教诞生时的传奇场景。虽然，作为一种思想形态的阳明学，迥异于作为宗教形态的佛教、基督教；王阳明个人对于历史与文化的影响，也远不及释迦牟尼与耶稣。但是，单就中国思想史的演变历程而言，龙场悟道的那个瞬间，依然产生了石破天惊般的震撼性效果。它所爆发出来的冲击力、穿透力，即使经历了 500 年时光的缓释，依然没有平息，依然有如一根激活思想的马刺。

　　500 年后的今天，值得我们思忖的是，中国思想史上的这一声惊雷，为何会在黔中的山沟里炸响？这个问题的答案，既要在王阳明身上寻找，又要着眼于王阳明置身于其间的政治文化背景。

如果中国的思想之河依照自己的逻辑正常向前流淌，本不会有什么阳明学。事实上，王阳明的前半生，在朱子学光芒的笼罩下，走的依然是朱熹指出的路：正心诚意、格物致知、修齐治平。

史书上说，在王阳明 15 岁的时候，曾经按照朱熹的训示，"格竹子之理"，不料却毫无所获。在 20 岁和 26 岁的时候，分别又做过两次"格物"的努力，最终也以失败而告终。不过，即使在"格物求理"的路途上屡屡遭受挫折，也没有使他放弃治平天下的宏愿。尤其是到了 1499 年，当 27 岁的王阳明中得举人之后，更是立志以天下为己任，试图变"天下无道"为"天下有道"。与此同时，"得君行道"的意识也在潜滋暗长之中。一个明显的证据，就是他在 1504 年主持山东乡试所出的题目和所收的范文，其中有"所谓大臣者以道事君不可则止"一题，认定大臣的主要任务便是"引君于道"；如果"谏有不听"，则必须"奉身而退，以立其节"。他还认为，"人君之心惟在所养"，且"人君之心"还是"天地民物之主"和"礼乐刑政教化之所自出"。因此，人君必须"自养"其至公无私之心，才能治天下。而"养心"之道，即以"义理之学"来"克其私"而"扩其公"。在这个时期，他始终把朱子注的《大学》引为无上宝典，而《大学》在程、朱系统中，则是"儒家整体规划"的基本纲领。由此可知，前期的王阳明大体上遵守着朱子学所规定的基本模式：格物求理、引君入道、得君行道。如果按照这样的套路坚持走下去，王阳明很可能就只是朱子学的一个身体力行者。

然而，历史并没有给王阳明提供这种实践朱子学的基本条件。因为，要实现朱子学讲的内圣外王之道，不可能仅仅依恃他的一己之力，相反，他必须得到君主的支持。用当时的术语来说，就是"得君行道"。而"得君行道"的前提条件，就是"引君于道"，让"义理之学"充盈于君主之心，然后借助君主提供的政治平台，才可能开出从"内圣"到"外王"的境界来。遗憾的是，在当时的朱明王朝的知识分子政策下，根本不可能给予他所希望的政治空间。

明朝政权建立伊始，太祖朱元璋因为治理国家的需要，不得不用"士"。为此，他还延揽了当时的江南名士刘基、宋濂、章溢、叶琛等人。但是，朱元璋在内心对"士"却十分憎恨，总是疑心这些"士"不把他这个皇觉寺小和尚出身的大皇帝放在眼里。所以，他一方面设立了"寰中士夫不为君用"这样一个令人惊讶的罪名，强迫被征召之"士"不得抗拒；另一方面则对已经入仕之"士"毫不尊重，稍有差错，不是"屯田工役"（相当于今天的劳动改造），便是诛杀。以至于有一些知识分子甚至"断指不仕"和"以受玷不录为幸"。等到被迫上道，则又"如捕重囚"。据《明史》记载，太祖朱元璋曾当面对茹太素说："金杯同汝饮，白刃不相饶。"这一流传天下的名言，实为明代知识分子政策的生动写照。

更让知识分子感到恐怖的是"廷杖"，它是在庙堂之上当众凌辱士大夫。这样的刑罚方式，在隋唐时代已有零星的记载，到了朱元璋的手里，则成为正式的制度。至明武宗正德年间，宦官刘瑾用事之时，甚至发展到"去衣行杖"的"高级阶段"。从此以后，在朝堂之上，死于杖下的士大夫越来越多。非常不幸的是，首当其冲的竟然就是王阳明。

1506 年，王阳明在儒家义理、"以身任天下"的催促下，向朝廷呈交了一份"乞宥言官去权奸以章圣德疏"，明确提出了宽待谏官、罢黜奸佞、弘扬圣德的政策建议和政治主张。然而，这种积极的主人翁姿态，不仅没有得到朝廷的褒奖，反而招致了牢狱之灾、廷杖之耻、贬逐之罚。《王阳明年谱》记下了事情发生的原委："是时武宗初政，阉瑾窃柄。南京科道戴铣、薄彦徽等以谏忤旨，逮系诏狱。先生首抗疏救之……疏入，亦下诏狱。已而廷杖四十，既绝复苏。"

这里的"既绝复苏"，就是"死去之后又活过来"，想必就是"去衣行杖"的后果。如此惨痛的奇辱，在这个骄傲的、自尊的士大夫心里，留下了最深刻的创伤。在"百死千难"、万般无奈之下，尤其是在流放到贵州龙场驿之后，王阳明对朱熹指示的道路发生了疑惑：从外在的义理入手，从"引君入道"着眼，指望"得君行道"，行得通吗？能够开出内圣外王的美好未来吗？

须知，在朱子学兴起的赵宋时代，不仅早已立下了"不杀大臣及言事官"的祖制与家法，而且还有"君主与士大夫共治天下"、"共定国是"的不成文法。士大大如果开罪了朝廷或在政争中失势，自然也逃不了惩罚，但常见的方式不过是流放或贬逐。士大夫的尊严和体面还是有保障的。更值得注意的是，士大夫因论事不合而遭贬逐，不但不是耻辱，而且在士林中往往被引为无上的光荣。譬如范仲淹，"以言事凡三黜"，居然传为美谈。他要是落在明太祖或者明武宗的手上，给他来个"去衣行杖"，也许第一次就被打死了。因此，在赵宋政权的知识分子政策下，士大夫有机会"得君行道"，有可能在君主的支持下，施展自己的政治抱负。

但是，在王阳明生活的年代，这样的政治环境早已不复存在，士大夫们几乎没有"得君行道"的机会。不愿招辱、不愿涉险的知识分子，只好远离朝廷，从个人受用的角度，探讨内圣之学，修身养性，以达到自得其乐的目的。譬如，明初理学家薛瑄的《临终口号》最末两句是："七十六年无一事，此心惟觉性天通"；影响更大的吴与弼在《日录》中写道："夜坐思一身一家苟得平安，深以为幸。"与这些消极避让的理学家"独善其身"不同的是，立志"兼济天下"、"以身任天下"的王阳明勇猛精进，却身心均受重创，陷入了生活困顿、进退两难、无所适从的绝境。

以王阳明的卓绝才华和远大抱负，既不可能通过"人君正心"来实现自己治平天下的夙愿，又不愿自解佩剑，就此罢休。怎么办？或者说："圣人处此，更有何道？"在经历了龙场那个春夜的顿悟之后，他终于发现，唯一的出路就是在思想上改弦更张、另辟蹊径：不必向外物求理，无须假仕途行道，而是要确信："理"就在自己的心中，用不着外求；心中的良知一经唤醒，就是天理；只要人人获得了良知，就可以实现治平天下的伟业。换言之，就是要着眼于社会与民众，提升民德，挖掘民智，开导民心。通过教育讲学，通过移风易俗，让每个人都成为知行合一的有良知的君子，最终实现"圣人满街"的宏大目标。这样的社会，不正是传统儒家向往的"三代之治"吗？绕开君主与朝廷，不也同样可以实现兼济天下的抱负吗？

后来的历史表明，王阳明的龙场悟道，在居于正统地位的朱子学之外，开启了声势颇为浩大的阳明学潮流。关于这种学说的兴盛与衰败，古今中外的学者已经贡献出来的著作堪称汗牛充栋，这里不再赘述。在本文的结尾处，只想就500年前的龙场悟道与当代的关联，作出两点简要的申说。

其一，人类秩序的起点和依据在哪里？朱子学和阳明学的回答，都是天理。但是，朱子学的天理，要通过格物才能寻得；而阳明学的天理，就在人心。通过"致良知"这一"不二法门"，通过直指人心的"良知"开导，就可以"安天下之民"、"成天下之治"。换言之，治平天下、维护良善秩序的根本方法，应当求助于康德所谓的"道德律"。甚至只有这样的道德律令，才能安顿人心、人身与人世，才能最终满足人类社会对于公序良俗的内在需要。

其二，知识分子的使命与道路是什么？朱子学与阳明学的回答，都是以天下为己任。但朱子学提供的技术路径，是向上看，是面向君主，是"得君行道"；而阳明学提供的技术路径，则是向下看，是面向民众，是"觉民行道"。这就是王阳明历经艰辛之后找到的一条新路，它起源于1508年的龙场悟道。朱元璋的"廷杖"、刘瑾的"去衣行杖"都曾以反作用力的方式，催生了这条崭新的，既立己也立人的思想道路。

7. 良知学与学者的良知

学者笔下的良知，古有王阳明及其学派，专事良知学的阐述与传播。从1508年春天的龙场悟道算起，至今已逾500年矣；今有何怀宏及其著作《良心论》，是在现代学术语境下关于良知的理论铺陈。比较而言，前者主要源出于王阳明的生命体验与精神顿悟，是温热的思想；后者虽然也灌注了作者的情感与心力，但主要是学院中的产物，是严谨的学术。

古今学者关于良知之学的异趣，确实构成了一个颇有意义的话题。但本文的主旨，却无意于辨异，而在于求同：学者的良知在哪里？应当是什么？我之所以不避浅陋，提出这样一个略显"大而无当"的问题，实在是因为在学术腐败、学术异化、学术泡沫化日盛一日之际，这个主题确实值得再度唤醒，也期待着学者们的反省与自觉。

在思考这个问题的过程中，我首先想到的是鲁迅先生的一段名言——在《中国人失掉自信力了吗?》一文中，鲁迅先生写道："我们从古以来，就有埋头苦干的人，有拚命硬干的人，有为民请命的人，有舍身求法的人……虽是等于为帝王将相作家谱的所谓'正史'，也往往掩不住他们的光耀，这就是中国的脊梁。"按照这样的归纳，"中国脊梁"群体中的中国学者，更应当"埋头苦干"、"拚命硬干"、"为民请命"、"舍身求法"。学者的良知，或许可以从鲁迅先生的这"四句教"中体现出来。

当然，影响更大的"四句教"，则是众所周知的北宋时期的"横渠四句"："为天地立心，为生民请命，为往圣继绝学，为万世开太平。"这几句话，标示出一种境界，既是对于中国历代学者之良知的高度概括，也令千载以下的学者们不胜向往。"为天地立心"，是为全社会、全人类确立某种核心价值观，让人们的精神生活有所皈依；"为生民请命"，是为民众谋取福利，套用林则徐的名言，就是"苟利国家生死以，岂因祸福趋避之"。"为往圣继绝学"，是通过"立言"的方式，守先待后，维系文明于不坠。"为万世开太平"，是通过"立功"的方式，实现学者们治国、平天下的宏愿。

不过，无论是鲁迅先生还是张载夫子，讲的都是过去的事，是对古代学者的概括与描述。对于当代中国的学者来说，虽然示范意义不容低估，终究又隔了一层。因此，我们还需要进一步追问，立足于 21 世纪的当代中国，在这个贞下起元的时代。学者的良知又该是什么？本文对这个问题的回答是：会通古今，超越中西，为人类文明的新秩序探索未来。

传统中国的学者几乎没有"中西问题"的困扰，所以只想到"为往圣继绝学"。但是，张载的时代已经一去不复返了。与张载不同的是，当代中国的学者已经身不由己地置身于古今中西之间，且在相当程度上，古今问题与中西问题，还是交错混杂在一起的：传统（古代）常常被对应于中国，现代性（今天）更多地对应于欧美。在这样的背景下，当代中国的学者既要站在现代性的立场上批判传统，但同时也要站在传统的立场上批判现代性。因为，现代性与传统既有它们各自的荒诞（请看看后现代主义对于现代性的批判），也有它们各自的积极意义。完全以现代性的标准来批判传统，就与完全以传统的标准来批判现代性同等褊狭，两者都不可取。因此，当代中国的学者，应当自觉地促成传统与现代性之间的相互批判，既要防止"传统"的妄自尊大，但也要警惕"现代性"的唯我独尊。只有这样，中国学者才可能做到会通古今、超越中西，才有可能养成开放的、自主的、批判的心智。

以开放的、自主的、批判的中国心智作为前提，作为基础，当代中国的学者才可能独立地完成自己的终极使命：为中国文明、人类文明的新秩序探索未来。一方面，当代中国早已走出了"中国在亚洲"的时代，早已进入了"中国在世界"的时代，在这种新的环境下，未来中国的文明秩序，就不可能完全由孔子的秩序观来支配。耶稣、穆罕默德、释迦牟尼等众多的符号性人物分别阐述的秩序观，不但已经在参与塑造中国人的文明秩序，而且还将更深入、更广泛地影响中国文明的再造过程。从这个角度上说，未来中国的文明新秩序，必然是多种文化要素化合之后形成的新文明秩序。另一方面，未来世界的文明秩序，也不可能由"美国宪法"这个极具象征性的单一文本来主宰。先前由西欧、北美所代表的单一的现代性模式，正在向多元现代性的方向转化。这就意味着，未来的人类文明新秩序，就跟未来的中国文明新秩序一样，也是由多种文化要素共同塑造的。

为中国文明新秩序探索未来，并进而为人类文明新秩序探索未来，主要体现在两个方面：软的意义，硬的规则。人类文明的意义，主要由人文学科来发现。譬如，关于爱与恨的文学，关于生与死的哲学，关于衰与荣的史学，都是关于人类文明的意义之学、价值之学。人类文明的规则，主要由社会科学来论证。譬如，关于治与乱的法律学、关于敌与友的政治学、关于赔与赚的经济学，都是关于人类文明的规则之学、制度之学。前者关乎人类文明的心灵，后者关乎人类文明的躯体。丰沛的心灵再加上强健的躯体，庶几可以组合成一种相对完美的文明形态。

8. 钱穆论法治与人治

在"地心说"盛行的时代，如果有人提出"日心说"，难免会让人感到不可思议。同样，在当代中国的法学理论界，盛行的主流观点是：法治是西方的产物，它萌生于古希腊，初成于古罗马，完善于近现代；人治是中国的传统，它与儒家的礼治与德治紧密相连、互为表里。在这样的流行观点面前，如果有人提出：法治是古代中国的传统，人治是现代西方的传统，一定也会令人觉得意外吧。近日读书，就看到了这样一段值得注意的"异见"。

"异见"的提出者是钱穆先生。在他的《中国历代政治得失》一书中，钱先生写道："由历史事实平心客观地看，中国政治，实在一向是偏重于法治的，即制度化的，而西方近代政治，则比较偏重在人治在事实化。何以呢？因为他们一切政制，均决定于选举，选举出来的多数党，就可决定一切了。法制随多数意见而决定，而变动，故说它重人、重事实。我们的传统政治，往往一个制度经历几百年老不变，这当然只说是法治，是制度化。"① 钱先生是史学家（也有人把它归属于新儒家），他的观点尽管与流行的法学理论完全相左，依然具有参考价值。因为，钱先生对于法治与人治，提出了一种全新的解释。

在钱先生看来，传统中国的政治有一个突出的特征，就是"繁文琐法"。政治上的法令制度过于细密，必须遵守的规矩太多了，这未必是好事，甚至

---

① 钱穆：《中国历代政治得失》，三联书店 2005 年版，第 157—158 页。

"是中国政治没有起色的根源"①。而近代西方的民主政治，主要体现为政党之间的竞争。当选的执政党可以把本党的主张上升为国家意志。从这个角度来看，西方的选民是按照自己的偏好在挑选执政党，执政党又是按照自己的偏好来决定国家事务。换言之，西方民主政治的本质，就是公众及其政治代言人（执政党）按照自己的偏好来决定国家事务与公共事务，这不就是典型的"人治"吗？

可见，钱先生理解的法治，是指密集而稳定的规则对于人，尤其是对官方的严格约束。譬如，朱元璋规定不设宰相一职，于是，有明一代数百年，真的就没有宰相这个岗位。这就表明，朱元璋定下的规矩得到了严格的执行。至于密集的规则，当然不是现代意义上的宪法、民法、刑法、诉讼法，甚至也不是指行政法意义上的"唐六典"之类的"西式法律体系"，而是主要指以"礼"为核心的规则体系。这样的规则体系，在传统中国的政治实践与社会生活中，确实达到了"繁琐"的程度。钱先生理解的人治，是指民众挑选他们认可的政党来处理国家事务，当选的执政党提出的治国纲领、公共政策，应当被视为民众认可的治国纲领、公共政策。国家的政治，政府的路线、方针、政策亦步亦趋地跟着民众的偏好走，跟着执政党的意志走。这在钱先生眼里，就是人治。

钱先生的观点启示我们，对于法治与人治这两个流行的概念及其实践，还可以有另外一种解释。在传统中国，官方需要遵循的规矩多，就是法治；在近代西方，官方按照民众的愿意办事，就是人治。套用当下关于"法律效果与社会效果"的说法，那就是，注重法律效果的是法治，注重社会效果的是人治。在钱先生看来：注重社会效果、让公众满意的人治，恰恰是近现代西方民主政治、选举政治的本质；注重法律效果、坚持规则至上的法治，恰恰是传统中国政治的特征。如果强调法律效果，其实是对中国传统政治的继承与弘扬；如果强调社会效果，反倒是对近代西方政治的借鉴与移植。

法学界可以不同意钱先生的结论。但是，如果能够置身于钱先生的立场，

---

① 钱穆：《中国历代政治得失》，三联书店 2005 年版，第 158 页。

对钱先生的观点予以"同情式的理解",并以之反思我们关于法治与人治的"常识",对于提升当代中国的法治理论,使之逐渐告别口号化、意识形态化的层次,相信还是有所裨益的。

9. 政治学家的热心与理性

一

马克斯·韦伯曾经发表过一篇著名的演讲《以政治为业》。单看这个题目，韦伯所谓的"以政治为业"者，似乎构成了某种单一的主体。不过，倘若稍加分辨，我们就会发现，"以政治为业者"绝非清一色的政治活动家，而是包含了两大群体：政治活动家与政治理论家。大致说来，政治活动家重在"行动"，常常以"立功"作为自己追求的鹄的；政治理论家重在"思想"，主要以"立言"作为自己安身立命的志业。在近现代中国的政治舞台上，如果说大大小小的"政治活动家"如过江之鲫，数不胜数，那么相比之下，真正称职而纯粹的"政治理论家"或政治学家，就屈指可数了。我相信，在这个不大的政治理论家群体中，萧公权先生无论如何都是一个绕不开的代表性人物。

数十年来，萧公权先生一直是享誉海内外的政治学大家。然而，奇怪的是，大陆的书肆里竟然长期看不到他的著作。2006 年 4 月，清华大学出版社整理出版了他的《宪政与民主》，总算结束了这种只闻其名、难见其书的现象。

《宪政与民主》不是一部高头讲章，也不是关于宪政与民主的体系化的理论建构，而是一本由二十多篇政治时评汇聚起来的集子，其中充满了有关中国政治的亲切而平实的议论。一口气读完这本初版于 20 世纪 40 年代、如今已

"年届花甲"的旧著，一个政治学家的肖像逐渐开始清晰起来。透过这本著作，我们至少可以看到萧公权先生的两个侧面：一段温热的、诚挚的爱国者心肠，一颗冷静的、理性的思想家头脑。

二

在《问学谏往录》一书中，萧公权先生曾经有过一番夫子自道："我虽始终不曾从政，但时常关心国事，并且撰写政论，贡献一偏之见，一得之愚，也算小尽匹夫的责任，用孔子的一句话来说，'是亦为政'。"

萧公权先生在此所说的"是亦为政"，就是文字报国，就是有言于时代、有言于政治。为了实现这样的夙愿，从1932年起至1948年止，十多年里，萧公权先生针对抗战前后国内的现实政治问题，譬如均权与均势、均权与联邦、制宪与行宪、宪法与宪章、宪政的条件、宪政的体制、民主问题、选举问题、县政建设问题等等，都作出了富于建设性的思考与评论。由这些政论文字集成的一册《宪政与民主》，既见证了民国宪政的一段往事、一段思想历程，也记载了一个热忱的政治学家不懈思考的印迹。透过这些长长短短的时评，我们可以真切地体会到萧公权先生对于中国民主宪政的渴望与希冀。

譬如，在《施行宪政之准备》一文中，萧先生认为要推动宪政，必须在教育上有所准备；假如民众普遍缺乏理智上的修养，又没有自治的经验，"骤然作宪政之尝试，窦疑甚多，成效必缓"。不过，即使在民众智识相对欠缺的情况下，萧先生也决不主张缓行宪政。"兹编所论，仅在说明训练理智之重要。冀政府能于法令与教育之中，双管齐下，兼程并进，而尤冀负教育之责者勿斤斤于枝节问题，而能对国家百年大计努力有所贡献，庶人民于宪政实施之先知所准备。宪政开始之后知所从事，或可从此一洗民元以来具文宪法口惠而实不至之羞乎？"（《宪政与民主》页23）这段文字，表达了萧先生对于切实推行宪政的迫切心情。

萧先生自己不是庙堂上的政治活动家，但却对政治活动家们寄予了厚望。在《低调谈选举》一文中，他诚挚地写道："笔者希望这次大选当选的各党派或无党无派诸公——尤其是立法委员，将来能够多着眼于人民的福利和宪政的根本，努力前进，积极地推动有益的政策，消极地监督政府的设施，使中国的政治早日踏上澄清的正轨，并且随时注意造成一切有利的条件，使下一届的选举更加民主化、清洁化。那么无论他们在竞选的时候曾经引起多少批评，无论他们是否因多数人民的真心拥护而得当选，他们必然能够得到人民的最后钦崇和信任。换句话说，他们凭服务的成绩成为了人民的真正代表。"（《宪政与民主》页105）萧先生的这番劝告，在现实政治面前，也许显得有些"书生气"，但却表达了他对政治活动家们的信任与期待。

对于选举中出现的异化现象，萧先生则颇为不安。在《论选举》一文中，他说："笔者对于实行选举的事实障碍是相当抱杞忧的。因为一般选民的认识和经验不足，在以往曾发生不少选举的弊端或缺点。民选的参议员有时竟会比政府圈定者的水准为低。纵然选民的程度可能长进，但断不会在一两年当中达到积弊荡然的境地。假如多数选民依旧对选举不感兴趣，依旧人云亦云，或受金钱与势力的支配，恐怕将来选出来的代表不免号称民选而不能代表人民。"（《宪政与民主》页182）在这里，萧先生关于"选举政治"的忧患，已经溢于言表。

尽管民国时期的宪法存在诸多问题，但是，萧先生还是对中国宪政的未来抱有坚定的信念。在《制宪与行宪》一文中，他认为："今日的宪法纵然不满人意，只要不是废纸，我们便有改进的希望。任何宪法（除了废纸宪法）都是可以修改的。任何政制（除了未行的政制）都是可以改善的。在欧美各国是如此，中国也系如此，我们必须把握住今日的机会，从现行宪法的基点出发，步步前进。一方面奉公益，守法纪；一方面培智能，求进步。只要大家的政治能力和道德进步，只要社会的风俗习尚进步，我们的宪政就可一同进步。纵然在我们这一代人的生命期中不能达到优良的境地，我们总可把进步的基础留给后来的人。他们得着这个宝贵的遗产，定然会感谢我们的。否则有宪而不行，为民而不主，将来的悲哀和罪过真是不可思议，岂但今日一些小小的不满意而已。"（《宪政与民主》页113）

透过以上几个侧面，我们可以看到，萧先生对于当时中国的政治局势，既有期待，也有劝告；既有忧虑，也不乏信心。这些起起伏伏的心绪，其实都体现着一个"坐而论道"的政治学家对于中国宪政、中国人民的热心与挚爱。

三

作为一代政治学名家，萧公权先生面对当时国内重大的政治问题，提出了自己的看法，表达了自己的意愿。通过这些时评，展示了萧先生追求宪政民主的热心与信心。然而，值得我们注意的是，这些时评与政论绝非浮泛之言，更不是肤浅的情感流露，相反，它们是一个政治学家理性思考的产物。

在民国宪政史上，1946 年宪法的制定，堪称一个标志性的事件。它既是当时各派人物聚讼纷纭的焦点话题，同时也是《宪政与民主》一书着墨最多的地方。

萧先生注意到，在那种复杂而多变的政治背景下出台的 1946 年宪法，尽管存在着诸多致命的缺陷，尽管招致了不少尖锐的批评，但是，他依然立足于一种相对超越的立场，给予了客观而理性的评论。他说："平心论之，（这部宪法）在实质上及技术上诚有可加指责之瑕疵。然而吾人应知人为之事物断难极尽美善，而人为之制度，万难臻于完备。盖政治制度之成立，不外由演进与突创之二途。演进者（如英国政制）即随时世之变迁而长成于无意之中，其内容自不免包含偶然与不合理之成分。合于实用则诚然，合于理想则未然也。突创者（如美法之政制）成于一时之努力。无论一时之人不能洞见百世之利，即有少数睿智之士，能灼见深知，然而所见不必互同，亦未必能使多数人赞同而接受其所见。加之党派之分歧，利益之冲突，成见之锢闭，纵有较近完善之制度，恐未必果然能受人采用。固革命宪法往往成于多方之妥协。……抑就民主之观点言之，吾人宁可牺牲完美而欢迎妥协。盖妥协出于互让，互让基于尊重自己主张，同时尊重他人主张之宽容态度。故妥协为民主之精神表现，亦为民主政治之工作原则。然则由妥协而包藏瑕疵，固不足为宪法之诟病。"（《宪政与民主》页 159，《中华民国宪法述评》）

这段文字，集中地表达了萧公权先生关于宪政的核心观念：宪政出于妥协，妥协也是民主精神的体现。

无论是在 20 世纪上半叶还是在改革开放之后的当代中国，有关宪政的讨论可谓目不暇接。倘若要问：宪政到底是什么，学者们的回答堪称五花八门。有人认为，宪政就是民主的政治；也有人说，宪政就是民主加法治；还有人说，宪政乃是民主、法治、自由的统一体；第四种观点认为，宪政的关键是共和体制；第五种观点认为，宪政就是宪法的动态表达……诸如此类的说法，早已并行于当代中国的宪政理论之中。在《宪政与民主》一书里，萧公权先生也曾反复指出，宪政就是民主与法治的结合。但是，我认为，萧先生关于宪政的洞见，更多地体现在上面所征引的段落中。因为，宪政的精神实质，就是相互妥协。

在世界宪政史上，英国宪政一直享有"宪政之母"的地位。然而，一部英国宪政孕育生长的历史，几乎就是各种政治势力相互妥协的历史。在中国的主流话语中，英国革命长期被称做"不彻底的革命"，所谓"革命的不彻底"恰恰描述了宪政的本质属性："革命"过程中的相互妥协。通过妥协，处于强势地位的一方并不能一切通吃，处于弱势地位的一方也有生存的空间，也有发展的机会。这样的政治格局，既标志着宪政的到来，其实也构成了民主的象征。因为，正如萧先生所言："妥协出于互让，互让基于尊重自己主张，同时尊重他人主张之宽容态度。"

民国时期的中国宪法与中国宪政，几乎受到了各个方面的批判，就是相对于"总理遗教"而言，也有不小的距离。但是，在萧公权先生看来，各种各样的批评和不满，本身就昭示着宪政与民主的萌生。因为它表明，这个时代的宪政与宪法受到了多种势力的影响，反映了多个群体的意志。因此，萧先生主张："故为中国之人民计，与其耗唇舌于批评宪法，不如致精力于实行宪法。"（《宪政与民主》页159）

承认现行宪法的缺陷、容忍不同的意见、不追求完美的政治、主张在实践过程中的渐次改进，这样的宪政观，无不体现了一个政治学家超越时空的理性与睿智。

四

由于历史传统的不同，也由于社会分工的日渐深化，知识分子的"立言"

逐步呈现出两种形态：学院型与策论型。前者富于学术理性，倾心于建构宏大的理论体系；后者充满热情，偏好于面向现实问题发言。在历史上，大致说来，前者更多地见于西方世界，譬如亚里士多德、阿奎那、康德、黑格尔等等，都是构建理论体系的代表性人物；后者更多地见于中国传统，譬如孟子、贾谊、康有为、梁启超等等，都是喜欢提供策论的代表性人物。虽然不乏相反的例证（譬如西方的马基雅维利，就是一个比较典型的策论型人物），但是，这种大体上的分野依然是比较明显的。

然而，根据这样的二元划分方法来衡量萧公权先生，就有些左右为难了。萧先生终身研究政治学，"精湛笃实，然未尝一日从政。抗战期间，不少学人入仕，萧先生亦曾为当局延请，但终觉其性格与志趣，仅可作在野之诤友，不能为朝上之党官，乃婉谢不就"（汪荣祖语）。这位潜心治学的政治学家给我们留下来的代表著作，诸如《政治多元论》、《中国政治思想史》等等，都堪称体系化的理论名著。从这个角度上说，萧先生算得上是学院型知识分子。但是，在《宪政与民主》一书中，他似乎又变成了一个策论型的知识分子。他关注现实，评析政治，回应时论，提出方案，表达忧患，劝告他人，几乎扮演了贾谊曾经充当过的角色。

不过，20世纪的萧公权毕竟不同于汉代的贾谊。他与后者的主要区别在于：一方面，贾谊服务的对象，主要是大汉帝国的君主；萧公权先生立言的着眼点，主要在于促进中国的政治民主，主要在于寻求中国政治优化的对策与方案。另一方面，萧先生的知识背景也不同于贾谊。他自幼研经读史，打下了甚为坚实的国学基础；稍长始习英文，勤勉自励，尽窥门径；后又就读于密苏里大学和康奈尔大学。萧先生在学贯中西、调和新旧的同时，也养成了两种可贵的品质：关心国事的热心与深思熟虑的理性。如果说，前者主要继承了中国文化里的"士"的传统，表达了萧先生对于"善"的渴望；那么，后者主要沿袭了西方文化中的"知识分子"的本性，体现了萧先生对于"真"的追求。这两种相互补充的品性，在《宪政与民主》的各篇文字中，几乎随处可见。

一个政治学家的热心与理性，浇铸了《宪政与民主》。从这个角度上说，萧公权先生的《宪政与民主》一书，既有"热透纸背"的热心肠，也有"力透纸背"的冷思考；既包含了真挚的情感，又不乏理性的思想。人们熟悉的格言是：理论是灰色的，生命之树常青。然而，透过《宪政与民主》，我们可以发现，灰色的、理性的理论也可以呈现出常青的、温热的生命形态。

10. 吴经熊思想年谱写意

在我手上，保存着吴经熊的三本著作。第一本是《法律哲学研究》（清华大学出版社2005年），第二本是《超越东西方》（社会科学文献出版社2002年），第三本是《禅学的黄金时代》（海南出版社2009年）。这三本内容各异的书，是我在不同的时间、不同的地点随意购置的。事先并没有刻意收罗的计划，但把它们并列放在一起，我还是颇为惊讶地发现，这三本书，恰好记载了吴经熊走过的路，几乎可以组装成一份写意性质的"吴经熊思想年谱"。

第一本书是典型的法学理论著作，被列入许章润主持的"汉语法学文丛"，反映了早年吴经熊在法学领域内的成就，同时也折射出吴经熊在青年时代所经历的极为精彩的法学人生：留学美国密歇根大学期间，与霍姆斯大法官结成了忘年之交，鸿雁往返，传为佳话。1924年回国，先任东吴大学法学院教授，旋即又到上海临时法院做法官、做院长，成为当时报纸上称颂不已的"吴青天"。稍后，"下海"当律师，又受到了广大客户的热忱欢迎，成为明星式的大律师。1933年，他应国民政府立法院长孙科的邀请，参与立宪活动，发表了著名的"吴氏宪章"。这本《法律哲学研究》就汇聚了他在青年时代写下的主要法学作品，反映了他对古今中外的各种法学理论的理解，并由此树立了一个著名法学家与法律家的巨大声望。可以说，青年时代的吴经熊，无论是做法学教授，还是做法官、当律师，甚至是充任宪法起草者，都是出类拔萃的，也是光彩照人的。

第二本书是吴经熊52岁时出版的自传体著作，属于基督教宗教灵修文学，被列入卓新平主持的《宗教与思想》丛书，反映了吴经熊皈依天主教的过程。在这本书的《自序》中，吴经熊开篇就抄录了圣保罗的一段话："'基督耶稣降世，为要拯救罪人。'这话是可信的，是十分可佩服的。"接下来他又说："圣保罗的这些话引起我身心共鸣。我不晓得他是否罪人之魁，我确切知道的却是我比他坏多了。"正是因为对耶稣基督的强烈认同，驱使吴经熊告别了如日中天的法学事业，全心全意地致力于《圣经》翻译。他试图以典雅的汉语为耶稣基督织出一件"中式外衣"。事实上，他的努力成功了，他翻译的《圣经》已经成为《圣经》汉译史上的一座高峰。1946年，他被国民政府委任为驻梵蒂冈大使，虽然"这是外交史上第一次有一位天主教徒代表一个非天主教国家"，但他的出使却取得了异乎寻常的成功。这只能归因于：此时的吴经熊作为一个虔诚的天主教信徒，已经与耶稣基督完全融为一体了。

第三本书可归属于中国禅宗研究著作，是吴经熊晚年潜心于中国禅学的结晶。它以深入浅出的手法，生动活泼的文字，叙述了禅宗达摩印心、惠能开宗及五家传灯的盛况。因为这本书，他被邢光祖教授誉为中国的铃木大拙。邢光祖说："吴先生在该书内非仅以诗论禅，抑且文笔有诗之美，其中多系铃木大拙所未能抉发者。"（邢光祖：《禅与诗画》，见该书《译者前言》）吴经熊自己的看法则是："我们既非向东，亦非向西，而是向内。因为在我们的灵魂深处，蕴藏着神圣的本位。"在写作这本书的过程中，吴经熊先在夏威夷大学教授中国哲学与文学，后来又到台湾的中华文化学院担任哲学教授，成为一个地地道道的中国文化的继承者与守护者。换言之，这位学贯中西的温良书生，终于在中国文化与中国哲学的核心地带找到了最后的归宿。

以上三本书，分别写于吴经熊的青年、中年、晚年。这三本书蕴含的逻辑是：由于法学与法律不能慰藉心灵，所以皈依于耶稣；由于耶稣也不能全面地、持久地满足一个中国人的心灵上的需要，所以返回到禅宗。从法学家到天主教徒，从天主教徒到中国哲学与中国文化的传承者、守护者，这就是吴经熊走过的路（我注意到，行走在这条路上的，其实并非吴经熊一人。在当代中国，蒋庆走过的路几乎也是这样：早年法学，稍后耶稣，再后来则成为儒学的阐释者）。

透过这份极其简略的思想历程，可以发现，吴经熊走过的路，经历了两次转向，展示了一条极具个性化的路。这三本书，既写出了吴经熊的思想史，又描绘了吴经熊的心灵史，除了令人感叹其精彩之外，我实在得不出什么结论。但是，在高山仰止之余，还是可以做几点延伸性的讨论。

第一，在当代中国，法学虽然已经成了一门显学，但是，在一个更宽的视野中来看，单纯的法学也许难以满足一些人在心灵上的需求。很多富有创造性的心智，都是首先泛滥于法学，最后又超越了法学，走向了极其广阔的精神世界。譬如文学家托尔斯泰、卡夫卡、歌德、格林兄弟，思想家卡尔·马克思、马克斯·韦伯，革命家列宁等等，都经历了一条从法学转向其他领域的心路历程。显然，吴经熊也可以归属于这个群体。

第二，从孔子所讲的"为人之学"与"为己之学"的二元划分来看，法学主要是经世济用之学，"为人之学"的色彩比较浓厚。较之于这种功利性十足的学问，《圣经》翻译、禅宗研究更多地偏重于"为己之学"。如果说"古之学者为己，今之学者为人"，那么中晚年的吴经熊，大致称得上是"古之学者"。

第三，北宋邵雍曾经说过："君子之学，以润身为本。其治人应物皆余事也。"这句话与孔子的名言有异曲同工之妙。按照这个标准，吴经熊从中年到晚年的学术取向，还可归属于"以润身为本"的"君子之学"。

11. 张荫麟和他的历史哲学

按照许冠三的《新史学九十年》（卷一）中的说法，20 世纪中国新史学的开山者是两个广东人，一为新会梁启超，一为东莞张荫麟。还有一种说法是：20 世纪 20 年代清华文科才子以钱锺书、张荫麟为翘楚，曾有"北秀南能"的品题。然而，百年以来，梁启超、钱锺书名满天下，世人无论知与不知，皆尊之为"国学大师"或"文化昆仑"。相比之下，张荫麟之姓氏却隐而不现，其生平事迹固然少有人知，其学问才情亦无人表彰。近几年来，随着《中国史纲》、《素痴集》等著作的重新出版，这个才、学、识、德俱佳的天才学人，才得以再次浮出水面，走进公众的视野。

一

张荫麟，自号素痴。1905 年生于广东东莞石龙镇，1922 年毕业于广东省立第二中学。次年，考入清华学堂。入学仅半年，就发表了《老子生后孔子百余年之说质疑》，针对梁启超对老子事迹的考证提出异议，得到梁启超的激赏。1924 年 6 月，又发表《明清之际西学输入中国考略》一文，分析明清两代传入的西方学术的差异及其对中国文化的影响。他在清华求学七年，先后在《学衡》、《清华学报》、《东方杂志》、《燕京学报》、《文史杂志》、《国闻周报》等刊物发表论文和学术短文 40 多篇，深得当时史学界称赞。1929 年，以优异成绩毕业于清华大学，并获公费到美国斯坦福大学攻读西洋哲学和社会学。留学四年，修完应学课程，未待期满，已获哲学博士学位，提前返国。

1934 年，应清华大学之聘，任教于历史、哲学两系，并兼北大历史、哲学课。1937 年卢沟桥事变，他南下浙江大学做短期讲学，曾一度到清华、北大、南开合并的长沙临时大学任教。1938 年赴昆明，在西南联大任教。1940 年初，又转回浙江大学。1942 年 10 月 24 日在遵义病逝，年仅 37 岁。据说，在弥留之际，他曾与病床前诸位学生逐一握别，诵《庄子·秋水篇》，徐徐气绝。

张荫麟虽英年早逝，但包括梁启超、贺麟、吴晗在内的学界人物，无一例外地称赏他为不可多得的史学天才。熊十力曾说："张荫麟先生，史学家也，亦哲学家也。其宏博之思，蕴诸中而尚未及阐发者，吾固无从深悉。然其为学，规模宏远，不守一家言，则时贤之所夙推而共誉也。"又说："昔明季诸子，无不兼精哲史两方面者。吾因荫麟先生之殁，而深有慨乎其规模或遂莫有继之者也。"以熊之性格，愿意如此评骘一位比自己小整整 20 岁的当代学人，可谓绝无仅有。

张荫麟一生著述甚多。除上文提到的《中国史纲》、《素痴集》之外，台北 1953 年出版了一册《论历史哲学》。其史学理论方面的论文曾由浙大友人编辑为《通史原理》，但未出版。浙江大学收集其论宋史方面的论文编成《宋史论丛》，也没有问世。生前拟作《历史研究法》、《宋史新编》、《中国政治哲学史》三书，皆未着手而身亡。后人汇编的文集还有：伦伟良编的《张荫麟文集》，台北中华丛书委员会 1956 年出版；李毓澍编的《张荫麟先生文集》，台北九思出版社 1977 年出版；张云台编的《张荫麟文集》，北京教育科学出版社 1993 年出版等等。

二

1935 年，由傅斯年推荐，国民政府教育部委托张荫麟主编高中历史教科书，是为他写作《中国史纲》的缘起。他编撰该书的步骤是：先拟定纲目，始于殷商，把 4000 年史事分为数十个专题，由他组织专家共同编写。汉以前亲自执笔，唐以后计划由吴晗负责，千家驹写鸦片战争以后的社会变化，王芸生写中日战争。各人成稿之后，由他综合融会划一。但是，这一计划最后并未完全实现，直至 1940 年 2 月，只完成他自己执笔的东汉以前部分。1941 年 3 月由浙江大学史地教育研究室出版，但只有一至八章。1942 年，又增加了九至十二章，再版发行，算是这本著作的第二版。

在《初版自序》中，张荫麟阐明了本书的基本旨趣："作者写此书时所悬鹄的如下：（1）融会前人研究结果和作者玩索所得以说故事的方式出之，不参入考证，不引用或采用前人叙述的成文，即原始文件的载录亦力求节省；（2）选择少数的节目为主题给每一所选的节目以相当透彻的叙述，这些节目以外的大事，只概略地涉及以为背景；（3）社会的变迁，思想的贡献，和若干重大人物的性格，兼顾并详。"这三个方面的目标，可以概括为：融会贯通，通俗易懂，以少数节目为主线，社会、思想、人物并重。这样的追求，也许是考虑到高中学生的实际需要，但也恰恰能够反映出作者的史才与史识。

《中国史纲》出版之后，在学界获得了很高的声誉。譬如，贺麟先生就认为，这本书是作者"人格学问思想文章的最高表现和具体结晶"，"有真挚感人的热情，有促进社会福利的理想，有简洁优美的文字，有淹博专精的学问，有透彻通达的思想与识见"。王家范先生在该书《前言》（上海古籍出版社 2006 年，下同）中又说："读过《中国史纲》的，多会惊羡它的文笔流畅粹美，运思遣事之情深意远，举重若轻，在通史著作中当时称绝，后也罕见（唯钱穆《国史大纲》可相匹敌）。全书没有累赘冗繁的引文考证，不故作深奥高奇，史事都以'说故事'的方式从容道来，如行云流水，可令读者享受到一口气读完不觉其累的那种爽悦。"至于笔者的阅读印象，则主要有以下几个方面。

三

描述政治人物的性格，是《中国史纲》的重要组成部分。透过作者生动流畅的笔触，形形色色的政治人物亲切而逼真地展现在我们的眼前。这种对于政治人物的理解，或可称之为"同情式的理解"。

譬如光武帝刘秀，作为东汉帝国的建立者，给人留下的印象，似乎雄才大略，似乎天生的帝王。但张荫麟却告诉我们："刘秀本是一个没有多大梦想的人。他少年虽曾游学京师，稍习经典，但他公开的愿望只是：'做官当做执金吾，娶妻当娶阴丽华。'执金吾仿佛京城的警察厅长，是朝中的第三四等的官吏。阴丽华是南阳富家女，著名的美人，在刘秀起兵的次年，便成了他的妻室。他的起兵并不是抱着什么政治的理想。做了皇帝以后，心目中最大的政治问题似乎只是怎样巩固自己和子孙的权位而已。"（《中国史纲》页246）这段关于刘秀的描述，就具有社会学的意味，它把一个原本光芒四射、神圣不可侵犯的天子，还原成为一个社会中的人：希望占据一个有点儿实权的官位，希望娶一个著名的美女（仿佛今天的娱乐界的所谓艳星）。即使后来当了皇帝，想法还是很朴实：怎样把这个最大的权位守住，他所采取的各种政治改革措施，其实都在服务于这个极其朴实的愿望。

再看刘邦："刘季（即刘邦）到了咸阳，看着堂皇的宫殿，缛丽的帷帐和无数的美女狗马珍宝，便住下不肯出。奈不得樊哙和张良苦劝婉谏，才把宫中的财宝和府库封起，退驻霸上，以等待各方的领袖来共同处分。"（《中国史纲》页181）这就把刘邦作为普通人的本性，自然而生动地展现出来了。

这种对于重要政治人物的处理，既有"脱魅"的功效，又解释了历史与政治人物的关系：不是重要人物在创造历史，而是历史创造了重要人物。一些所谓的千古风流人物，不过是历史潮流的跌宕起伏中溅起来的几朵浪花而已。

四

《中国史纲》既关注重要的政治人物，也关注重要的思想。当然，重要的思想也会牵连到重要的人物，因为思想家也是重要的历史人物。但是，传统中国与现代中国相比，有一个至关重要的特点：政治权威与思想权威是分离的。政治权威是刘邦、刘秀之类的帝王，思想权威则是以"诸子"为代表的知识者。

思想家的思想也是一部通史需要处理的一个方面。在《中国史纲》一书中，重要的思想都得到了解释。但作者提供的解释，并非叠床架屋的注疏，而是轻快的、平实的、晓畅的"讲故事"；并非繁复雍容的工笔画，而是飘逸的写意画，它可以让普通读者直截了当地抓住思想的内核。

譬如，作者在解释法家思想的时候就说："法家的职业本来是替君主做参谋。一个君主的利益没有大得过提高威权和富强本国；而且这些越快实现越好，至少要使他及身看见成功。这个问题，韩非把握得最紧，解答得最圆满。"

从这里出发，我们就可以知道，韩非在阐述法家思想的时候，预期的读者只有一种，那就是君主。他的思想和学说，都是面对君主而讲的。因此，要理解韩非的思想，必须想到，他是在苦口婆心地劝告君主："你们国弱的不是想强，国强的不是想更强，甚至用武力统一天下吗？这是无可非议的。不过大部分你们所采的手段，尤其是你们所认为最贤明的手段，尤其是儒家所进献的手段，若不是和你们的目的相反，便是离你们的目的很远。儒家不是教你们用贤人治国吗？你们试伸手一数，国内真正的贤人有几？可数得满十只手指？但国内重要的官吏至少有一百。你们再等一辈子也找不到这么多贤人的。不要把心放在贤人上！不要怕人不忠，怕人作弊，要设法使人不能不忠，不敢作弊。"（《中国史纲》页151）这样的说辞，可算是说到君主的心坎上了。难怪秦王嬴政读了韩非的书，有甚合我意之感："寡人得见此人与之游，死不恨矣！"

如此解读思想，尽管取得了当场演讲的效果，但却没有流于油滑或戏说，它只是表明，严肃的思想也可以深入浅出，娓娓道来。

五

一部通俗的中国史不仅应当包括政治史、思想史，还应当给社会史留下一定的位置。在作者设定的写作目标中，也包括了这个方面的内容。

且看作者对于秦汉之际社会状况的描述："汉朝统一中国后，一方面废除旧日关口和桥梁的通过税，一方面开放山泽，听人民垦殖。这给工商业以一个空前的发展机会。而自战国晚期至西汉上半期是牛耕逐渐推行的时代。农村中给牛替代了的剩余人口，总有一部分向都市宣泄。这又是工商业发展之一种新的原动力。此诸因素加以政府的放任，使汉初六七十年间的工商业达到一个阶段，为此后直至'海通'以前我国工商业在质的方面大致没有超出过的。这时期工商界的状况，司马迁在《史记·货殖列传》里有很好的描写，据他的估计，是时通都大邑至少有三十几种企业，各在一定规模内，可以使企业家每

年的收入比得上食邑千户的封君。"（《中国史纲》页216）

由于富裕的商人拥有雄厚的经济实力，使他们有机会与王侯、官吏进行广泛的交往，并由交往发展成为交易：他们向政府买爵赎罪，政府则通过授予爵位、减免刑罚的方式来换取物质财富。在这种"钱权交易"的过程中，商人的地位陡然上升，并成为一个特权阶级。这样的史实，让我们联想到西方资本主义革命之前的社会状况：发了财的资本所有者地位上升，传统贵族的社会地位则相对下降。当然，两者之间的差异也是极其明显的：汉初商人的崛起，实际上是黄老学派"清静无为"、"放任纵容"观念支配下的产物，在他们还没有来得及发动一场"资本主义革命"之前，就被新崛起的儒家思想及其武装下的政权裁抑下去了。

在当代中国，写给普通公众的通史著作，大多偏重于帝王将相、农民战争。在通史性质的著作中，我们很少看到这样的经济社会图景。在这个方面，《中国史纲》虽然比较简略，也谈不上系统，但还是在一些比较关键的环节上，给我们展示了经济社会的变迁及其与国家政治之间的双向互动关系。

六

尽管这是一部教科书式的著作，但作者没有一丝一毫的疏忽和轻慢。相反，他对这部著作寄予了相当大的期望。在该书《自序》中，张荫麟写道："现在发表一部新的中国通史，无论就中国史本身的发展上看，或就中国史学的发展上看，都可说是恰当其时。"他又说："若把读史比于登山，我们正达到分水岭的顶峰，无论四顾与前瞻，都可以得到最广阔的眼界。在这时候，把全部的民族史和它指向的道路，作一鸟瞰，最能给人以开拓心胸的历史的壮观。"可见，作者写作《中国史纲》的目标，就是要展示一幅壮阔的历史画面，以达到"开拓心胸"的效果，以帮助一个民族在空前大转变时期实现自知。

目标确定了，剩下的问题是写什么？哪些材料、哪些内容才应当记入通史之中？对此，张荫麟提出了选取"重要史事"的五大标准：一是"新异性的标准"，既包括时空位置的特殊性，也包括内容的特殊性。按照这个标准，则

"史事"越新就越重要。二是"实效的标准",按照这个标准,如果"史事"直接牵涉、间接影响人群的苦乐越大,则越重要。三是"文化价值的标准",主要取决于真与美的价值。由于文化价值的观念随时代而改变,这项标准也每随时代而改变。四是"训诲功用的标准",它是指完善的模范,成败得失的鉴戒。五是"现状渊源的标准",主要是指史事与现状之间的关联程度,与现状关系越深的史事,则越重要。

除了凭借以上五个标准选取"重要史事"之外,还有一个史事的组织编排问题。为了把通史写成一个变动的记录,就需要把各个时代各个方面重要的变动系统化。为此,张荫麟提出了以下两个方面的范畴:一是因果的范畴,这里的因果关系是指一个组织体与另一个组织体之间的一种关系。二是发展的范畴,相对于因果范畴而言,它是指一个组织体内部的推动力。在发展范畴之内,又包括三个子概念:(1)定向的发展,它有一定的目标;(2)演化的发展,它可能进化,也可能退化;(3)矛盾的发展,因组织体内两大矛盾元素的冲突而转成一个新的组织体。张荫麟认为,如果兼用这些范畴,就可以把历史认识中的偶然尽量减少。以上两个方面结合起来,大致就是张荫麟的通史方法论与历史哲学的纲领。

12. 客观的了解与中国法学的中国化

题目很大，不妨从一个具体问题开始说起。

在追随时贤著作的过程中，我注意到一个现象，那就是大家总是在不约而同地强调：中国传统法律"重实体轻程序"，并常常以此来概括中国固有法律的特征。初见这种结论，觉得很有道理。反复思考之后，发现这个众口一词的说法并非天经地义，更不是颠扑不破的绝对真理。

为什么会得出"重实体轻程序"的结论呢？原因有三：其一，论者习惯于把程序等同于诉讼程序，把诉讼程序作为唯一的程序。传统中国有贞观律、永徽律，但却没有贞观诉讼律、永徽诉讼律，可见是"实体重而程序轻"了。其二，把现代形态的法律不加反省地套用于传统中国。现代中国有宪法、行政法、民法、刑法、诉讼法等等，如果把这样的"法律体系"套用于传统中国，能够找到的对应物就只有刑法了，宪法、民法都没有，遑论什么诉讼法或程序法了。其三，在现代西方的法律体系中，诉讼程序比较发达，庭审过程中，一招一式严格认真。相比之下，我们的诉讼常常比较灵活，特别是在送法下乡的途中，怎么方便、怎么实用就怎么来，不那么较真。在一些学者看来，这就是诉讼法不发达、不成熟的表现。因此，加强正规化建设，像西方国家那样"认真对待程序"，就成了一个普遍性的理论诉求了。

然而，这样的分析与论证是有疑问的，以"重实体轻程序"来概括中国固有法律的特征，也是不确切的。因为，一方面，传统中国有相当发达的程序，只是这些程序并不是诉讼程序，而是表现在其他的领域。譬如，祭祀程序、丧葬程序、皇帝临朝程序、结婚离婚程序，甚至是生孩子的程序、建房子的程序、饮酒吃饭的程序等等，都有极其严格的规定。这些有关人们行为的环节、步骤的规则，虽然不见于某部"法典"，却在儒家著作中编述历历。一个"礼"字，可以说是对中国古代程序的高度概括。在繁琐不堪的礼仪规则面前，谁能说中国古代没有程序呢？谁能说中国古代"重实体轻程序"呢？

另一方面，当代被人看重的诉讼法，在传统中国确实不甚发达。但是，这种不发达并不是一种缺陷，而是中国传统法哲学的必然结果。简而言之，传统中国在特定的经济结构、生产力发展水平尤其是儒家意识形态的支配下，"寻求自然秩序中的和谐"成为朝野上下的一个普遍性的追求，"无讼"也因此成为一个终极目标。"听讼，吾犹人也，必也使无讼乎"，孔夫子的这句话，再清楚不过地表明：诉讼的最高境界，并不在于精致的诉讼过程，而是"消灭诉讼"！连诉讼本身都在消灭之列，诉讼程序还有发展的必要吗？可见，传统中国没有现代意义上的诉讼程序，不但不是一种令人遗憾、需要弥补的缺陷，反而表征了传统中国法律的理想图景。

现代学者用"重实体轻程序"来概括中国传统法律的特征，其实是以现代西方法律样式作为标准，来对中国传统法律加以衡量的结果。看似"比较研究"得出的结论，其实是经不起推敲的。因为，它是把两种基本不相干的事物加以比较。就像"企鹅"与"天鹅"，虽然都是"鹅"，但把这两种"鹅"拿来比较，说天鹅能飞，而企鹅不能飞，因此企鹅"重行走轻飞翔"，甚至没有天鹅那样的飞翔技能乃是一个缺陷，云云。如果说，这种关于企鹅与天鹅的"比较研究"令人啼笑皆非，那么，以西方近现代法律中的诉讼程序来对照传统中国，宣称传统中国的法律"重实体轻程序"，不也就在"五十步"与"百步"之间吗？

不是说在中西法律之间，不能进行必要的"比较研究"，而是说，不能把一方的逻辑作为绝对权威的"巴黎米尺"，用来丈量另一方。那样的"比较"不仅简单，而且粗暴，严重地妨碍了对于中国传统法律的理解和尊重，同时也没有真正地理解西方法律内在的逻辑。

比较研究的前提，是对中西法律有客观的了解。在《客观的了解与中国文化之再造》一文中，牟宗三说："所谓'客观的了解'，细言之，比如说先秦儒家，就好好正视它如何形成，里面基本义理是什么？这种属于哲学义理的了解是很难的，了解要'相应'，'相应'不单单靠熟读文句，也不光靠'理解力'就行。文句通，能解释，不一定叫做了解。此中必须有相应的生命的性情。"① 牟先生在此所讲的原则及其方法，虽然是针对中国传统的文化而言，但它也适用于当代中国的法学状况。接着牟先生的话题，本文还想阐明一个内容不同、思维格式相似的命题：通过客观的了解，实现中国法学的中国化。

为什么要强调中国法学的中国化？原因就在于：当代中国主流法学的中国化程度较低。这个判断可以通过以下两个方面加以说明。

第一，中国法学习惯于以西方法学话语作为标尺，用以评判中国法律的"词与物"。在这样的思维定式之下，凡是与西方法学话语不符的，都是错误的；凡是背离西方法学话语的，都是应当反对或抛弃的。西方法律"重程序"而中国法律"轻程序"，这就是中国固有法律的病症。在这样的比较研究中，西方法学话语，既仿佛"大写的真理"，又令人回想起 20 世纪 70 年代一度盛行的"两个凡是"。当代中国主流法学中各种或隐或现的"两个凡是"，导致中国法学偏离了"中国"。

第二，由于西方法学的逻辑支配了中国的法学话语，致使中国法学在相当程度上表现为"西方法学在中国"。形式上看，中国法学是用汉语表达的法学，但它的内容和实质，是在以汉字重述某种西方的法学话语。由此造成的结果是，法学研究类似于西方法学文献的翻译或编译。这样的中国法学，实质上是西方文化在中国的传播，是"唐僧西天取经"在当代的又一次重演。倘若我们不能把唐僧的取经、译经、讲经作为中国思想文化的主要内容，那么，编译、解释西方法学文献，似乎也不宜作为中国法学的主要内容。

其实，"中国传统法律重实体轻程序"这种似是而非的结论的流行，就像冰山一角，已经表明了中国法学的非中国化倾向。这样的倾向，既妨碍了对于中国固有法律的理解，也难以支持中西法律之间的比较研究，同时还不能较好

---

① 牟宗三：《中国哲学十九讲》，上海古籍出版社 2005 年版，第 357 页。

地回应中国现实社会的需要。

面对这样的法学状况，有必要提出一个根本的任务：逐步使中国法学回归中国，逐步实现中国法学的中国化。要实现这个目标，有赖于牟先生所强调的"客观的了解"。

牟先生站在哲学史家的立场上所说的"客观的了解"，是要正视比如儒家思想的形成过程，及其所包含的基本义理。由于哲学史研究的对象是思想的演变，中国法学关注的对象是社会秩序，因此，与牟先生不同的是，本文所谓的"客观的了解"，就是要尊重、正视中国法学秩序的形成过程，及其所包含的基本法理。只有客观地了解这两样东西，才可能促成中国法学的中国化。

此外，牟先生还强调："文句通，能解释，不一定叫做了解。此中必须有相应的生命的性情。"这个意见颇有玩味的价值。因为，对中国固有法律的了解，尤其是"客观的了解"，不能仅仅在文句方面下的功能，而要注意生命的性情。换言之，就是要把中国固有法律诞生、演变的过程，作为一个有机的生命现象来看待；要走进这种生命现象的内核，按照她自身的逻辑，客观地考察她自己的生长机理。

在中国法学界，倘若什么时候出现了这样的比较研究：以传统中国"重礼轻法"为标准看现代西方的"重法轻礼"，也许才标志着中国法学的文化自觉开始初步形成，中国法学开始回归中国。

13. 社会与文化中的法律

数年前，黄宗智曾经提倡研究法律制度一定要结合特定的经济、社会与文化条件，其近著《清代的法律、社会与文化：民法的表达与实践》（上海书店出版社 2001 年）则堪称是这种研究进路的代表作品。

阅读这本著作，一个强烈的感受是作者对清代法律的独特解读方式。他从清代经济、社会与文化背景出发，为我们描绘出一幅立体的、动态的清代民法图景。其中不仅有官方审判与民间调解，还有一个相对独立的"第三领域"。为此，作者选取了一批鲜为法律学人所注意的资料。其中包括从四川巴县、天津宝坻，以及台湾淡水分府与新竹等几个县收集来的 628 件清代民事诉讼档案。除此之外，作者还采用了民国时期河北顺义县 1910 年至 1930 年之间的 128 件民事案件，以及满铁于 20 世纪 40 年代初期在三个华北村庄所作的实地调查。

通过这些数据，作者首先揭示出清代的民法制度是如何具体运作的。让我们看到了清代法律的表达是一回事，而其实践则是另一回事，两者根本不可能完全一致。以民事诉讼为例，清代官方的标准表达是：民事诉讼不多，因为国家意识形态认为这种诉讼不应存在。即使存在，也不过是"细事"，中央政府不必多关心，主要由州县"自理"；普通良民是不会涉讼的，如果涉讼，多半是受了不道德的讼师讼棍的唆使；县官处理民事诉讼，一般像父母处理孩子们的争执那样，以调解的方法，用道德教诲子民，不都依法律办案。

但是，作者通过大量案例说明，清代民事法律的实践与这种官方表达形成了鲜明的对比：一是民事诉讼数量较大，占了县衙门处理案件总数的三分之一；二是诉讼当事人大多是普通民众，上法庭多是迫不得已，目的在于维护自己的合法利益，并非受人唆使；三是法庭判案，大多依法裁断，很少适用调解。

作者的研究还发现，之所以出现这种差异，主要是因为法律的官方表达必须符合当时的统治思想或儒家理想的需要，必须与当时的法律意识形态保持高度一致。否则，官方颁布的法律还有什么合法性、正当性可言？但是，儒家理想与社会现实之间总会存在一些差距，无论是官吏还是百姓，在碰到各种具体冲突或纠纷的情况下，都会以比较实际的而不是理想中的方法来处理这些纠纷，从而让法律的实践与法律的表达之间出现一定程度的背离。作者对法律作出的这种二元划分实际上已经触及了一个法理学问题：书本上的法与行动中的法。规范法学（或纯粹法学）钟情于前者，社会法学关注后者，两家各执一词。

而黄宗智的分析则说明了两个方面都有其不可替代的合理性：书本上的法必须反映法律乃至于整个政权的正当性，必须说明法律与政权存在的理由。缺少了这方面的支撑，官方颁布的整个法律大厦就会底气不足，甚至面临坍塌的危险。但是，官方正式表达的法律只不过代表了官方的一种愿望或法律意识形态，由于利益主体多元化等诸多原因，天底下的事不可能都符合官方的愿望或意志。因而，行动中的法可能与官方的正式表达相一致，但更多的情况却是不一致。归纳起来，我们可以说，正是官方意志与社会实际之间的差异，造成了法律的表达与实践之间的差异。认识到这一点，我们对当代中国大量存在的"有法不依"、"执法不严"的现象，是否可以多一些"同情式的理解"？

除了官方审判与民间调解之间的二元划分，黄宗智还提出了"第三领域"概念：它既不同于官方审判，也不同于民间调解。毋宁说，它是通过官方与民间互动的方式解决纠纷。通常的情况是，某个纠纷的一方当事人不愿接受民间调解或调解不成功，就会诉诸官方。官方的初步反应以及在一系列审判活动中的基本倾向，都会对纠纷的当事人或民间调解人产生一定的影响，让他们在诉讼的每一阶段都可以不断地权衡官方审判的成本与收益。只要有一方预见到，继续把官司打下去将会得不偿失，它就会转而求助于民间调解，与另一方达成妥协，从而终止官方审判程序。这种官方审判与民间调解相互影响的过程，就是作者所谓的"第三领域"。这个概念让我们注意到这样一个事实：官方审判与民间调解之间，并不是"鸡犬之声相闻，老死不相往来"，而是"你中有我，我中有你"。

当代中国司法行政领域内的一项重要业务，即"人民调解"，在我看来就类似于黄宗智所说的官方审判与民间调解之间的中间地带或"第三领域"。你看，人民调解的主持人是成千上万的乡村或街道的"人民调解员"，他们是地地道道的农民或市民，不算什么"国家干部"。他们对社区纠纷的调解完全可以归属于民间调解的范围。但是，全国人大常委会制定的《村民委员会组织法》和《居民委员会组织法》又对这种调解作出了原则性的规定；国务院还制定了《人民调解委员会组织条例》（1989 年），司法部则出台了《民间纠纷处理办法》（1990 年）、《跨地区跨单位民间纠纷调解办法》（1994 年）、《人民调解委员会及调解员奖励办法》（1991 年）等一系列行政规章，对"人民调解"的原则、程序、效力等方面作出了相当具体的规定。在这些国家法严格规范下的人民调解，岂止一个单纯的"民间调解"所能概括得了的？可见，当代的人民调解作为官方与民间相互协作的一种纠纷解决制度，确实也处于官方审判与民间调解的中间地带，也许我们可以把它称作另一种形式的"第三领域"。

不过，"第三领域"作为官方审判与民间调解相互作用的"领域"，并非千篇一律，而是在不同的社会形态中呈现出不同的形式。为此，黄宗智考察了两种具有代表性的法律形式：简单形式和复杂形式。第一种以宝坻和巴县为代表，民事审判制度的运作相对简单，可以高效率地解决纠纷。其标准过程是先有涉讼双方的状告和辩诉，接着是有各方到场的正式堂讯。大多数案件只需要堂审一次，县官只做一次判决，在几周之内甚至几天即可审结。当然也有少数官司会拖得长一些，但那是例外。第二种形式以淡水—新竹为代表，民事审判运作过程较为复杂，解纷效率低下，法庭不堪重负。主要原因是案子闹到官府之后，都会因为机智的当事人钻法律制度的漏洞而拖延下去。在这些讼民中，有不少是有钱有势的人。或诸如宗族、地主集团这样的团伙，他们会为打赢官司编造情节。一案数审司空见惯，判决一再受到辩驳。官司一拖数年不以为奇，长者可达数十年之久，极少在数周之内审结一案的情况。

出现这两种区别较大的民事审判形式，主要是因为社会结构的不同。以宝坻和巴县为代表的简单形式，是因为这两个县当时都处于相对简单的小农社会，大多数纠纷是由于土地买卖、债务拖欠、婚约、财产继承而起，案情简单，大多数当事人也没有足够财力支撑一场旷日持久、花费巨大的诉讼。而19世纪晚期的淡水—新竹，经济已走向多元化、都市化，社会结构日渐复杂，由多方组成的商业团体开始出现。由于商品化和人口增长所带来的土地和借贷交易越来越多，交易方式也越来越复杂，所引起的争议无论是数量还是复杂程度自然都会增加。案件当事人只要有钱有势，就不会轻易屈从。他们舍得花时间、出钱财，雇请专人助其诉讼。这些人的出现，是淡水—新竹法庭积案日增，负担加重的最终原因。

对比这两种形式，我们可以得出的一个初步结论是：一时一地的社会经济发展水平，不但可以决定诉讼案件的数量多少、难易程度，而且还应该成为法律设施、法律服务供给的依据。其他学者的研究也曾指出，在相对简单的社区中，对法律的需求相对较少，而在比较复杂的社区中，对法律的数量、精致程度都会提出较高的要求。这就提醒学界特别是法律有司：在当代中国大规模的"普法"运动或"送法下乡"运动中，有多少是那些相对简单的乡村社区所真正需要的？

14. 女性主义视角下的中国法律史

浏览过一些中国法律史著作，也了解一些中国法律史的写法。梁治平的长文《法律史的视界：方法、旨趣与范式》还对中国法律史的写法，做了比较全面的梳理：大陆的，港台的，海外的；清末的，民国的，当下的，分门别类，一目了然。但是，李贞德的这本《公主之死：你所不知道的中国法律史》（北京三联书店 2008 年），还是超出了我的阅读预期，同时也越出了梁治平的长文所限定的"视界"。

标题就有些先声夺人。因为，说起中国法律史，你我多少都知道一些。再说，愿意打开这本书的读者，大多是法律史学的研习者，至少也是爱好者，他们对于中国法律史，不能说毫无所知吧。从这个意义上说，这本书的副标题，就有耸人听闻的嫌疑。不过，待我把全书读完，便感到释然。对作者的良苦用心，多少也有一些理解。大致说来，倘若把中国法律史比作一个庞大的风景区，那么，这本书则给我们指示了一条全新的进入这个风景区的道路。由于导游开辟了一条新的观光线路，游客看到的风景，肯定就会焕然一新，映入取景框中的图景，当然也就是"你所不知道的"，或者说是"你没有见过的"。从这个角度上说，本书的副标题也算名至实归，不能算作"忽悠"。

正标题"公主之死"，已经暗示了作者所选取的视角：女性主义。这里的公主，是指北魏宣武帝时期的兰陵长公主。她在宣武帝即位之初，就嫁给了北魏贵族子弟刘辉。由于刘辉的"婚外恋"，两人先离婚，后来又复婚。经过多年的折腾，公主终于怀孕了。然而，就在公主怀孕期间，刘辉又移情别恋，和另外两位女士"染"上了。公主终于按捺不住，和刘辉再起争执。愤怒的刘辉把主公推到床下，并用脚踩她的肚子，导致公主先是流产，后来终因受伤过重而死亡。这就是所谓的"公主之死"。

按照现在的法律，这是一起普通的刑事案件。犯罪嫌疑人刘辉，"故意伤害致人死亡"，判上十年有期徒刑，或更重一些的无期徒刑，也就罢了。虽然死者的血统要高贵一些，但也无改于这个案件的基本法律关系。可见，倘若单从法律适用的层面上说，这样的刑事案件实在平淡无奇。即使放在北魏时期，由于犯罪嫌疑人伤害了皇室成员，冲击了君主或皇室的至尊地位，应当加重处罚，就算是处以极刑，也不过是一起伤害皇室成员的刑事犯罪案件，顶多可以为"君权至上"增添一起例证，仅此而已。

如果从犯罪构成、刑法适用甚至一般法律理论的视角来观察这个事件，我们就只能得出上述法律结论。但是，这本书避开了这种专业性的法律视角，甚至也没有过多地依赖史学的视角，而是特别凸显了受害者的性别特征。这种观察视角的挪移，让同一个事件从"刘辉伤害致人死亡"，戏剧性地变成了"公主之死"。以刘辉的刑事责任为中心的问题变成了以公主的性别特征为中心的问题，这就意味着：一个法治主义的问题转换成为一个女性主义的问题。

在女性主义的平台上展示中国法律史，第一个出场的中心人物是东晋名人谢安的夫人刘氏。她要表达的基本观念是：绝不同意谢安纳妾。谢安的侄儿、学生便拿《诗经·螽斯篇》来请教刘氏，并趁机表示："正因为螽斯这种昆虫有不妒忌的美德，所以才能多子多孙。"刘氏一听，知道他们是在嘲讽自己，便问："这首诗是谁写的？"他们回答说："周公！"刘氏于是说了一句千古名言："周公是男子，相为尔，若使周姥撰诗，当无此也。"根据这个典故，本书的问题意识便呼之欲出："历史上的政治制度、社会规范、伦理价值，以及记载这些标准的叙述书写，是从谁的视角和位置发言？倘若周姥也有制礼作乐的机会，她发表的成果，会和周公一样吗？这本小书要问的，就是这个问题。"（《公主之死：你所不知道的中国法律史》页3）

周公制礼，可以视为中国法律史的开端。然而，假如制礼者不是周公而是周姥，中国的法律史又会怎样？如果历史不允许假设，那么，周姥又会如何看待发端于周公的中国法律史？

在周姥看来，中国法律史的基本特征就是父系伦理的法制化。对任何人来说，生与死堪称最重要的两件事。一个小孩的出生，本来是母亲怀胎分娩的结果。但是，一个小孩的最优先、最重要的身份，却是父亲的儿女。这个小孩与生他（她）的女人的关系，并不一定就是法律上的母子（母女）关系；他们之间的关系，要由这个女人和小孩父亲的关系来决定。譬如，按照唐律的规定，如果女人是小孩父亲的嫡妻（大太太），那么，生母就是嫡母；如果生母是妾，那么，小孩的嫡母便另有其人。再譬如，在《红楼梦》中，探春比较有个性，也自视甚高，但却是赵姨娘（她父亲的妾）所生。由于这个缘故，赵姨娘就不再是探春法律上的母亲，探春父亲的正妻王夫人才是她的法定的母亲；探春也从来不承认赵姨娘的兄弟是她的舅父，而是公开宣称王夫人的兄弟才是她的舅父。探春对于生母的这种态度，就是父系伦理长期熏陶的产物，也是父系伦理法制化的结果。

出生如此，死亡亦如此。按照传统《丧服》的规定，一个男人为自己过世的父亲，应当服"斩衰三年"之丧。这是最重的丧，表现的是最深沉的悲痛。那么为母亲呢？母亲去世时，倘若父亲仍然健在，儿子只能为母亲服"齐衰一年"之丧。这就轻得多了！理由就是"父至尊也"。此外，当女性作为女儿，在出嫁之前，为亲人服丧的内容，和男性并无二致；一旦嫁为人妇，情况就不同了。女人出嫁，脱离一个父系家族而进入另一个父系家族，所有原先对娘家亲人的丧服都随之缩短、减轻，而对原先毫无关系的夫家亲人则产生了服丧的责任。最明显的是，出嫁的女儿对于娘家过世的父亲，只能服"齐衰一年"之丧，而她最重的丧，则要保留给丈夫（如果丈夫先她而亡的话）。这是因为"父者，子之天；夫者，妻之天"。既然一个人头上不能顶着两个天，那么女人出嫁就等于"变天"。她的天，也就是她表达至尊至敬的对象，由父亲转为丈夫。这就是父系伦理要求女性的"夫家认同"和"夫尊妻卑"。

本书正题为"公主之死"。这就意味着，死者不但是女性，同时还是皇室成员。因而，对于这个伤害事件的处理，就出现了两种不同的立场：压制女性的父系伦理的立场，打击谋反的皇权伦理的立场。按照北魏皇室的意见，侵害了皇族利益的刘辉，应当以谋反大逆罪的名义处以死刑。因为，刘辉的伤害行为导致了公主及胎儿的死亡，是对皇室成员的伤害。显然，这是一种君权至上或皇权至上的立场。对于这样的处理方案，普通的士大夫官僚集团提出了反对意见。他们中的代表人物，时任尚书三公郎中的崔纂认为，刘辉既然并未谋反，就不应当以谋反罪惩罚他。他主张刘辉所犯的罪，其实是父亲杀了自己尚未出生的儿女。他引用北魏当时的《斗律》："祖父母、父母忿怒，以兵刃杀子孙者五岁刑；殴杀者四岁刑，若心有爱憎而故杀者，各加一等。"也就是说，倘若父母在教训子女之时，意外杀死他们，也不过判四五年的徒刑。即使因为心怀恶意，故意杀死子女，也罪不至死。崔纂表示，尽管公主身份尊贵，不是一般女性可以比拟，但她既然下嫁刘辉，她怀的胎儿不能说就不是刘辉的骨肉了。既然刘辉犯下的是堕杀亲子之罪，那么朝廷就应该以杀子的罪名处罚他。即使这个胎儿是公主的骨肉，因此也是皇室的成员，但是，从父系伦理来看，这个胎儿和其他所有女人怀胎生产的小孩一样，最优先和最重要的身份，都是父亲的儿女。

按照崔纂的观点，任何胎儿都是父亲的儿女，这是首要的原则，因而也是必须优先适用的原则。即使胎儿是皇室成员，也要适用这条原则。这样的观点，代表了中国士大夫阶层的基本观点。可以相信，在通常的情况下，这样的观点能够得到全面而彻底的贯彻落实。因为，即使在牵涉皇室利益的情况下，即使在跟皇室利益发生冲突的情况下，士大夫集团都还在为落实这项原则而据理力争。即使在与皇权伦理、君权至上原则相冲突的情况下，这项原则依然还是那么坚挺。这就从相反的方向有力地证明：父系伦理在中国法律史的世界里，占据了基本原则的地位，它在各种相互冲突的原则体系中，属于"高位"的原则，属于"硬通货性质"的原则。

不过，即使官僚集团为全面落实父系伦理进行了有力的辩护，对于刘辉的处罚最终仍然遵循了皇室的逻辑：以谋反罪的名义对刘辉处以极刑。表面上看，这是皇权伦理压倒了父系伦理、男权伦理。但是，得出这样的结论还是过于粗糙。仅仅止步于此，是很不够的。因为，在这个特定的事件中，皇权伦理对于父系伦理的排斥，还有两个特殊的背景：其一，北魏皇室是鲜卑人；其二，皇室的实际当政者是女性。

鲜卑人有什么特点呢？公元5世纪中叶的历史学家范晔，在写《后汉书·乌桓鲜卑列传》时，介绍了游牧民族鲜卑人的社会状况：他们逐水草放牧，居无定所。每一代的人各自推举勇敢强健、善于判决是非、精于处理斗讼的人为首领，并没有父死子继、世袭统治的制度。因此，鲜卑社会贵少而贱老，并且未必和父兄比较亲近。相反，由于男女成婚之后，女婿会先在妻子家中居住、劳动一两年，一般人反而和母亲以及她娘家的族人感情比较好。范晔还说，鲜卑人"计谋从用妇人，唯斗战之事乃自决之"，似乎女性才是运筹帷幄的枢纽人物，影响着男性是否能够决胜于千里之外。

鲜卑妇女的政治影响力，在入据中原之前，就有史为证。公元4世纪初，当拓跋氏族仍在草原游牧的时期，一位贵族妇女在政治斗争中杀了她的侄儿，也就是在位的君主，而改立自己的儿子。之后的四年，她亲自掌政，当时被人称为"女国"。公元4世纪中，拓跋的统治者什翼犍打算定都，却遭太后王氏的反对而作罢。王太后的理由是，拓跋自古以来以游牧为业，倘若筑城定居，万一敌人来犯，将丧失行动能力。北魏建国之后，太武帝计划征服柔然，内外朝臣大多不表示赞同，只有崔浩支持皇帝的策略。由于太后窦氏站在群臣的一方，大加阻止，太武帝只好请崔浩和群臣在太后面前辩论，以获得太后的出兵许可。由此看来，拓跋氏似乎还保持了鲜卑"计谋从用妇人，唯斗战之事乃自决之"的遗风。

鲜卑原来的风俗，可能直接或间接地影响了北魏妇女的地位，乃至女性的政治权力。公元6世纪时从南方迁到北方居住的著名学者颜之推就发现，在北方全靠妇女当家，不论是打官司、讨公道、拉关系、套交情，经常都可以看见妇女的踪影。他们和丈夫谈话的时候，或者喊他们的名字，或者直接称"你"，而不会用"夫君"或者是"您"之类的尊敬的口吻或者用语。这样的现象说明，男性并没有获得相对于女性的优越地位；同时也说明，儒家的父系伦理，在传统的鲜卑社会中，并没有什么明显的影响，至少不能占据支配地位。

而且，鲜卑妇女参定计谋的习惯，还致使北魏政权成为不折不扣的女主政治：由女性出任实质的最高统治者。譬如，前文提到的太武帝时的皇太后窦氏，对于军国大事，就有举足轻重的影响。文成帝的皇后冯氏，因为继任的皇帝年幼，就曾两度以太后名义摄政，在历史上被称为文明太后。北魏孝文帝时期的汉化政策，就是由这位文明太后推进的。此外，她还推行了俸禄制、三长制、均田制等相关制度改革，一步一步地改变了鲜卑传统的游牧领导模式，使得整个政治体制能够更有效地掌控华北汉人的农业社会，为北魏后期在中原的统治奠定了政治基础。

文明太后的崛起和政绩，想必引起了后世女性起而效尤之志。孝文帝的儿媳、宣武帝的妃子胡氏，也就是"公主之死"事件发生之时的北魏最高统治者灵太后。她早在孝明帝年幼即位之时，便以太后的身份临朝称制。其中除了因为政变曾经短暂失势外，十多年间，一直主掌大权，政由己出，女性出头的意志相当明显，且特别致力于保护在婚姻中受到伤害的女性。譬如，宣武帝的兄弟汝南王元悦，经常为小事对王妃发怒，甚至拿木棍捶挞殴打。有一次，汝南王外出，灵太后召见王妃问话，发现王妃挨打受伤，卧病在床，疮口还没有愈合。灵太后大怒，认为非同小可，于是下令：从此以后，凡是亲王、诸侯的王妃，只要患病一百天以上，都要上报朝廷，禀告详情；未来如果还有捶打王妃的事情，亲王一律削除封位。这项政策，生动地写照了灵太后的女权主义立场。正是持有这样的立场，她才可能以朝廷的名义，作出了将刘辉处以死刑的判决。

为什么以崔纂为代表的北魏士大夫集团，试图以父系伦理为刘辉辩护的努力功败垂成？根本的原因就在于：最高决策者本身就是一个身为女性的女权主义者，她长期浸润在还没有完全汉化，没有完全儒家化的鲜卑社会中，习惯于女主政治，对于儒家的父系伦理并没有真正的认同。因而，在她的主导下，对于"公主之死"事件的处理，并未遵循父系伦理的基本准则。

包括鲜卑以及后来的蒙古、女真在内的北方历代游牧民族，虽然一次又一次地冲击了父系儒家伦理，但它们最后的结果，都是汉化，都接受了儒家的父系伦理。在"公主之死"这个特定的事件中，虽然北魏朝廷作出的处理决定并没有遵循父系伦理，但却只能归因于偶然和例外（譬如鲜卑传统、女主政治）。恰恰是这种偶然和例外，更有效地衬托了父系伦理的普适性。因而，从周公的夫人周婆，从谢安的夫人刘氏，从灵太后胡氏，从武则天武氏，尤其是李贞德女士的眼光看过去，一部中国法律史，就是一部父系伦理、男权主义的法律史。这部中国法律史，周公不可能知道，因为他不可能有这样的文化自觉。你与我虽然有一些模糊的意识，但也没有予以系统的深究。从这个角度上说，李贞德以"公主之死"为题，确实给我们提供了一部"你所不知道的中国法律史"。它不仅丰富了法律史学的视界，甚至还可能响应了自周婆以降的历代妇女的某种或隐或显的愿望。

李贞德既然写下了这本"十万言书"，应当算是历代中国妇女的代言人吧！只是，不知道历代妇女地下有知，是否心有戚戚焉？因为女性主义的视角，毕竟来源于一个中国传统妇女闻所未闻的相异的意义体系。

15. 自由主义：何处孕育，哪里诞生

20 世纪初，经由严复之手，密尔的《论自由》远涉重洋来到东土。在那个年代，国门虽然已经洞开，新鲜的事物虽然已开始潮水般地涌入，但是，当中国人首次遭遇到西方文化传统中的"自由"一词，还是像突然间碰上了一个素未谋面的陌生人一样，一时还不知道如何称呼。所以，在严复的笔下，"论自由"就被处理成为了精妙传神的"群己权界论"。自此以后，一个幽灵，一个自由主义的幽灵，就开始在中国的大地上徘徊。百年以降，有人为它辩护，也有人表示质疑，聚讼纷纭，时起时伏，莫衷一是，于今为烈。

几乎所有围绕着自由主义的论争，都会直接或间接地逼出一个基础性的问题：自由主义是怎样产生的？然而，恰恰是在这个基础性的问题上，东西方学者都没有给予足够的关注。在当代中国，顾准、李强、郁建兴都曾论及自由主义，但对自由主义思想的起源大多语焉不详。在西方，甚至 20 世纪的自由主义大师哈耶克，在关于自由主义的认识上，也存在诸多盲区，对自由主义的思想起源也不甚了了。正是在这样的理论背景之下，丛日云先生展开了一项探索性的研究，完成了一本专题性的著作：《在上帝与恺撒之间——基督教二元政治观与近代自由主义》（北京三联书店 2003 年）。在这本著作中，作者把基督教的二元政治观与自由主义联系起来，得出了一个引人注目的结论：自由主义就是从基督教这个政治文化母体中孕育起来的，就是在与基督教这个母体的厮打与搏斗中诞生的。

这个结论对于中国人习以为常的流行观念，构成了一定程度的冲击与挑

战。因为，在当代中国的普遍意识中，基督教已经成为了灰暗、愚昧的代名词，它怎么可能孕育出理性的自由主义呢？在《黑格尔法哲学批判导言》一文中，马克思不是早就给出了一个"说法"吗？——作为一种"颠倒了的世界观"，"宗教的苦难既是现实苦难的表现，又是对这种现实苦难的抗议。宗教是被压迫生灵的叹息，是无情世界的感情，正像它是没有精神状态的精神一样。宗教是人民的鸦片"。因此，"对宗教的批判就是对苦难世界——宗教是它的灵光圈——的批判的胚胎"。

在马克思眼里，"宗教是人民的鸦片"；但在阿克顿看来，"宗教是历史的钥匙"。正是靠着这把"钥匙"，丛日云先生给我们打开了一扇门，使我们看到了自由主义源头地带的风景，并从中理解了自由主义孕育诞生的过程。

丛日云先生注意到，在基督教产生之前，虽然也有二元主义世界观的萌芽。比如，柏拉图较早地阐述过理念世界与现实世界的对立，斯多葛学派的伦理哲学也曾凸显过灵魂与肉体的差异。但是，真正将人的肉体与灵魂的区分赋予了重大意义的还是基督教。

按照基督教的教义，人被划分为灵魂和肉体两个部分，人的生活也被分解为宗教生活与世俗生活、天堂和尘世、彼岸与此岸两个领域和两种境界。从人的这种二重性观念出发，一道鸿沟将社会劈成两半：社会主体被分为两个等级，即属灵等级（教士）与属世等级（信徒）；社会组织被分为教会和国家；政治权力体系被分为精神权力与世俗权力、教权与王权，他们分别由教皇与皇帝、主教与王公掌管；法律体系也一分为二，即教会法与世俗法。在理论上，它们都要服从神法和自然法；而司法权力也有两个中心，即主教法庭和领主法庭（或王室法庭）。与此相应的是，人的社会角色也被分裂为教徒与臣民（或公民）。这便是基督教在西方确立的政治秩序：政治权力双峰对峙，政治资源二水分流，普通民众一仆二主。整个社会的这种二元裂变还伴随着一系列的象征性符号：在每个国家，都形成王冠与圣坛两个焦点；欧洲大地被封建庄园的护栏与修道院的围墙所分割；贵族的城堡与主教的教堂在欧洲上空遥相呼应；骑士与圣徒同时成为诗人们反复讴歌的偶像。

这种二元主义的政治观虽然形成于中世纪，但它的精神和影响并没有随着基督教时代的流逝而消失，而是借着自由主义这种新的思想载体得以流传下来。因此，在中世纪的尽头，人们看到了一种新的二元政治观浮出水面，这就是近代自由主义的二元政治观。在它的主宰下，西方社会继续承受着新的二元裂变，一种宇宙的二元论、人的二元论、社会的二元论以及政治的二元论仍然处于西方文明的核心。尤其是在政治领域，自由主义坚持在人的内在世界与外在世界、私人生活与公共生活、私域与公域、公民社会与政治国家、个人与社会、自由与权威、个人权利与国家权力之间的二元分离与对立。这种二元分裂与张力，就是近代自由主义的精髓，它的源头就是基督教的二元政治观。

在近代自由主义的话语体系中，人们普遍承认，自由主义的逻辑起点与精神实质是个人主义，而个人主义又是以张扬个人权利与个体自由作为目的和归宿的。在众多的经典著作中，个人的权利与自由好像是与生俱来、不言而喻的，似乎不需要为个体的权利与自由提供额外的论证。但是，丛日云却发现，个体神圣、个人权利、个性自由的最终依据，就隐藏在基督教的教义体系中。其核心思路，是把人劈成两半：人的灵魂与肉体、内在世界与外在世界、精神生活与世俗生活、来世命运与现世境遇、天堂幸福与世俗幸福。基督教通过把前者从后者中剥离出来，并与上帝之间建立起直接的联系，从而赋予人的精神世界、精神生命以某种高于世俗秩序的神圣意义和超脱世俗秩序的独立价值。由此，基督教将人的内在精神生命的价值提升到前所未有的高度，并通过对上帝的信仰而为它奠定了坚实的精神基础；它的超越主义的价值取向使人们以一种全新的尊严的态度对待世俗社会和国家，从而赋予国家以工具性价值；它从有机的整体主义的世俗社会中，将人的精神生活剥离出来，赋予其独立性和个体性特征。可见，将个人及其彼岸命运置于政治秩序之上，赋予其目的性意义，是基督教思想发展的必然结果。

在神圣的个人面前，国家的神圣性不复存在。一方面，它仅仅是价值上的中性之物、低俗之物、外在之物或赤裸裸的权力组织；另一方面，国家起源于人的堕落，是对人类之罪的惩罚和补救，一切道德的、审美的与精神的美好价值都不属于它，它只是人们按"两害相权取其轻"的原则所作出的选择，是不可避免的祸害。因此，国家只能承担消极的、防范性的、保障性的、低层次的职能，其目的仅仅在于为个人的自由与权利服务。

个人第一，国家第二；国家是由个人定义的，国家也是为个人服务的。这既是基督教教义的逻辑结果，也是自由主义的逻辑起点。正是在基督教的母体中，自由主义呱呱坠地。

通过这样的上下求索，丛日云先生打通了基督教研究与政治学研究，并给我们提供了一个新鲜的信息：自由主义源出于基督教。初读本书，笔者就感受到这个信息所带来的冲击力。然而，就这个主题进行反复思考之后，笔者还发现了一个值得进一步深思的问题：基督教与自由主义的内在联系，到底应当在意料之外，还是应当在情理之中？

笔者提出这样一个疑问，实在是因为，基督教乃是一个庞大的事物，在中世纪的欧洲社会，它几乎笼罩了一切，几乎没有哪一个领域可以彻底摆脱基督教的影响。比如，按照法律史家伯尔曼的《法律与革命》、《法律与宗教》等著作，西方的现代法律就起源于 11 世纪的教皇革命。这就等于宣告：现代法律起源于基督教。以此类推，人们也可以通过旁征博引，认定近代西方的社会契约论就是源于基督教中的"约"的观念，近代西方的三权分立理论就源于基督教中的"三位一体说"，马克斯·韦伯所谓的"资本主义精神"则源于"新教伦理"……诸如此类，不一而足。按照这样的套路来一一加以检视，人们也许就会发现，近现代西方世界的各种事物，甚至包括自由主义的对立物（比如，对异端的审判与制裁），在它们孕育、诞生的时候，几乎都可以看到基督教的硕大身影。既然如此，近代自由主义与基督教之间存在着逻辑上或历史上的关联，也许就在情理之中了。

从这个意义上说，丛日云先生的著作主要是在一个具有普遍性的规律之内，又增加了一则例证、一起个案。通过这本著作，人们也许会更加相信阿克顿的名言："宗教是历史的钥匙。"凭着这把神奇的万能"钥匙"，既可以获悉自由主义孕育诞生的秘密，似乎也可以揭示近现代一切事物孕育诞生的秘密。笔者作出如此推演，但愿没有低估丛著的应有价值吧？

16. 江平和中国当代法学的兴起

　　1885 年，德国哲学博士施达克在斯图加特出版了自己的《路德维希·费尔巴哈》一书。1888 年，针对这本著作，恩格斯写成了他的经典名篇《路德维希·费尔巴哈和德国古典哲学的终结》。透过费尔巴哈，恩格斯看到了德国古典哲学的终结。德国古典哲学为什么终结？如何走向了它的终点？费尔巴哈是亲历者，也是见证人。

　　2010 年，法律出版社推出了陈夏红博士整理的、江平教授口述的自传《沉浮与枯荣：八十自述》（以下简称《自述》）。透过这本书，我们能看到什么呢？我们可以看到的主题是：江平和中国当代法学的兴起。中国当代法学为什么兴起？为什么断流？为什么复兴？江平既是亲历者，也是见证人。一个人的法学史，与一个国家、一个时代的法学史结合到如此水乳交融、丝丝入扣的程度，无论如何，都是一段极其罕见的历史际遇。

　　按照主流的观点，"当代"是指 1949 年以来的时代。按照这样的历史分段，"中国当代法学"即为 1949 年以来的中国法学（指中国内地的法学，下同）。在这种特定时空条件下萌生的法学，与此前的法学存在着一个明显的断裂。它既不同于民国时期的法学，更迥异于传统中国的律学。这种已经延伸了 60 年的中国当代法学是如何兴起的？如何演进到今天？它经历了什么样的波折？它的特质是什么？诸如此类的问题，都可以借助于这本《自述》来回答。

　　在《自述》的第 68 页，开始透露这方面的信息："1951 年 7 月 6 日，高等教育部发出《急速选拔留学生的指示》，要求各单位在六天之内选定'政治上可靠'的学生，并'由保养部门首长亲自签字负责'。我们这批派到苏联留学的学生共三百多名，是新中国成立以后第一次派学生去苏联。那次派出非常仓促，出国之前都没有像以后派出的那样，先经过初步的俄语学习。我很快得到通知，派我去学的是法律。我对法律一窍不通，而且也没有兴趣，体育分会的同志们鼓励我去学体育，我也赞成。他们也按照组织系统往上报，请求改变我的专业方向，但那时候一切都按计划，没有个人志愿，计划中没有'体育'一项也就作罢了。"

这段话表明，中国当代法学是在两个重要因素的作用下孕育起来的。第一个因素，是新政府的主导与规划。高等教育部通过发布紧急指示，选拔了中国当代法学的第一代学习者和研究者。而且，"一切都按计划，没有个人自愿"，这样的选拔机制本身就表明，谁去学习法学，学习什么样的法学，到哪里去学习法学，都取决于国家的意志，取决于组织上的安排，而不取决于个人的自主、自愿。日后影响深远的国家主义法学观，在这个环节已经露出了它最初的端倪。第二个因素，是苏联法学的支配性影响。"不是去欧美国家求学，而是到苏联老大哥那里求学"（《自述》页71），"我们去苏联是学习革命的法律，中国的旧法已经完全被废除，旧法体系也被打烂，旧法的思想更不能继承。"（《自述》页92）这就意味着，另起炉灶的中国当代法学，要完全抛弃民国时期的法律制度及其思想学说，要把自己的思想学说坚定不移地挂在苏联法学的火车头上。

那么，苏联法学又是一种什么样的法学呢？"苏联的法学著作（包括教科书在内）有两个特点：第一个特点是意识形态控制很严。涉及国家与法的理论、国家法（即宪法学科）、行政法等学科的内容千篇一律，极少有独立观点的著作。""第二个特点是八股现象严重、水分严重。所谓八股现象，就是套式化东西太多。每本书都必须引经据典，首先是马恩列斯，尤其是列宁和斯大林的话（1955年批判斯大林后，斯大林的话不引了；在斯大林生前，不引斯大林的话，会被看做大逆不道），然后要引最新召开的党代会决议是怎么说的，现任最高领导人是怎么说的，然后才能表述自己的观点。"（《自述》页94—95）这样的法学著作，不正是20世纪50年代以后中国当代法学曾经盛极一时的主要范式吗？

　　1956 年，江平结束了留苏生涯，回到了中国，也把取自苏联的法学火种带回了中国。按照当时的说法，这批法学火种的携带者，也就是培育新的中国法学的"母机"。"派去苏联之前就告诉我们，我们是要作'母机'培养的，我们也有了心理准备，回国后要去作'母机'的。要作'母机'当然是去高等学校。毕业前使馆教育处也征求本人的意见，我也表示愿意去高等学校。这样，我就被分配到了中国政法大学的前身——北京政法学院。"（《自述》页114）这段话意味着，以江平为代表的这批留学苏联的法学人才，构成了中国当代法学的根红苗正的"第一代"，要充当中国新法学的"孵化器"。

　　然而，这批法学种子刚刚种植在中国新建的法学院校里，1957 年的整风运动就开始了：5 月31 日，江平写出了自己的第一张大字报；7 月，就被认定为"右派"。从此，江平接受批判，投降认罪，开始了二十多年的"夹着尾巴做人"的艰难岁月。其间，新婚妻子因为政治原因被迫劳燕分飞；没日没夜地在梯田里超强度劳动；从山上的梯田下到铁路上拿钢丝，又被火车压倒，虽然保住了性命，但却"弄残了我的一条腿，更是将我从地狱抛入了它的最底层"（《自述》页141）；在后八家的一间小土房里，又差点被煤气熏死……事后回想，"'强闭喉舌'和'欲诉无门'就是20 年心情的写照"（《自述》页132）。

　　从1957 年至1976 年，20 年间，既是江平的人生低谷，何尝又不是中国当代法学的低谷？当江平被抛入"最底层"的时候，中国当代法学也是一片空白，一片荒芜：代表中国法学殿堂的北京政法学院名实俱亡，"身与名俱灭"；中国社会科学院法学所的谢怀栻在一次法学界的座谈会上，指出不能以政策代替法律，认为高级领导同志不重视立法工作是错误的，于是被打成右派，发配新疆劳动教养，一去就是21 年（《自述》页134）。见一叶而知天下秋，作为法学家的谢怀栻被劳教、作为法学殿堂的北京政法学院被撤销，就是中国当代法学在那20 年间的真实写照。江平那条被火车轧断了的腿，似乎象征着中国当代法学也被一架庞大的机器给压断了。

　　1978 年8 月，北京政法学院复校；11 月，江平也回到了北京政法学院；12 月，他就接到了对他的右派问题的"改正结论"。"接到这个改正结论后，我的第一个表示，就是申请入党"（《自述》页176）。那年，江平已经48岁。然而，就在这个时候，充满希望的未来正在他的面前徐徐展开，生活开始微笑：申诉的问题得到了解决；提升了工资；担任了民法教研室的负责人；开出了罗马法、西方民商法方面的课程；1982年，出任北京政法学院的副院长和稍后成立的中国政法大学的副校长；1988年，他又当选为第七届全国人大常委会委员及法律委员会副主任，并出任中国政法大学的校长。这两个职务，标志着江平的法学人生已经走上了顶峰，前者意味着居庙堂之高，后者代表了处学林之尊。

江平"归队"之后的这十年，既是他个人的法学事业风生水起的十年，也是中国当代法学迅速爬升的十年。爬升的核心标志，就是新一代法学学者的迅速成长。当今中国处于中流砥柱地位的法学家，大多数都是江平他们归队之后新召进来的大学生。"七七、七八、七九"等前后几届的法科学生，正是在江平他们的培养之下，成为中国当代法学的一个著名"品牌"。中国当代法学，终于迎来了它的黄金时期。

从20世纪80年代到现在，他参加世界罗马法大会，与第二罗马大学合作成立罗马法研究中心，推动"罗马法精神在中国的复兴"（《自述》页225）；他推动比较法的研究，与安守廉、爱德华、柯恩密切交往，主持"外国法律文库"和"美国法律文库"……在诸如此类的学术活动中，我们已经看不到苏联和苏联法学的痕迹。这就意味着，苏联法学的影响已经全面退去，取而代之的是欧美法学。20世纪50年代留学苏联、学习苏联法学的江平，20世纪80年代以后已经成为欧美法学在中国的主要代言人。中国当代法学，已经走出了苏联法学主导的格局，已经走进了一个全新的"法学托勒密体系"①。

从20世纪50年代初期到现在，走过了60年历程的中国当代法学大致可以分为三个段落：50年代初期到50年代中期为第一阶段，大致有5年或6年。其间，中国的主流法学几乎就是用汉语来表达的苏联法学。这个阶段，中国法学界仰望的法学圣地在莫斯科，此时的江平恰好就置身于莫斯科大学法律系。

---

① 详见喻中《走出法学的托勒密体系》，《读书》2009年第1期。

从 50 年代中期到 70 年代中后期，构成了中国当代法学的第二阶段，大致经历了 20 年左右。这个时期，中国法学处于断流状态，此时的江平则顶着右派的帽子，在黑山白水之间颠沛流离，几经不测之险。从 70 年代后期到现在，可以视为中国当代法学的第三阶段。在这个"新时期"，中国当代法学迎来了它生机勃勃的繁荣和发展。此时的江平，也随之迈进了自己的法学春天，并成为这个时期最耀眼的法学名家。甚至直到今日，年届八旬的江平作为中国政法大学的终身教授，依然在指导博士生，依然在"为法治呐喊"，依然活跃在中国当代法学的核心地带，依然是中国当代法学的灵魂人物。

在中国当代法学的每一个阶段，江平都处于法学漩涡的中心。留学苏联，从苏联搬回法学的火种，既标志着中国当代法学的萌生，同时也谱写了江平华彩人生的第一乐章。从反右到"文革"，在中国当代法学的断流期，江平也走向了穷途末路，书写了以"悲怆"为主题的第二乐章。新时期以来，随着中国当代法学的复兴与繁荣，江平的法学人生也随之升至高潮，从而写出了以"绚丽"为主题的第三乐章。可见，即使在写实的意义上，江平与中国当代法学也是同呼吸、共兴衰，江平的沉浮史就是中国当代法学的枯荣史。因此，这本题为"沉浮与枯荣"的《自述》，既是江平一个人的法学史，也是中国当代法学的历史；透过这本《八十自述》，我们可以看到中国当代法学蜿蜒而来的足迹。

第二篇

UNIT 2

从埃及到迦南

1. 最早的正义理论

在他那部影响很大的《西方哲学史》中，罗素有一个著名的判断：每本哲学史教科书所提到的第一件事，都是哲学始于米利都学派的泰勒斯。关于泰勒斯其人，留下的资料甚少，只知道他曾经预言过一次日食，还知道他的一句格言"水是最好的"，以及他的一个著名观点：万物都是由水构成的……诸如此类的几则传闻，似乎都具有浓厚的科学色彩，不大像一个哲学始祖的口吻。

相比之下，米利都学派的第二个哲学家阿那克西曼德，似乎才像一个真正的哲人那样思考问题。他提出的一个著名观点是，万物都出于一种简单的元质，但是那并不是泰勒斯所谓的水，或者我们所知道的任何其他的实质。它是无限的、永恒的而且无尽的，而且它包围着一切世界。它可以转化为我们所熟悉的各种各样的实质，这些实质又可以互相转化。——以这样一些见解为基础，阿那克西曼德论述了一种正义理论：

"万物所由之而生的东西，万物消灭后复归于它，这是命运规定了的，因为万物按照时间的秩序，为它们彼此间的不正义而互相偿补。"

罗素认为，阿那克西曼德所表现的思想似乎是这样的：世界上的火、土和水应该有一定的比例，但是每种元素（被理解为是一种神）都永远在企图扩大自己的领土。然而有一种必然性或者自然律在校正着这种平衡。例如，只要有了火，就会有灰烬，灰烬就是土。这种正义的观念——即不能逾越永恒固定的界限的观念，是一种最深刻的希腊信仰。神祇正像人一样，也要服从正义。

但是这种至高无上的力量其本身是非人格的，亦不是至高无上的神。①

罗素的这番解释虽然自然而贴切，但笔者仍感到意犹未尽。在笔者看来，阿那克西曼德的意思，还可以从以下几个方面作出更进一步的阐释。

首先，阿那克西曼德表达了西方法哲学史上第一种正义理论，或许可以称之为最早的正义理论。西方人从古至今，一直都在不间断地解释正义是什么，形形色色的正义理论永远都在推陈出新，各领风骚几十年。晚近的集大成者则是以《正义论》享誉世界的美国法哲学家、政治哲学家、伦理学家罗尔斯。然而，如果要追根溯源，那么，阿那克西曼德可以称得上是正义理论史上的开端性的人物。世人都在论说希腊文化的原创性质，而阿那克西曼德以寥寥数语阐述的正义理论，可以说是一种标志性的希腊原创文化。

其次，阿那克西曼德的正义理论也许还可以构成中西法律文化走向分野的一个起点。中西法律文化的差异由多个因素所造就，譬如权力的不同起源就是这种差异的原因之一。但是如果着眼于思想传统，那么，阿那克西曼德的正义论可以称得上是思想上的根源之一。因为，在阿那克西曼德看来，构成万物的元素中，没有一种是始基，没有一种元素可以压倒性地征服其他元素，各种元素比如火、土和水，永远都处于一种动态平衡之中。这样一种"原始思维"，如果换成法学或政治学的表达方式，那就意味着：相互制约的政治权力是一种常态，没有一种力量可以压倒性地征服其他力量；没有独一无二的权力顶峰；各种权力之间也有斗争，但主流则是平衡、协商、对话、共存。这与中国人习以为常的"天无二日、人无二主"式的思维方式是大异其趣的。

再次，只要一提到正义或公平，人们首先想到的你与我之间的正义，或"我们"所有人之间的正义。似乎正义只存在于同代人之间，对于这样的正义观念，我们可以不甚严格地称之为横向的正义或空间正义。但是，阿那克西曼德的正义理论却给我们带来了一种纵向正义、时间正义的理念。因为，阿那克西曼德认为，万物是按照时间的顺序，为它们彼此间的不正义而相互补偿。我

———————————

① 〔英〕罗素：《西方哲学史》上卷，何兆武、李约瑟译，商务印书馆1997年版，第52页。

们常说，迟到的正义就不是正义，但在阿那克西曼德的正义理论中，正义大概永远都是迟到的，因为时间是实现正义的必要条件。

除了上述诸端，在阿那克西曼德的正义理论中，还论述了（1）实现正义的自然律或自然法，率先指出了自然法与正义的关系；（2）任何主体，包括一切神祇，都要服从正义、服从自然法。引申出来，也可以说，任何主体都要服从法律，都要为自己的不正义而作出补偿，甚至神祇也没有例外的特权；（3）正义就是各种元素之间的平衡，等等。诸如此类的正义观念，都值得我们深入反思。我想，如果对阿那克西曼德的正义理论作出更详尽的研究，一定还会得到更多的意想不到的启示与收获。

2. 走出"底比斯困境"

古希腊剧作家索福克勒斯的悲剧《安提戈涅》，一波三折地讲述了底比斯城邦所面临的一个法律困境：底比斯国王克瑞翁发布了一道命令，严禁任何人安葬已经死亡的叛徒吕涅克斯，违者将被处于极刑。吕涅克斯的同胞姊妹安提戈涅不顾这道禁令，她按照当时当地的惯例，安葬了自己的兄弟吕涅克斯。安提戈涅认为，即使死者是国王认定的叛徒，也应当入土为安，因为安葬死者乃是上天规定的不成文法，即使是国王也无权改变这样的不成文法。但是，在国王看来，安提戈涅的行为直接挑战了自己的权威，违反了体现主权者意志的成文法，因而毫不手软地把安提戈涅"依法"处死。

在通常情况下，这不过是一起普通的刑事案件罢了。但在这篇著名的悲剧作品中，安提戈涅的未婚夫正是国王的儿子。由于安提戈涅被处死，导致了国王的儿子也殉情而死，儿子的自杀则让他的母亲，亦即国王的妻子，极度伤心并随之自杀身亡。这就是说，国王的"严格执法"，让自己的妻子、儿子、未婚儿媳全部命丧黄泉，这样的结局当然使他自己也痛苦不堪。然而，宽宥犯下了死罪的安提戈涅似乎更糟，因为那将使国王的威信扫地：以后还能令行禁止吗？以后谁还会把国王的命令当回事？由此可见，无论是处死安提戈涅还是宽宥安提戈涅，都将付出巨大的代价。这就是底比斯国王所面临的两难困境，不妨简称为"底比斯困境"。

在西方思想史上，"底比斯困境"常常被解释为自然法与实在法的纠缠：代表国王意志的实在法是否应当遵循自然法的指引？违反自然法的实在法是否有效？是否应当得到遵守？是否应当予以抵抗？由此，还可以引申出一系列的法理学问题：自然法为什么高于实在法？自然法的正当性依据又在哪里？尤其值得追问的是，自然法的确切内容是什么？谁是自然法的宣告者，他（她）以什么资格、什么程序、通过什么途径才能宣告自然法？

在底比斯城邦，安提戈涅挑战实在法的理由是，她发现了一种更高的自然法或高级法，因而可以理直气壮地违反实在法。然而，如果推而广之，如果每个人都宣称自己就是自然法的代言人，都有资格对实在法的正当性、合法性进行评判，并进而选择是否遵循实在法，那么，实在法的稳定性、权威性又将寄生于何处？人世间的公共秩序、群体性的公共生活又如何可能？

虽然"底比斯困境"看上去很渺茫、很遥远，但是，它在当代中国的法律领域内已经初露端倪：四川的被拆迁者为了抗议拆迁行为，不惜自焚身亡；辽宁的被拆迁者为了抗议拆迁行为，干脆把拆迁者杀害。如果再加上发生在上海的"袭警案"，我们已经可以看到一些新的"安提戈涅"的身影。这些事件中的主角，无论是自杀者还是杀人者，他们都有一个基本的判断：至少在自己所遭遇的个案中，执法者所宣告、所代表的实在法是有失公正的。这些抗议者以自己或别人的生命为代价发出的质疑，让我们再次面临"底比斯困境"：如何评判实在法？以什么标准评判实在法？谁来评判实在法？如何解决实在法与高级法的冲突？

在传统中国，一直有天理与王法之分：天理高于王法，王法绝不能背离天理。这里的天理，就相当于西方文化传统中高踞于实在法之上的自然法。虽然我们有这样一个"高级法"，但天理的确切内容是什么，依然难以界定。对天理的运用方式也是五花八门。譬如王莽，他为了合法地取代汉朝君主，制造了各种各样的"祥瑞"，以之作为"天理"或"天意"的象征。再譬如梁山好汉，为了论证梁山集团的正当性，提出了"替天行道"之类的口号。言外之意，"天道"、"天理"就在他们手里。从这些事例来看，"天理"构成了革命的正当理由，就像自然法成为资本主义革命的正当理由一样。

在当代中国，"天理"一词在正式文本中已经悄然隐退。在居于主导地位的法律实证主义的支配下，日常生活中所说的法或法律就是指国家颁布的实在法。"依法治国"、"依法行政"、"法治国家"、"法治理念"等等概念中的"法",在通常情况下,就是指国家颁布的体现主权者意志的实在法。在这样的语境下,在思考具体的法律问题的过程中,人们很少想到"天理",似乎"天理"与"国法"(或以前的"王法")的冲突已经不复存在。然而,这恐怕只是一个假象。拆迁过程中发生的自杀或杀人的悲剧足以表明,天理与国法的冲突已经在当代中国的日常生活中浮现。

在"底比斯困境"中,安提戈涅固然是受害者——她因为捍卫自然法、挑战实在法而被处死;主权者同样也是受害者——国王自己妻儿俱亡,成了一个名副其实的孤家寡人。可见,在"底比斯困境"中,没有赢家,各方当事者都是牺牲者。这就提醒我们,在当代中国,必须认真对待古老的"底比斯困境",必须运用我们的智慧,想办法走出"底比斯困境"。

对此,有两个方面也许是应当考虑的。首先,从实体上看,当代中国的法律家、法学家有必要语境化地探索当代中国民众心中的"天理"或"天道"。换言之,就是要寻找当代中国民众心中的"高级法"。以此为基础,立法者用文字表达的"纸面上的法",执法者用言行表达的"行动中的法",都应当对这样的"天理"或"天道"有所回应。其次,从程序上看,正式制度的生产者与供给者有必要进一步完善对话、协商、沟通机制。在原初的"底比斯困境"中,在代表实在法的国王与代表自然法的安提戈涅之间,就缺乏这样的沟通机制,最后酿成了两败俱伤的消极后果。在当代中国,在诸如拆迁过程中发生的伤亡事件,很大程度上也是因为沟通机制滞碍不畅、功能不佳所致。

当前,政治上正在强调社会矛盾化解、社会管理创新。在这个过程中,必须看到,有一些社会矛盾就源于公权力所表达的国法与私权利所希望的天理之间的冲突。要从根本上化解社会矛盾,就要正视这种萌生于底比斯的冲突,要在社会管理方面展示新思维,要为矛盾冲突的化解提供畅通的、有效的交涉机制、妥协机制、裁决机制。只有这样,才可能彻底走出古老的"底比斯困境"。

3. 苏格拉底论守法

一

在阅读几种西方法律思想史著作时，我发现了一个有趣的特点：第一个被专题讨论的思想人物总是柏拉图。至于柏拉图的老师苏格拉底，虽然其历史地位并不在柏拉图之下，但却总是轻描淡写，语焉不详。我想，导致这种奇怪现象的原因大致有二：一是因为苏格拉底"述而不作"的风格，没有给后世留下他亲手写成的文字，给后来者的研究造成了一定的困难。譬如，要分辨哪些是苏格拉底本人的想法，哪些是假借苏格拉底之口所表达的柏拉图或色诺芬的想法，就是一件颇伤脑筋的事。不过，这大概不是最重要的原因。因为在罗素以及其他人撰写的哲学通史著作中，苏格拉底又得到了浓墨重彩的描绘。因此，另一个因素也许更为重要，那就是"苏格拉底哲学中之法理学成分很少"[1]，以至于提不起一些研究者的兴趣。

尽管如此，苏格拉底的法律思想依然值得专门探讨。因为，作为一个不断探索人类自身的、爱智慧的思想家，苏格拉底涉猎的范围既广泛又深刻。而法律思想，则构成了苏格拉底思想多棱镜中不可或缺的一个重要维度。在他的人生历程中，他不仅多次跟别人讨论法律问题，而且还亲自处理过一些法律事务，甚至他自己生命的终结，也是一个有争议的司法判决的结果。

---

[1] 李达：《法理学大纲》，法律出版社 1983 年版，第 30 页。

那是公元前 399 年，年届七旬的苏格拉底被雅典的法庭判处了死刑，其理由是："他不尊敬城邦所尊敬的诸神而且还引进了新的神，他的违法还在于他败坏了青年。"① 只是由于作出死刑判决的"那个月正逢德利阿节，按照法律规定，在朝圣团未从德拉斯回来之前，不得处死犯人，苏格拉底就不得不在判刑以后又活了三十天"②。在判决下达与最后执行之间，他的朋友一直都在劝他越狱逃离雅典，但都被苏格拉底所拒绝。苏格拉底毫不犹豫地直面死亡，不仅有理智上的避免老年痛苦的考虑，更主要的原因还在于遵守城邦法律的信念。对此，当代英国学者莫里森评论道："苏格拉底之死，特别是他面对死亡之时的勇气与安详，为人类在面临绝望时控制感情提供了很好的范例。"③

回顾苏格拉底的一生，他曾经与人讨论过多种多样的人生与社会政治问题，但在他生命的最后时刻，实践的却是他极为关心的一个话题。那就是，恪守城邦的法律。从思想史的角度来看，如果要叙述苏格拉底的法律思想，那么他对"守法"的认知，不能不说是其中的一个重要内容。我们认为，作为西方思想长河的重要源头，苏格拉底的守法观不仅影响了他身后的法律思想与法律实践，对于理解当代中国语境下的守法问题，也具有一定的参考价值。因此，这里谨以色诺芬、柏拉图等人的著述作为基本素材，整理出苏格拉底关于守法及其相关问题的基本看法，并在此基础上阐明这些看法对于当代中国法治实践的意义。

二

苏格拉底做过一番自我总结，他认为他这一辈子除了考虑什么是正义、什么是非正义，并且实行正义和避免非正义以外，任何别的事都没有做过。④ 当有人请求苏格拉底表达关于正义的意见时，他说他从来没有停止过表示他自己对于正义的看法。只是他没有用言论，而是用行动把他的看法表示出来了。他

---

①②④ 〔古希腊〕色诺芬：《回忆苏格拉底》，吴永康译，商务印书馆 1984 年版，第 1、185、186 页。

③ 〔英〕莫里森：《法理学：从古希腊到后现代》，李桂林等译，武汉大学出版社 2003 年版，第 54 页。

认为，行动比言论更可靠，更值得信赖。因为，有许多谈论正义的人，所做的事却是非正义的；而一个躬行正义的人则绝不可能是个不义之人。由于没有人在任何时候觉察到苏格拉底做过假见证，或诽谤过什么人，或在朋友或同胞之间挑起争论，或做过任何其他不义的事，这种远离不义其实就是正义的一种体现。因此，他自己的行为就是在阐明什么是正义。当别人要求他更明确地表达什么是正义时，苏格拉底终于给出了一个简捷的命题：守法就是正义。换言之，守法与正义是同一回事。既然城邦的法律是公民们一致制定的协议，规定他们应该做什么和不应该做什么。那么，按照这些法律行事的人就是守法的，而不按照这些法律做的人就是违法的。守法的人就是行正义，而违法的人就是行不义；行正义的人就是正义，行不义的人就是不义；这样看来，守法的人就是正义，而违法的人就是不义了。① 这些话表达了苏格拉底关于法律的一个核心观点：守法即正义。或者说，所谓正义，就是不行不义之事。而且，只有通过"不行不义之事"这种行为本身，而不是通过言论，才是对正义的更可靠的表达。

苏格拉底是这样说的，也是这样做的。据苏格拉底的学生色诺芬回忆，在私人生活方面，苏格拉底总是严格遵守法律并热情帮助别人；在公众生活方面，在法律所规定的一切事上他都服从首长的领导，无论是在国内还是从军远征，他都以严格遵守纪律而显著地高出于别人之上。当他做议会主席的时候，他不让群众作出违反法律的决议来。为了维护法律，他抵抗了别人所无法忍受的来自群众的攻击。当三十僭主命令他做违背法律之事的时候，他曾拒绝服从他们。当他们禁止他同青年人谈话并吩咐他和另外一些公民把一个人带去处死的时候，只有他一个人因这个命令不合法而拒绝执行。当他因别人的指控而受审的时候，别的被告都习惯于在法庭上说些讨好法官的话，违法地去谄媚他们、乞求他们，许多人常常由于这种做法而获得了法官的释放，但苏格拉底在受审的时候却决不肯做任何违法的事情。尽管如果他稍微适当地从俗一点，就

---

① 〔古希腊〕色诺芬：《回忆苏格拉底》，吴永康译，商务印书馆 1984 年版，第163—164 页。

可以被法官释放，但他却宁愿守法而死，也不愿违法偷生。①

三

守法既然就是正义，那么，怎样才能培养守法精神，如何才能做到守法呢？在多次谈话中，苏格拉底对于守法的途径进行了多方面的阐述。

首先，要注意遵守不成文法。在讨论不成文法时，苏格拉底同意不成文法就是那些到处都得到一致遵守的法律。这些法律不是人类为自己制定的，而是神明为人类制定的，因为所有的人都以敬畏神为第一条法律。这样的法律还包括：孝敬父母，父母不可与子女结婚，等等。苏格拉底认为，如果不遵守人所制定的法律，还有可能利用躲藏或暴力等方式逃避处罚；但是，如果不遵守神所制定的法律，是无法逃避惩罚的。比如，不遵守"父母与子女不能结婚"这一条神法，将受到的惩罚是生出不好的子女。再比如，"以德报德"也是一条神法，那些违反这条法律的人，遭受的惩罚是丧失好朋友、被人所恨。如果法律有正义与非正义之分的话，那么，非正义的法律肯定不是由神所制定的。因为，如果神都不制定正义的法律，就很难指望有什么别的人能制定这样的法律。苏格拉底的结论是，神也喜欢把正义和守法看做同一回事了。②正如德尔菲神庙里的神对于人们向他提出的"怎样讨神的喜悦？"这个问题的答复是：遵从城邦的风俗。③

其次，要注意自我克制。苏格拉底并不要求他的学生口才流利、有办事能力和心思巧妙，而是认为，对他们来说，必须首先培养的是自制能力。苏格拉底认为，一个人虽有多种能力，但如果没有自制能力，那也只能多行不义和多做恶事罢了。④他还认为，促使一个人自我克制的工具是理性与法律，法律会以某种方式告知：遇到不幸时尽可能保持冷静而不急躁。因为，有些事情的好坏是不得而知的，不克制也无济于事。⑤ 无论在个人方面还是在国家方面，如

---

① ②③④ 〔古希腊〕色诺芬：《回忆苏格拉底》，吴永康译，商务印书馆 1984 年版，第 161—162、167—169、160、155 页。

⑤ 〔古希腊〕柏拉图：《理想国》，郭斌和、张竹明译，商务印书馆 2002 年版，第 403 页。

果不注意自我克制，奉行极端的自由，所获得的结果不会是别的东西，只能是奴役。① 苏格拉底不仅以克制精神教育学生，同时还以身垂范。苏格拉底之死，可以说就是极其注意自我克制的一个典型事件。在苏格拉底自己及其朋友看来，以"不敬神"或"败坏青年"的名义被判处死刑，无论如何都是不公正的。然而，苏格拉底并不因为这个判决不公正就拒绝服从或越狱逃避，而是坦然地接受了这个判决。从这个事件中我们可以发现，苏格拉底接受这个不公正的判决固然还有其他方面的考虑，② 但自我克制的守法精神无疑是其中的主要原因之一。

再次，即使可能被废弃的法律也要遵守。如果说守法就是正义，是一件真正重要的事情，那么，制定法律的人自身就常常废弃或修改法律，人们又怎能把这些法律或把遵守这些法律看得很重、很高呢？在这个问题上，苏格拉底阐述了守法与法律变迁的关系。他认为，不能因为法律可能发生变化就不遵守法律。比如，城邦之间在战争结束之后，经常都会讲和，但是，我们并不能因为后来的讲和，而去责怪先前那些英勇作战的人。既然我们不能遣责那些为支援祖国而投身于战斗中的人们，我们也不能因为法律可能被废弃而轻看那些遵守法律的人。③

最后，要培养孩子的守法精神。苏格拉底认为，孩子必须参加符合法律精神的正当游戏。因为，如果游戏是不符合法律的游戏，孩子也将会成为违反法律的孩子，他们不可能成为品行端正的守法公民。因此，如果孩子们在开始游戏的时候，就能借助于音乐养成遵守法律的精神，而这种守法的精神又反过来遏制不法的娱乐。那么，这种守法精神就将处处支配孩子们的行为，使他们健

① 〔古希腊〕柏拉图：《理想国》，郭斌和、张竹明译，商务印书馆 2002 年版，第342 页。

② 参见喻中《自由的孔子与不自由的苏格拉底》，中国人民大学出版社 2009 年版，第 3 页。

③ 〔古希腊〕色诺芬：《回忆苏格拉底》，吴永康译，商务印书馆 1984 年版，第 165页。

康成长；一旦国家发生什么变故，他们就会起而恢复固有的秩序。①

四

为什么要遵守法律？在苏格拉底看来，守法不仅是正义的体现，它还包含了丰富的思想意义、实践意义与象征意义。

从思想层面上看，遵守法律的依据是"个人与国家之间的契约"。苏格拉底把法律与国家看做一个整体：雅典人如果对国家和法律不满，可以带着自己的财物离开雅典，到别的地方去。去殖民地也行，去外邦也行。可是，"凡亲见我们如何行政、立法，依然居留的人，事实上就是和我们订下合同，情愿服从我们的法令。不服从者，我们认为犯三重罪：一、不服从所自生的父母；二、不服从教养恩人；三、不守契约，既不遵命，又不几谏我们的过失，虽然我们广开言路，并不强制执行——既不能谏，又不受命，两失其所当为。"②这段话，为雅典人与城邦国家之间，建构了一种契约关系：一个雅典人，如果没有选择离开，还留在城邦内生活，还在享受城邦提供的权利或利益，就意味着他（她）愿意服从城邦的法律——这是他（她）对城邦作出的一个无言的承诺。在这样的承诺面前，如果不遵守法律，就意味着"不守契约"，这既是一种道德上的过错，同时也是一种法律上的过错。

从现实的方面来看，守法首先是一个城邦安全与幸福的保障。他举例说，卢库格斯如果不是在斯巴达最牢固地建立了守法精神，他就不可能使斯巴达和别的城邦有什么不同。那些最能使民众守法的城邦领导人就是最好的领导人。城邦民众如果习惯于守法，那么，在和平时期，他们的生活就会很幸福；在战争时期，他们又是不可抵抗的。苏格拉底认为，对城邦来说，同心协力将是最大的幸福。在希腊，到处都有要求人民立誓同心协力的法律，而人们也都在立誓这样做。这样做的原因，就是为了使他们都遵守法律。人民习惯于遵守法律

---

① 〔古希腊〕柏拉图：《理想国》，郭斌和、张竹明译，商务印书馆 2002 年版，第140 页。

② 〔古希腊〕柏拉图：《游叙弗伦苏格拉底的申辩克力同》，严群译，商务印书馆2000 年版，第 109 页。

的城邦，就是最强大、最幸福的城邦；反之，如果没有同心协力，任何城邦都不能得到治理，任何家庭都管理不好。作为一个公民，除了遵守法律，还有什么方法能够使自己少受城邦的惩罚、多得国人的尊敬呢？还有什么方法能够使自己在法庭上少遭受失败呢？除了按照法律行事的人，全城邦的人，还能把谁当做是更值得信任的人呢？父母、亲属、家奴、朋友、同胞或异乡人能够从谁的手里更可靠地得到公正的待遇呢？敌人在停战、缔约或和谈时宁愿信任谁呢？除了遵守法律的人，人们会愿意做谁的同盟者呢？同盟者又宁愿信任谁为领袖，为要塞或城镇的统帅呢？除了遵守法律的人，人们还能指望谁更会受恩必报呢？除了那些被认为会报恩的人，人们又宁愿向谁施恩呢?① 显然，从功利的角度上看，守法的人将得到最大的回报。

守法不仅会给城邦或个人带来实质性的好处，它同时还可以成为判断政体性质的一个标志，构成一种良善政体或政治的象征。在苏格拉底看来，君主制与僭主制是两种彼此不同的政体。如果统治者征得了人民的同意，并按照城邦法律来治理城邦，这样的政体就是君主制；如果统治者违反了人民的意志且不按照法律，只是根据统治者的个人意愿来治理城邦，这样的政体就是僭主制。苏格拉底还认为，如果官吏是从合乎法律规定的人群中选出来的，这样的政治就是贵族政治；如果是根据财产的多寡而指派官吏的地方，就是富豪政治；如果所有的人都有资格被选为官吏，那就是民主政治。②按照这样的划分，如果统治者具有守法的精神且尊重人民的意志，这样的政体就是君主制或贵族政治，反之就会沦落成为僭主制或富豪政治。可见，统治者是否守法，就成了一件至关重要的事情了。因此，苏格拉底要求，"城邦的治理者和他们的辅助者如果都名副其实的话，辅助者必须愿意接受命令，而治理者必须发布命令——在一些事情中按照法律发布命令，在另一些我们让他们自己斟酌的事情中根据法律的精神发布命令"③。

---

① ② 〔古希腊〕色诺芬：《回忆苏格拉底》，吴永康译，商务印书馆1984年版，第166、181页。

③ 〔古希腊〕柏拉图：《理想国》，郭斌和、张竹明译，商务印书馆2002年版，第191页。

苏格拉底在强调守法的同时，还对法律本身做过一些深刻的省思。譬如，他认为，用豆子拈阄的办法来选举领导人是非常愚蠢的。没有人愿意用豆子拈阄的办法来雇用一个舵手、或建筑师、或奏笛子的人、或任何其他行业的人，而在这些事务上如果出现失误的话，所造成的危害，较之于在管理国家事务方面出现的失误，要轻得多。① 显然，在苏格拉底看来，尽管用豆子拈阄的方法选举国家领导人是一条人们必须遵守的法律规则，但它却是一条有缺陷的法律规则。在另一次对话中，苏格拉底还认为，在任何政府里，一个统治者，当他是统治者的时候，他不能只顾自己的利益而不顾人民的利益，他的一言一行都应当为了人民的利益。② 城邦的治理与医术、航海术一样，也是一门艺术。只有当统治者能够代表被统治者的利益，制定出符合整体性的社会利益的法律时才称得上正义。

五

一般说来，法治实践包含立法、执法、司法、守法等几个环节。在当前的法学理论体系中，司法、立法、执法经常成为学术讨论的主题，相比之下，守法这个环节较少受到关注。在这样的学术格局下，认真对待苏格拉底阐述的守法观，无论是对当代中国的法学理论还是法治实践，都具有不可忽视的启示意义。

其一，通过守法实现法律正义与社会正义。在学术史上，有关正义的理论蔚为大观，各种各样的"正义论"几乎汇聚成了一个让人眼花缭乱的理论迷宫。在这样的理论背景下，重温苏格拉底"正义即守法"的简单论断，不能不说是一条通达正义的捷径。从法治实践的诸环节来看，如果说制定法律还只是达到了一种纸面上的正义的话，那么每个人都遵守法律，就是将纸面上的正义变成了现实中的正义。在守法活动中，普通公众遵守法律无疑是必不可少

① 〔古希腊〕色诺芬：《回忆苏格拉底》，吴永康译，商务印书馆1984年版，第8页。

② 〔古希腊〕柏拉图：《理想国》，郭斌和、张竹明译，商务印书馆2002年版，第25页。

的，而国家机构及其工作人员遵守法律或遵守法律的精神，则是守法环节的重中之重。可以想象，如果各种法律主体都以守法的精神参与公共事务，那么社会秩序就有了一个基本的保障，法律所蕴含的安全、利益等多项价值都会得到较好的实现。

其二，注重从多个方面培养守法精神。譬如，"从娃娃抓起"，在孩子的游戏活动中就开始培养他们的守法精神，使他们长大之后能够成为守法的公民。再譬如，守法的精神不仅意味着要遵守国家制定的成文法，而且还要遵守一些不成文的社会规范、普通的道德规则与文明社会的基本要求，等等。这些不成文规则与成文法一样，都是一个社会赖以存在的基础，都是必须遵守的规则。此外，守法精神的养成还有赖于培养人们的克制能力。因为，自我克制的能力也是抑制人们违法犯罪的一个重要手段，它对于人们自觉守法、抑制犯罪的意念是必不可少的。

其三，苏格拉底对于法律的反省也可以提示我们，遵守法律并不意味着一切法律都是十全十美的。因为，任何立法者都不可能表达所有的正义。由于时代的变迁、地域的差异、立法的技术等方面的原因，完全可能导致纸面上的法律偏离正义的标准，成为所谓的"恶法"。除此之外，立法者如果立足于一己之偏私，也会使法律与正义不相吻合。在这种情况下，尽管也要遵守法律，但同时也应当在法定程序之内，提出批评与异议，促使远离正义的法律逐渐回到正义的轨道上来。

其四，"守法之言"与"守法之行"必须融为一体。苏格拉底一生倡导守法精神，而他一生的行为则是对守法精神的完美注释。苏格拉底之死足以表明，守法不仅是一种"言"，还必须成为一种"行"。

4. 耶稣临刑的法理

很多人以为，追求司法的社会效果与政治效果是当代中国特有的法律现象，具有浓厚的中国特色。其实不然，这是一种比较普遍的规律。两千年前，裁判者针对耶稣作出的死刑判决，最终把耶稣钉上了十字架，就体现了当时的司法对于社会效果的追求。

《圣经》中的几种"福音书"都记载了耶稣受审临刑的过程。以《马太福音》的记载为例，我们可以看到：带头控告耶稣并想置之于死地的是当地的祭司长。他指控耶稣言辞僭妄，居然说自己就是神的儿子。祭司长作为社区与民间的权威，他试探地询问众人：应该如何处置耶稣？众人回答说："他是该死的。"由于得到了民意的支持，"众祭司长和民间的长老，大家商议要治死耶稣，就把他捆绑，解去交给巡抚彼拉多。"

彼拉多是罗马委派下来的地方首脑，是官方立场的主要代表。让我们引证经文，看彼拉多审判耶稣的场面："耶稣站在巡抚面前，巡抚问他说：'你是犹太人的王吗？'耶稣说：'你说的是。'他被祭司长和长老控告的时候，什么都不回答。彼拉多就对他说：'他们作证告你这么多的事，你没有听见吗？'耶稣仍不回答，连一句话也不说，以致巡抚甚觉稀奇。巡抚有一个常例，每逢这节期，随众人所要的，释放一个囚犯给他们。当时有一个出名的囚犯叫巴拉巴。众人聚集的时候，彼拉多就对他们说：'你们要我释放哪一个给你们？是巴拉巴呢？是称为基督的耶稣呢？'巡抚原知道，他们是因为嫉妒才把他解了来。正坐堂的时候，他夫人打发人来说：'这义人的事你一点不可管，因为我今天在梦中为他受了许多的苦。'祭司长和长老挑唆众人，求释放巴拉巴，除灭耶稣。巡抚对众人说：'这两个人，你们要我释放哪一个给你们呢？'他们说：'巴拉巴。'彼拉多说：'这样，那称为基督的耶稣，我怎么办他呢？'他们都说：'把他钉十字架！'巡抚说：'为什么呢？他做了什么恶事呢？'他们便极力地喊着说：'把他钉十字架！'彼拉多见说也无济于事，反要生乱，就拿水在众人面前洗手，说：'流这义人的血，罪不在我，你们承当吧！'众人都说：'他的血归到我们和我们的子孙身上。'于是彼拉多释放巴拉巴给他们，把耶稣鞭打了，交给人钉十字架。"（《马太福音》27 章 11—26 节）

上述经文透露出以下信息：耶稣被判处死刑，被钉上十字架，是司法判决的结果。而且，从法律运作技术的层面上看，这还是一场公开的、符合诉讼程序的审判。控方是当地的祭司长与长老，他们找到了证人证言，证明耶稣犯下了僭妄之罪（自称神之子）。在审判过程中，耶稣虽然没有辩护人，但审判者彼拉多的夫人为被告人耶稣提供了"法律援助"式的辩护：她称耶稣是"义人"，言下之意，耶稣是好人，不是坏人，不应受到严厉的处罚。从法律上看，审判者彼拉多眼里的耶稣罪不当死；从自由心证的角度上说，审判者彼拉多不但没有迫害耶稣的意思，而且还倾向于释放耶稣。法律与惯例也提供了这样的制度空间，他也想利用这样的制度空间。然而，控方态度坚决，极力要求主持审判的彼拉多判处耶稣死刑。

在这种情况下，审判者彼拉多为难了，他遇到了一个"难办的案子"。案子为什么难办？法律与民意出现了尖锐的冲突，"众人"都要求处死耶稣。换言之，处死耶稣是民意的要求，但是，根据审判者对于本案案情的理解，又不宜对犯罪嫌疑人作出死刑判决。反复权衡的结果，让审判者意识到，如果不答应众人的要求，"反要生乱"，就是说要出现更大的乱子。在这种可以预料的不利后果面前，审判者屈服了。他最终按照众人的要求，极不情愿地宣布了对于耶稣的死刑判决。

可见，耶稣被判处死刑，并不是一起"葫芦僧误判葫芦案"。审判者并不想枉法裁判，也不想制造一起冤假错案，审判者也希望根据现行的法律与惯例，对他内心深表同情的耶稣作出轻缓的判决。但是，"众人"不答应。当控方逮捕耶稣之际，众人就要求处死耶稣；当彼拉多开庭审判耶稣之际，众人又强烈要求处死耶稣。如果审判者不答应众人的要求，就会生出乱子。这样的乱子，既可能危及社会稳定，还可能冲击政治秩序。作为当地的巡抚与最高法官，彼拉多必须对当地的政治秩序、社会秩序承担最高的政治责任与法律责任。正是在这种追求司法的社会效果、政治效果的考量中，彼拉多作出了自己的理性决定。

虽然我们可以从"耶稣之死"、"耶稣受难"或"耶稣临刑"这个经典事件中看到审判者对于司法的社会效果的追求，但是，《圣经》并不是一本现代性的刑法学教科书。《圣经》关于耶稣临刑的铺陈，也不在于叙述一个经典性的法律案例，而是在于证明"众人"之罪。

表面上看，是"众人"为耶稣定了罪，把耶稣送上了十字架。但在更高的层面上，是上帝为"众人"定了罪。从此以后，众人及其子孙后代，都需要上帝与耶稣的宽恕，因为他们是有罪的。当然，这里的罪，已经超越了刑法学教科书关于罪的定义，而是一个事关灵魂、良知、善恶的终极性范畴。对于这个概念，俄国作家陀思妥耶夫斯基在《罪与罚》、《卡拉马佐夫兄弟》等作品中都有惊心动魄的剖析。不过，在法哲学的层面上，这两种不同的"罪"又是相通的，因为正如伯尔曼所言，法律与宗教密不可分。从这个角度上说，耶稣临刑作为一个法律事件、一个宗教事件，既包含了此岸世界的法理，也包含了彼岸世界的法理，因而为法理学留下了极其广泛的阐释空间，因而颇具进一步索解的价值。

5. 修女之死：圣魔一念间

一

据说，这是一个"令人心碎的故事"。

讲故事的人，是斯坦福大学的朱迪斯·布朗教授。身为历史学者，布朗长期耕耘的领域是文艺复兴，尤其专精于文艺复兴时期的妇女研究。这本题为《不轨之举——意大利文艺复兴时期的一位修女》（商务印书馆 1995 年），就是布朗教授运用教会法庭档案、私人笔记，借鉴心理学、人类学等方法完成的一部心态史学著作。

我对这本书产生浓厚的兴趣，首要的原因是论题。它所讨论的主题同时跨越了历史学、宗教学、法律学、人类学等诸多学科，有效地促成了各学科之间的相互融会，产生了钱锺书先生反复强调的"打通"效果。其次是叙述的角度与方法。它关注下层，聚焦于普通公众，把一个小镇修女的故事演绎得淋漓尽致。它叙述了不少犯罪情节，也有很多细节，但并不是为叙述而叙述，而是为了揭示事件背后的社会与文化内涵。

二

故事是这样讲的：在佛罗伦萨西北大约 45 英里处，有一个名叫韦拉诺的山庄。1590 年，故事的主人公贝内代塔就在这个村庄里降生。九岁那年，贝内代塔来到附近的佩西亚镇，加入镇上的泰亚廷女修道院，成为一名侍奉上帝的修女。

在其他人眼里，贝内代塔头几年的修道院生活平淡无奇。但是，只有贝内代塔自己知道，超自然的现象已经开始显露：当她在圣母像前祷告的时候，圣母像居然从祭坛上掉下来了——在贝内代塔看来，这是圣母想要亲吻她。

1613 年，一系列奇怪的梦幻接连发生。在第二次梦幻中，她发现自己被一群野兽包围着，它们想要伤害她。紧急关头，一个衣着华丽的男人赶来，驱散了野兽救了她。那个男人说，他就是耶稣，那些野兽则是她必须与之抗争的恶魔。他鼓励她坚强些，并且告诉她说，他随时都会帮助她。

1617 年，贝内代塔的梦幻出现了新的画面：有一些想要杀害她的漂亮男青年在追赶她，用铁链、短剑、棍棒等武器抽打她的身体；还有一个男青年请求她做他的新娘，被她拒绝后，他比她的同伴更加凶狠地抽打她，她只好大声地呼喊救命。这样的呼救声超越了梦幻，惊醒了周围的修女，终于促使修道院的尊长们认真对待贝内代塔的苦境。他们派给她一个年轻的陪伴——巴尔托洛梅亚，帮助她与恶魔抗争。

在这些梦幻中，更神奇的事件是领受圣痕：有一天夜晚，当她躺在床上的时候，耶稣突然出现在她的面前，他受难时留下的伤痕中射出的光芒，印在她的手、脚、肋部，并在这些部位留下了一些血色的斑痕——这就是圣痕。

这些梦幻和奇迹的持续发生，意味着贝内代塔确实受到了耶稣的特别恩宠。1619 年上半年，泰亚廷修道院的修女们选她当了院长。贝内代塔的声誉持续上升，在那个禁止妇女公开讲道、授课的时代，她获得了当众讲道的权利。

后来发生的梦幻就更加离奇了：一个夜晚，耶稣再次出现，他把贝内代塔的心从肋边取出，放进了他自己的胸膛后就走了；她在没有心的情况下活了三天。三天以后，基督再次降临。他把自己的心取出来，放进贝内代塔的身体内。两人就像中世纪传奇中的情人那样，身体和灵魂都连在一起了。这还没完，到了 1619 年 5 月 20 日，耶稣又一次出现在她的梦幻中，他宣布在一个星期后的圣三主日，要举行一个庄严的仪式同她结婚，并对小礼拜堂的布置做了详细的指示。婚礼上，耶稣借贝内代塔之口，不仅对她大加赞赏，而且警告众人："假如你们不尊奉她，我就会诅咒你们。——切记不要招致她或我的恼怒。"

三

成为耶稣的新娘，与主耶稣共享无上的尊荣，既是贝内代塔最为辉煌的时刻，也是她的命运急转直下的起点。轰动一时的婚礼刚一结束，人们就开始疑惑，真有这种事情吗？在当时，许多女梦幻者实际上是追求权势、想引人注目的普通妇女。贝内代塔是否也属于这种情况呢？佩西亚的大教长命令：所有目睹婚礼现场的人都不准对外谈论此事，在得到进一步的通知以前，贝内代塔的院长职务被解除，审查在第二天开始了。

佩西亚镇的大教长是镇上教会组织的最高首脑，他带领几个下属亲自审查贝内代塔。他们询问了圣痕的来历与梦幻的过程，贝内代塔一一做了回答。修道院里其他修女的证词，尤其是贝内代塔的陪伴巴尔托洛梅亚的证词，也证实了贝内代塔所说的一切。大教长和他的随员认为，贝内代塔是一个真正的梦幻者。贝内代塔继续担任女修道院的院长。

到了1622年，情况发生了变化。教皇大使派来几个属员重新对贝内代塔的梦幻进行审查。他们认为：第一，贝内代塔陈述的梦幻背离了真正宗教的正道。第二，圣痕绝不是耶稣赐予的伤痕，而是恶魔的标志。因为"这种事只能在祈祷的狂热之中，在沙漠的严酷之下，或是在隐居之时才会发生，而不会发生在舒服地躺在床上之时"——果然，有修女证实，那些所谓的圣痕，其实是贝内代塔自己用一根大针刺破的。第三，她在梦幻中看到的不是耶稣，而是装扮成耶稣的恶魔。第四，贝内代塔与耶稣的神秘婚礼，则是一次虚荣心的大暴露。婚礼中，贝内代塔在恍惚状态下喋喋不休地夸奖自己的美德，以及要求人们奉她为圣徒的暗示都是亵渎神圣的。因为，假如耶稣真是新郎，他就不会要求这种公开的炫耀和精心的装饰。退一步说，即使他确实要求举行一场公开的婚礼，他唯一的目的肯定也是让其他证人目睹奇迹的标记。然而，当时的人们什么也没有看见。第五，贝内代塔与耶稣换心之类的梦幻（以及其他梦幻），按照基督教的教义，都不值一驳。因此，教皇大使主持下的审查得出了最后的结论：贝内代塔并不是一个真正的梦幻者，她不过是一个被恶魔缠身的、声名狼藉的女人。贝内代塔从修道院的院长变成了修道院里的一个囚徒。1661 年，在被囚禁了 35 年之后，她死于发烧和腹部绞痛。

四

在这本书的导言部分，作者布朗写道：贝内代塔的"一生及其罪愆我们能够理解，但却不必评价"。还有一种流传广泛的说法是"历史易于叙述，却难以评说"。但我所关心的问题恰恰是：如何评说贝内代塔的"罪行"。

这本书题为"不轨之举"。在导言和结论部分，甚至在正文中，作者反复渲染的"不轨之举"，主要是贝内代塔与她的年轻陪伴巴尔托洛梅亚之间的同性恋行为。

有一个同性恋伴侣，对于贝内代塔的权力欲望来说，既可以成为一个积极的因素，但也可能成为一个消极的因素。当初，正是巴尔托洛梅亚作为陪伴者与梦幻目击者的证词，帮助贝内代塔逐渐获得了圣女的声誉，并最终走上了修道院院长的位置。也正是因为这种独特的身份，巴尔托洛梅亚后来的"揭发"对于贝内代塔的打击也格外有力，贝内代塔成了一个臭名昭著的"越轨"之人。贝内代塔的"越轨"，一方面是不检点。身为修女，却热衷于性事，这就犯了色欲罪。另一方面则是性行为本身的"越轨"，它冲击了正常的男女之间的性秩序，越出了"性的正常轨道"，尤其是违反了托马斯·阿奎那在《神学大全》中列举的四种反自然的罪行：手淫、兽奸、在非自然的部位性交，以及"非正当性别的做爱，即男人与男人、女人与女人"之间的做爱。从这个角度上看，贝内代塔犯下的，似乎是一桩同性恋罪。

然而，尽管巴尔托洛梅亚提供了她与贝内代塔之间同性恋"犯罪情节"的证词，但是，在我看来，这起宗教案件的核心却不是一个单纯的同性恋问题，而是一个权力关系和权力秩序的问题。

在贝内代塔的内心深处，确实存在着性的欲望与冲动，但是，这种欲望实际上处于陪衬的、附属的地位。更大的欲望却是对于权力的欲望。为了出人头地，出生于偏僻山区的贝内代塔能够想到的唯一办法，就是建立起她与耶稣、与圣母之间的特殊关系。圣母像的偶然倒下，被解释为圣母对她的特别的亲昵；梦幻中被耶稣烙上圣痕，则显示了难得的神恩——仅凭这一点，就足以成就一个圣女的名声。不过，对贝内代塔来说，这些都还"不过瘾"。她还希望取得更高的、更令人瞩目的地位。因此，接下来的奇迹，就是她与耶稣交换心脏，成为情人，还要举行结婚仪式，成为耶稣的妻子。这样，贝内代塔的地位就变得至高无上了。在修道院这个完全封闭的小天地里，她集行政首长、精神导师、神灵代言人等多种角色于一身，权倾一时，炙手可热。至于与陪伴巴尔托洛梅亚之间的同性恋行为，不过是随着权力而来的副产品而已。

圣女，尤其是"耶稣妻子"的影响，不可能仅仅限于修道院的高墙之内，不可避免地引发了当地宗教主管机关的审查。佩西亚镇的大教长为什么会"认可"她呢？我们可以想到的原因是：认可这些圣迹与神恩，无损于自己的声望，反而有助于提升佩西亚教阶的等级。从情理上说，"耶稣的妻子"就在本地，这不仅仅是贝内代塔一个人的荣幸，也不仅仅是泰亚廷修道院的荣幸，而是整个佩西亚教会组织的荣幸。值得注意的是，贝内代塔虽然一直致力于强化她在修道院内部的权威地位，但她在忏悔神父与大教长面前，是极其恭顺的。这就意味着，贝内代塔在修道院内享有的权力，并没有冲击修道院外的权力平衡关系。大教长的态度和倾向，还从根本上影响了其他修女的选择：以巴尔托洛梅亚为代表的修女们，竟相为贝内代塔的圣女形象提供了积极的佐证。

但是，教皇大使主持的审查则是另外一回事。他们从贝内代塔的梦幻中得不到任何好处，在教皇大使看来，即使她真是一个梦幻者，那也不过是众多先知中的一员而已，她对于教会的伟大不会增添多少内容。但是，假如她是一个欺骗者，让她继续下去就会给整个教会的尊严和信誉造成极大的损害。多年以来，教会已经发现了许多骗子，他们再也不想鼓励这种行为了。因此，他们来到佩西亚，首先就抱着"有罪推定"的想法。按照这样的思路来审视贝内代塔的梦幻，她那些与耶稣交往的经历只能被判为违规、色欲、亵渎神圣。在这样的情境下，贝内代塔在修道院内的骄横跋扈引起的普遍反感终于爆发出来。修女们几乎是"一边倒"地给予了揭发与控诉。尤其是巴尔托洛梅亚以同性恋受害者身份的反戈一击，最终使贝内代塔坦白，她并没有得到上帝的恩宠，反而遭受了恶魔的纠缠；她的一切反常行为，毫无神圣性可言，不过是恶魔附身罢了。

教皇大使对本案的处理方式，反映了教会高层的权力运作规则："先知"不宜多。如果承认贝内代塔是耶稣的妻子，甚至是耶稣在人世间的最高代理人、唯一代言人，那么教皇的权威又将置于何处？为了教皇的最高权威，以及与上帝沟通的垄断地位，必须打压各种"伪先知"、"伪代言人"。贝内代塔的破产，就是这种权力运行准则的必然结果。

事实上，贝内代塔的梦幻，可以有两种完全不同的解释：一是神圣的显现，二是恶魔的纠缠。在恍惚状态之下遭遇耶稣的过程中，贝内代塔也曾反复追问对方：你到底是真正的耶稣还是化装成耶稣的恶魔？在得到了对方的肯定答复之后，她才把梦幻中的那些人当做耶稣及其门徒。但是，问题恰恰就出在这里：贝内代塔并没有一套识别神圣与恶魔的技术手段。对方到底是圣是魔，只好由对方说了算。这就意味着，对方完全可能是装扮成耶稣的恶魔。镇上的大教长为了自身利益、本地利益，认可了这些神圣的梦幻；教皇大使为了教皇的利益，完全否定了这些梦幻的合法性。换言之，神圣也罢，恶魔也罢，本是同根生，两者的区别，其实就在一念之间。

五

从文化比较的角度上看，根据以上两次截然不同的审查结果，还可以联想到一些发生在中国的事例与现象。

其一，是太平天国运动中的杨秀清。杨秀清所经历的上帝附体，几乎就是贝内代塔的"耶稣代言人"身份的翻版。杨秀清依靠这种"上帝代言人"的身份，既提升了早期洪杨领袖集团的权威，产生了一呼百应的效果，但同时也埋下了天京内讧的祸根。它说明，"天神代言人"的身份是一柄双刃剑，运用得当，可以成就一种事业；运用不当，则可能酿成一场致命的灾难。贝内代塔如此，杨秀清亦复如此。

其二，是法律领域内的有罪推定与无罪推定。在本案中，佩西亚镇大教长的无罪推定或无罪偏好，孕育了贝内代塔无罪的结论；教皇大使的有罪偏好，很自然就得出了审查对象有罪的结论。可见，由于审查者的偏好、预设、导向不同，呈现在他们面前的证据，他们能够看到的"事实"，就会出现一个戏剧性的差异。这样的规律，也可以理解为另一种意义上的"种瓜得瓜，种豆得豆"。可见，法律人在法律运行的过程中，有必要对这两种完全相反的偏好给予足够的注意与反省。

其三，是权力关系中的"墙倒众人推"现象。在佩西亚大教长审查贝内代塔期间，由于审查者没有明显的打压贝内代塔的倾向，因此，修女们几乎是众口一词地提供了有利于贝内代塔的证言。但是，在教皇大使主持审查的过程中，由于贝内代塔的前景已经不被众人看好，因此，审查者听到的、看到的，几乎全是不利于贝内代塔的证言。这样的权力关系，既让人回想起中国 20 世纪 50 至 70 年代的权力现象，同时也恰好符合《圣经·马太福音》第 25 章所规定的："凡有的，还要加给他，叫他有余；没有的，连他所有的也要夺过来。"

6. 为主权者声辩的哲学家

作为 17 世纪的英国思想家，霍布斯在哲学、政治学、法学、神学诸领域，都产生了广泛而深远的影响。但是，在很多中国人的印象中，霍布斯主要是作为《利维坦》的作者而存在的。人们常常通过《利维坦》来认识霍布斯，理解霍布斯。然而，在这本巨著之外，霍布斯于 1640 年写成的《保卫在国内维持和平必不可少的国王大权》一书，曾引起国会派舆论哗然，他本人为之被迫出走巴黎。在巴黎期间，他还写下了《论公民》（1647 年出版，已有中译本）、《论物体》（1655 年）、《论人》（1658 年）、《巨希莫司》（1668 年），以及 84 岁高龄时写成的《自传》，等等。至于《一位哲学家与英格兰普通法学者的对话》（毛晓秋译，上海人民出版社 2006 年，以下简称《对话》），则是霍布斯 1679 年去世之后，于 1681 年首次出版的一本小册子。

《对话》延续了柏拉图的对话体，但又不像柏拉图著作那样：有具体的场景，有具体的人物，人物都有鲜明的性格，甚至说话的神态也栩栩如生。在霍布斯的笔下，贯穿整篇《对话》的人物只有两个：一个是哲学家，另一个是法学家。两个符号化的人物轮流发言，就理性法、主权、法院、死罪、异端、侵犯王权罪、刑罚等七个方面的主题进行了广泛的讨论。

《对话》中的哲学家，大体上可以视为霍布斯的代言人。在对话持续展开的过程中，这位哲学家常常居于主导地位。透过哲学家的这种话语优势，我们可以窥探到作者霍布斯的理论夙愿：在法律问题上，法学家的见解应当服从于哲学家的见解。至于《对话》中的那位法学家，则是"普通法从业者"的代言人，他代表了法官、律师等普通法专业人士的立场。两个人的对话，充分展示了在普通法领域中，哲学家与法律人所持的不同立场。他们的分歧虽然体现在不同的法律领域，但却聚焦于一个关节点：对于主权者的不同态度。

在哲学家眼里，主权者至高无上，具有不可动摇的绝对地位；代表王权的衡平法院则具有超越于普通法法院的优势地位。与之相反，代表普通法共同体的法学家，则习惯于以法律理性、技艺理性自居，试图坚持以普通法抵制王权恣意的自治传统。哲学家要求普通法服从于主权者、服从于王权，法学家要求普通法具有独立于王权的自治地位。如果说，法学家旨在强调普通法的自治和相对独立性，那么哲学家则立足于主权者的立场，努力为主权者和王权而声辩。

在"论理性法"一节中，法学家通过引证柯克爵士的《英格兰法总论》，认为法律理性并不是人人都有的自然理性。要获得法律理性，必须通过长期的研究、观察和经验。因此，法律理性是一种在技艺层面上对于理性的完善，是一种具有高度专业性的"技艺理性"。法学家的这种主张，显然是希望垄断"法律理性"，排斥"普通法圈子"外面的其他人（包括国王）染指法律事务，入侵法律人的专业领地。但是，这种高筑"专业门槛"的企图，遭到了哲学家的反对。在哲学家看来，法律的知识是通过大量的研习而获得的，"跟所有其他的科学一样，如果它们被研习和获得，它们就是通过自然理性而非技艺理性实现的"（《对话》页19）。换言之，获得法律知识凭借的是人人都有的自然理性，而不是什么技艺理性。此外，哲学家还认为，"法律理性"是一个含混的词。"我猜它的意思是，一位法官的理性或全部法官的理性加在一起（不包括国王）就是那最高的理性，就是法律。对此我表示反对。因为除非拥有立法权，任何人都不能创制法律"（《对话》页19）。哲学家强调：所有的英格兰法均由诸位国王制定，法学家所起的作用微乎其微。

在"论主权"一节中，法学家提醒哲学家：制定法已经明文规定，国王要约束自己，未经国会同意不得向臣民征税。这样的制定法从爱德华一世开始，就得到了其他各位国王的确认，并最终得到了目前在位的国王的肯定。法学家的意思是：国王尽管在万人之上，却在这样的法律之下。但是，哲学家对此并"不满意"。因为,"平头百姓,如恒河沙数,我不过是芸芸众生中的一员。为了这些人的福祉,上帝任命了国王和其他主权者"('《对话》页26)。为了保护百姓免受异邦人的统治和奴役,为了避免内战所带来的破坏,为了人民的安全,对全能的上帝负责,国王应当享有征募的权力,不必受那些制定法的约束。因为说到底,法律还是国王制定出来的。"这些国王制定法律时,要么单独依靠他们自己的理性,要么加上国会上下两院的建议,用不着法官或其他的法律专家。因此你看到,是国王的理性(不论其多少),而非法官的理性、博学或智慧,才是法律的灵魂,才是最高的理性"(《对话》页27)。因此,"法律就是拥有主权的一人或多人的命令,向其臣民公开、明确地宣布他们何者可为,何者不得为"(《对话》页37)。这就意味着,即使在法律领域,国王的理性也绝对地高于法律人的理性。

在"论法院"一节中,法学家强调了国王与法院之间的权限划分:由于国王已经将他的全部司法权分别委托给两家法院了,因此如果有人将诉状呈递给国王审判,那么这样的呈递就将是无效的呈递。因为,国王已经没有亲自审判的权力了——其审判权已经转移到法院了。对于这样的"司法自治",哲学家无法赞同。他认为,国王是一切世俗诉讼和教会诉讼的最高裁判者。法学家的错误,在于没有分清权力的委托与转让:转让权力的人便剥夺了自己对于权力的享有。但是,将权力委托给另一人,以本人名义,在本人监督之下行使,本人就仍然拥有同一权力。国王向法院授予司法权,就是权力的委托,而不是权力的转让。因此,如果有人向国王提出诉讼请求,这种请求是有效的,国王是可以受理的(《对话》页57—58)。哲学家的这种态度,旨在排斥法律人对于司法审判活动的垄断。不仅如此,哲学家还对当时的普通法实践,给予了严厉的批判:"现在的人们比过去更懂得对制定法的用语吹毛求疵的技艺,由此鼓动了他们相互睚眦必报。此外,普通法判决的五花八门和自相矛盾确实经常平添了人们胜诉的期望,而按道理这些诉讼根本站不住脚。另一个原因乃是他们对自己的讼案中何谓衡平一无所知。研究衡平者并非百里挑一的人中翘楚,律师们不是在自己胸中寻找判决,而是查找前任法官的先例,……最后,我相信在古代,律师们没有那么贪得无厌、惹是生非;自从和平年代起,人们有了

闲暇研习欺诈，并在恣愿争辩的人那里找到了差事。"（《对话》页52）

随后几节讨论具体的罪与罚，由哲学家主导的系列对话依然坚持同一个主题：对主权与王权的辩护。譬如，在"论死罪"一节中，哲学家要求扩大重叛逆罪的种类，他还自行概括了七种罪名，认为在制定该法之前，就应当属于重叛逆罪。在罪行的证明标准上，哲学家主张，"密谋就是使一件罪行被定为重叛逆罪的惟一根据。因此不单是杀害，连图谋也被定为重叛逆罪"（《对话》页77），这样的"低标准"，显然有利于主权者。在"论异端"一节中，哲学家认为，"教义和火刑之间存在怎样的比例关系，二者之间的分配不存在均等、多数和少数。而二者之间的比例关系就是教义造成的危害与强加给神学博士的危害之间的比例关系。其间的分寸，只能由负责统治人民的人来衡量，因此，对违法行为的惩罚也只能由国王来确定"（《对话》页105）。在"论刑罚"一节中，哲学家批评了普通法传统中的大量酷刑，认为这些"不合理的习俗不是法律，只应当废止。还有什么习俗比惩罚无辜者更不合理的呢？"（《对话》页128）。

通过以上勾画，一个哲学家的形象已经浮出水面：一方面，他批判普通法共同体的自治传统及其理论基础；另一方面，他试图通过对普通法的改造，努力将普通法招安，使之归顺于主权者的羽翼之下。在对话中处于某种陪衬地位的法学家，则类似于柯克爵士的代表：惯于恪守普通法的传统，竭力论证普通法自治、自主的合理性与正当性，但他在哲学家咄咄逼人的攻势前，不仅没有还手之力，招架之功似乎也嫌不够。——这也不难理解，因为整篇《对话》，本来就出自于一位哲学家之手。

《对话》虽是霍布斯晚年的作品，但在思想倾向上，却与《利维坦》一脉相承：都坚持和强调主权者的绝对地位，都在为王权提供着某种理论上的辩护。这样的理论主张，在现代中国的语境下，容易被斥为保守、落后；除了充当学术批判的靶子，似乎没有多少正面意义。但是，这样的评价显然是偏颇的。透过长达数百年的"英国革命史"，我们可以发现，英国革命的不彻底性、妥协性、渐进性，与霍布斯的理论主张具有很大的关联度。到底是霍布斯的保守理论导致了英国革命的渐进性，还是英国革命的渐进过程塑造了霍布斯理论的保守性格？两者之间的因果关系究竟如何？对于这些疑问，暂且存而不论，单就霍布斯理论的保守倾向而言，就包含着值得借鉴的积极意义：即使是在变革的时代，也不要忘记对于秩序的维护，以及对于现状作必要的肯定。因为，现状和秩序是任何变革的基础，如果把现存的一切都否定掉了，如果把现存的一切全部砸碎，新的制度又将附丽于何处呢？

事实上，在任何一个强大的文化传统中，都需要两种性格的学术理论：守成的理论与革新的理论。前者强调守成的重要性，注重的是革新中的守成；后者强调变革的重要性，注重的是守成中的革新；没有前者，社会可能陷入混乱；没有后者，社会可能趋于停滞。如果说，法兰克福学派早期的批判理论，昂格尔的批判法学代表了革新的理论，那么，霍布斯的保守理论，后来的奥斯丁的"恶法亦法论"，就代表了守成的理论。我相信，只有这两种理论所形成的张力，才可能让一种文明既不乏创新的空间，也能保持基本的秩序。从这个意义上说，霍布斯的《对话》，尽管着眼于为主权者声辩，其理论价值也值得予以重估。

7. 法律的历史性与历史法学的语境

美国当代法学家德沃金认为，法律是一个阐释性概念。在我看来，法律同时也是一个历史性概念。

在既有的法学理论丛林中，19 世纪的德国学者胡果、萨维尼等人，曾经共同倡导了一个历史法学派。这个学派认为，法律是民族精神的体现。到了 20 世纪，美国学者伯尔曼进一步拓展了历史法学的视界。他提醒人们注意到，一个民族的历史经验对于法律可能产生的巨大影响。毫无疑问，这些洞幽察微的法律思想极具启示意义，让我们更加深入地看到了法律与历史的内在关联。不过，在历史法学派对于当代中国法学的影响越来越大的背景之下，我们也有必要立足于知识考古学的立场，注意到历史法学派及其代表人物对于历史的强调，自有他们特定的语境和特殊的针对性。

萨维尼的《论立法与法学的当代使命》（许章润译，中国法制出版社 2001年）一书，可以作为历史法学派的学术宣言来阅读。在这部篇幅不大的作品中，萨维尼努力凸显了民族精神与历史传统对于法律的决定性意义。值得我们注意的是，这种法律观的提出，自有其特殊的历史背景：当时的德国四分五裂，一派割据景象，经济落后，了无生趣，与它的生机勃勃的近邻法国形成了鲜明的对照。针对这一特定的国内外形势，萨维尼的法学同行蒂博，提出了一个相对激进的建议。他呼吁德国的立法者借鉴法国的经验，为德国创制一部拿破仑法典式的民法，并以之促成德国国内的政治统一与经济发展。对于蒂博的这番立法建议，萨维尼给予了全面的驳斥。他认为，德国的民法典绝不可能通过移植别国法律的方式来创立，法律只能存在于一个民族千百年来逐渐形成的民族生活方式和民族精神之中。由此可见，萨维尼撰写《论立法与法学的当代使命》一书的意图，在于阻止当时德国一度盛行的移植邻国"先进法律"的"冒进主义"思潮。他强调了法律的自主演进和自然生长，从而表达了一种具有保守主义倾向的法律观念。

也许正是因为这种保守的色彩，以萨维尼为代表的历史法学派受到了充满激情的青年马克思的尖锐批判。打开《马恩全集》第一卷，我们可以看到，马克思曾先后两次论及历史法学派。在《法的历史学派的哲学宣言》一文中，马克思开篇即断言："18世纪仅仅产生了一种东西，它的主要特征是轻佻，而这种唯一的轻佻的东西就是历史学派。"在《黑格尔法哲学批判导言》一文中，马克思又说："有个学派以昨天的卑鄙行为来为今天的卑鄙行为进行辩护，把农奴反抗的鞭子——只要它是陈旧的、祖传的、历史性的鞭子——的每个呼声宣布为叛乱；历史对这一学派，正像以色列上帝对他的奴仆摩西一样，只是表明了自己的过去，因此，这个法的历史学派本身如果不是德国历史的产物，那它就是杜撰了德国的历史。这个夏洛克，奴仆式的夏洛克，发誓要凭他的期票、历史的期票、基督教德意志的期票来索取从人民心上剜下来的每一磅肉。"

在这两篇经典文献中，马克思以生动而雄辩的修辞，针对历史法学派作出的批判确实令人印象深刻、难以忘怀。也许正是由于这个缘故，以胡果、萨维尼等人为旗手的"法的历史学派"在新中国成立以后长期遭到贬斥，长期被视为"反动"、"腐朽"、"没落"的代名词。近几年来，这个学派在中国的命运似乎已经发生了一些微妙的变化——譬如，萨维尼的《论立法与法学的当代使命》一书的翻译出版，以及研究萨维尼与历史法学派的论著已经开始陆续问世。

历史法学派的理论价值尽管已经得到了中国学界的承认。然而，如果追根溯源，我们仍可以注意到，马克思与萨维尼的分歧，确实代表了两种截然不同的哲学观、历史观、法律观。因为，在马克思的理论体系中，经济基础具有决定性的作用，经济基础决定了包括法律在内的整个上层建筑；虽然法律对于经济基础也具有一定的反作用，但经济基础对于法律的决定作用是首要的、第一位的。与之大异其趣的是，在萨维尼一派的观念里，民族精神、历史传统对于法律的决定作用更值得重视。正如萨维尼在《论立法与法学的当代使命》一书中所言："在人类信史展开的最为远古的时代，可以看出，法律已然秉有自身的特征，其为一定民族所特有，如同其语言、行为方式和基本的社会组织体制。……法律以及语言，存在于民族意识之中。"

与萨维尼着眼于19世纪的德国国内"法制建设"不同，当代法学学者伯尔曼对历史的强调，更多地体现了他对整个西方文化的忧虑。他认为，20世纪西方文明的危机，在于人们对西方历史传统的懵然无知：他们把法律仅仅理解为官僚国家制定和执行的规则，不知道法律源于社会。其结果是，国家全面控制了社会，社会不再是法律与宗教的创造之源。而且，尤为值得警醒的是，随着法律与宗教之间的分崩离析，法律不再被信仰，"退化成一种机械的法条主义"，宗教也无法继续维系当下的社会，从而"丧失其社会有效性"（伯尔曼：《法律与宗教》，梁治平译，中国政法大学出版社2003年，第1页）。至于西方文明的"危"中之"机"，则是恢复和更新西方的法律传统。也就是说，伯尔曼对历史传统的强调，在于应对法律与宗教在当代西方走向分裂之后所导致的严峻危机。

按照马克思的法律哲学，法律由经济基础所决定；按照萨维尼的历史法学观，法律存在于民族意识之中；按照伯尔曼的历史法学观，法律与宗教是相互依赖的。如果说，在当代中国的法学理论与法律实践领域，经济基础对于法律的决定作用早已得到了普遍性的认同，那么，我们又该如何评价历史法学派的基本主张呢？

无论是萨维尼的历史法学还是伯尔曼的历史法学，虽然都在西方世界乃至整个人类社会产生了较大的影响，但是，从总体上看，它们仍不足以妥当而贴切地对应于当代中国的法律与中国自身的历史。

首先，就历史背景而言，以萨维尼为代表的历史法学兴盛于德国小邦林立的19世纪，伯尔曼的历史法学面对的是法律与宗教趋于两分的20世纪，而处于21世纪初期的当代中国，既不存在德国当时邦国割据的社会状况，也没有经历法律与宗教从融合走向分裂的剧变。当代中国作为一个统一的多民族国家，一方面，不存在是否通过移植一部外国法律来促进国家统一的问题。因此，当代中国不同于萨维尼置身于其中的 19 世纪的德国；另一方面，中国历史上既没有生长出西方式的法律，更没有西方式的宗教，在实证的国家法律与严格的宗教教义之间，几乎从来就没有发生过密切的联系。因此，当代中国也无从产生伯尔曼式的焦虑。

其次，就法律背景而言，百年前的中国就已经踏上了一条移植西方法律的漫漫不归路。以至于当代中国的大多数法律，几乎都有移植外国法律的痕迹。而且，在法律移植的过程中，我们还很少听到"要不要移植"的争论，人们关注的焦点主要集中在：移植对象的选择问题（是移植欧陆法、英美法还是苏联法）、步子快慢的问题（快一点还是慢一点，激进还是缓进），等等。这样的"中国式问题"，无论是对于萨维尼还是对于伯尔曼来说，都是陌生的。这就说明，源于西方的历史法学尽管蕴含着强大的解释能力，但是，它并不能对中国法律与中国历史的关系提供直接而亲切的解释。历史法学发展的每一个阶段，都自有其特殊的语境。

不过，从另一方面来看，尽管萨维尼与伯尔曼的历史法学都是在特定的时空环境下孕育出来的，基本上是对德国或西方文化的一种观照，但是，这个学派对于历史或传统的强调，对于当代中国的法律与法学，依然具有重要的参考价值。譬如，透过法律的历史性这个重要的视角，我们可以发现：如果立法者制定的法律能够与我们的民族文化、历史传统相互协调，推行起来就会容易得多。反之，如果正式颁行的法律与我们的历史传统相距太远、"相互不懂"，那么，即使以"国家强制力"作为后盾，即使付出了高昂的执法成本，恐怕也很难将人们的行为模式、情感模式彻彻底底地扭转过来。这些年来，人们常常谈论"有法不依"的问题，表面上看，似乎问题的症结仅仅在于公众不愿守法，是公众这一方背离了法律规则的要求。其实，如果换个角度来看，"有法不依"其实也在一定程度上表征了法律规则与历史传统、民族精神之间的对立与分歧。试想，仅仅凭借一纸法律，就想把亿万人民从一种历史传统中"连根拔起"，谈何容易！从这个意义上说，历史法学派的理论智慧，也可以作为我们理解中国法律的历史性，探寻中国法律的本来面目的一个相当重要的理论工具。

8. 自由个性能否挣脱"税的依赖性"

在马克思看来，人要获得自由而全面的发展，达致自由个性的理想境界，必须首先告别"人的依赖性"，进而挣脱"物的依赖性"。

所谓"人的依赖性"，是指在前资本主义社会中，初民对血族群体、奴隶对奴隶主、农奴对领主的人身依附关系。处于这种状态下的个人，不具有相对于他人的独立性。

所谓"物的依赖性"，是指在资本主义社会中，个人摆脱了"人的依赖性"，实现了人的独立性——但是，在这个阶段，人的独立性仅仅是表面上的，它受到了独立的生产关系的限制，或更简单地说，受到了商品、物质财富的限制。个人虽然不再依赖于"人"，但他（她）依赖于"物"。他（她）脱离了虎口，但随即又陷入了狼窝。

在以上两种状态下，以及它们分别对应的两类社会形态中，人的自由个性都无法实现。按照马克思的设想，与自由个性相对应的社会形态，只能是共产主义社会，亦称自由个性社会。

只要能挣脱"人的依赖性"与"物的依赖性"，人就自由了。在抽象的层面上，特别是作为一种哲学理念，经典作家的这种理论诉求，确实无可置疑。试想，一个人既不依赖于其他任何"人"，也不依赖于其他任何"物"，他当然可以享受到全面而彻底的自由。如果放在中国的文化传统中，这种"无所期待"的自由状态，其实就是庄子曾经向往不已的"逍遥游"。然而，庄子自己也很清楚，纯粹的逍遥状态只能存在于非现实的想象世界之中。如果回到现实的世俗社会中，在挣脱了"人的依赖性"与"物的依赖性"之后，已经"自由了"的人是否还会有所依赖呢？如果回答是肯定的，那么，人的自由还会依赖于什么呢？

依赖于税。

这是北京大学出版社 2004 年推出的《权利的成本：为什么自由依赖于税》一书所给出的答案。这本由普林斯顿大学的霍尔姆斯教授与芝加哥大学的桑斯坦教授合作完成的著作，2000 年初次问世，就被视为一部"当代的经典"。它提出并论证的核心命题是人的自由与权利依赖于税，理由其实也很简单：人的自由与权利都是有成本的。

自近代以来，"天赋人权"一直都是一个神圣的口号，甚至可以称为"大写的真理"。作为一面引领时代和潮流的旗帜，"天赋人权"曾经为近代的资本主义革命提供了相当有说服力的正当性依据，这是它的基本价值所在。然而，"天赋人权"毕竟只是一个自然法学语境中的概念。如果转到实证的层面上，人的权利真的源于上天的赋予吗？如果有人侵犯了你的天赋权利，比如自由权、财产权、生命权等等，你能向上天寻求帮助吗？上天能够为你的权利提供切实可靠的救济吗？回答显然是否定的。

"无救济即无权利"，这句广泛流行的名言是说：人的权利依赖于救济机制；如果没有一套救济机制，人的权利也将不复存在。在现代社会，谁能为人的权利提供及时有效的救济？当然是国家机构。也许有人会说，民间的"私力救济"或远古时代的"复仇"，就不需要国家机构的介入。我相信，在某些特殊的环境下，这种现象是存在的，但是，它们只能归属于特殊的例外情形。假如碰上外敌入侵、黑势力横行、流行病肆虐、劳工遭到资本家的普遍挤压，诸如此类的侵权事项，"私力"恐怕就只能望洋兴叹了。因此，在一个正常的现代社会中，人要真正地享受自己的权利与自由，就必须以军队、法庭、警察、监狱等国家机构的存在与运转为前提。如果没有这些国家机构提供的救济和保障，人的权利与自由是不能存在的。

然而，救济个体权利、个体自由的国家机构，并不是从天上掉下来的。国家机构的建立与运作，必须依赖于以纳税方式汇聚起来的公共财政。如果把国家机构及其公务人员视为个体权利和个体自由的守护人，他们领取的报酬只能来自于纳税人。正是在这个意义上，霍尔姆斯和桑斯坦相信，个体权利和个体自由最终依赖于税，税就是个体为自己的权利和自由支付的代价或成本。

通过纳税汇聚起来的公共财政支撑了国家机构，正是通过国家机构的立法和司法，人的权利和自由才被规定下来，并成为可以得到救济的权利和自由。这就是说，只要国家法律向个体授予了一项权利或自由，就意味着国家机构承担了一项救济这种权利或自由的义务。而所有的权利救济和自由保障，又离不开公共财政的支持。不仅如此，随着霍尔姆斯和桑斯坦的分析过程的进一步展开，我们还可以发现，由于税收汇聚起来的公共财政的数量总是有限的，因此，作为一种稀缺的资源，公共财政的分配方案就会直接决定权利的配置状况。比如，当国家把公共财政更多地用于医疗和社会保障，以支持老年人及其他弱者的时候，这些群体的福利权得到了较好的保障。但是，其他类型的权利、其他群体的权利，受到保障的力度必然会发生相对地下降。又比如，当政府把公共财政的支出向公立教育倾斜的时候，人们的受教育权将会得到更多的实现。但与此同时，用于维护社会治安的费用又可能被压缩了。再比如，当某个市政府把维护清新的空气当做主要目标的时候，更多的公共财政必将用于环境保护，那么，其他权利的保障水平则会出现一定程度的降低等等方面的事例都可以说明，对于权利的格局，公共财政的分配方案将会产生决定性的影响。

在传统的法律学说中，权利的成本问题几乎被人忽略过去了。权利话语总是高调的，总是令人鼓舞、让人振奋，只要一说起我们正处在一个"走向权利的时代"，好像就生活在一个充满希望的时代。但是，霍尔姆斯和桑斯坦通过大量的数据告诉我们，纳税人为了他们所享有的权利与自由，已经花费了多大的成本！事实上，在人们的权利和自由不断扩张的同时，他们为此缴纳的税也在随之增加。因为他们所有的权利，都离不开政府与国家的作为，都是需要国家机构予以救济的权利。这样的分析思路，使我们在权利的神圣外衣之下，看到了权利面孔的世俗的一面。因为依照霍尔姆斯和桑斯坦的说法，权利就是一种交易。个人以纳税的方式，把自己的一部分财富交出来，汇聚成公共财政，支撑了国家机构的成立与运转；通过国家立法机构的立法活动，人的权利得到了确认；通过国家司法机构的司法过程，人的权利才可能得到实实在在的救济。换言之，人的权利并不是天赋的，而是权利的拥有者以纳税的方式"购买"回来的。从国家与个人的关系来看，如果说国家机构是权利的拥有者通过纳税的方式入股产生的，那么，权利的所有者都具有股东的身份。由此，我们还可以理解，为什么个体享有的自由，绝不会是一种与公共生活无关的孤立的存在，而是在公共财政这棵大树上结出来的一枚果实。

此外，权利的成本作为一个独特的视角，还可以提醒手握法锤的法官们，在裁决纠纷的过程中，应当充分考虑到公共财政的分配问题。因为，只要判决作为侵权方的国家机构向某个权利受损者支付了巨额的赔偿，就必然会减少公共财政的绝对数量，那么相应的，国家为保障人们的受教育权、环境权、财产权等等方面的财政投入就会受到一定的影响。从抽象的层面上看，由于公共财政总是一种稀缺的资源，又由于法官的判决总会在一定程度上影响到公共财政的分配，法官们无论怎么分配，都难免会顾此失彼，因为"机会成本"总是存在的。这就意味着，法官们在裁决政府赔偿案件的时候，应当慎之又慎。虽然，要求法官在处理每一件政府赔偿案件的时候，都能做出恰到好处的安排，似乎有些苛刻，但是，这毕竟是一个不应忽略的重要因素。因为，他们的判决书事实上在影响着共同财政的分配与流向，并最终影响甚至决定了权利救济的格局。

最后，顺着霍尔姆斯和桑斯坦关于权利成本的分析思路，我们还可以针对马克思的自由个性理论提出一个问题：人的自由个性能够挣脱"税的依赖性"吗？

本文的回答是不能。因为，现代社会中的人，绝不是荒岛上的鲁滨孙。一个人可以挣脱对于血族群体、奴隶主、封建领主的人身依附关系，在人格上他可以是独立的；他也可以挣脱"商品拜物教"对他的束缚，他可以粗茶淡饭，素面朝天，"不为物役"。只要实现了这些条件，一个人就算挣脱了"人的依赖性"与"物的依赖性"。但是，现实社会中的任何人，无论他是"无己的至人"、"无功的神人"还是"无名的圣人"（《庄子·逍遥游》），他能挣脱人与人之间通过相互交往所构成的社会网络吗？只要他还生活在这个现实的世界中，他就会与其他人发生各种各样的关系：财产关系、人身关系、信仰关系，等等。在任何关系中，只要他的自由与权利遭到了侵害，特别是只要他的"自由而全面的发展"受到了阻碍，他都需要国家机构的救济。而国家机构本身，如果离开了税，根本就不可能存在，更不可能运转。正是在这个特定的角度上，我们可以说，自由个性作为一种理想，虽然挣脱了"人的依赖性"与"物的依赖性"，但却难以挣脱对于"税的依赖性"。

9. 从契约到身份的运动

在法学家梅因的《古代法》一书中，有一句脍炙人口的名言："所有进步社会的运动，到此处为止，是一个从'身份到契约'的运动。"尤其是其中的"从身份到契约"一语，几乎成了"从落后到进步"、"从黑暗到光明"的代名词，反反复复地出现在当代中国的法学著述中。在学者们的潜意识里，从身份到契约的转化，既展示了一个令人鼓舞的社会前景，又表达了人类发展的一种普遍规律。正如梅因所言："'身份'这个字可以有效地用来制造一个公式以表示进步的规律。不论其价值如何，但是据我看来，这个规律是可以足够地确定的。"①

从身份到契约的进步规律，是否获得了"大写真理"的崇高地位？本文的回答是否定的。因为，这个进步规律仅仅是对 19 世纪及其以前的社会变迁过程的总结。在古代社会，个体从属于家庭或家族，血缘关系对于任何个体，都具有明显的甚至是绝对的支配作用：在中国的春秋时代以前，个体的权利义务取决于他的身份；古印度的《摩奴法典》把所有的人都划进了界线清晰的四个等级；在中世纪的欧洲，贵族的身份是与生俱来的……不过，古代社会中注重血统、注重身份的观念，在经历资本主义革命的洗涤之后，很快就淡化了，代之而起的则是梅因所谓的契约观念。由合意而形成的民事契约不仅构成了个体关系的准则，由契约而形成的社会契约还构成了国家合法性的根源。到

---

① 〔英〕梅因：《古代法》，沈景一译，商务印书馆 1959 年版，第 97 页。

了 19 世纪，契约既然同时支配了私人生活与公共生活，那么，身份社会也就逐渐演变成为契约社会了。

然而，冲破身份枷锁而生长出来的契约社会，绝非完美无缺的人间天堂。自由主义独步天下的 19 世纪，既是西方契约社会的"黄金时期"，但它也是马克思写作与批判的年代。在马克思的周围，在个性绝对解放、契约绝对自由的背景下，资本主义的血腥气息也越来越浓厚（只要读一读恩格斯的《英国工人阶级状况》，我们就会对契约社会中的血腥气息产生感同身受的体会）。在契约自由观念的支配下，你可以把黑人从非洲卖到美洲，也可以把鸦片从欧洲卖到亚洲，因为任何买卖契约都是自由的，都是正当的。不过，正是这样的"契约自由"，孕育了此起彼伏的工人运动，引发了一浪高过一浪的革命洪流。动荡的政治局势，尖锐的社会矛盾，持续不断的经济危机，诸如此类的病症，终于促进了从契约社会向身份社会的回归。福利立法、劳动立法作为 20 世纪的法律主流，标志着西方社会在契约自由的背景下，有限度地走向了身份社会。

回归身份社会，绝不是回到奴隶社会、封建社会，而是从强调人的个体属性，转向强调人的群体属性与社会属性。你是工人，国家就把你纳入到劳动法的保护范围；你是妇女，国家就把你纳入到妇女保护法的保护范围；你是少数民族，国家还制定了有利于少数民族的特殊保护制度；你是消费者，国家还有专门针对消费者的权益保护法。诸如此类的制度实践已经表明，国家在根据每个人所属的群体，制定专门的保护制度。国家为你提供特殊的法律保护的根据，就是你的身份。每个人的身份不同，享受的权利义务又一次出现了分野。

日本学者星野英一在《私法中的人》一文中讲到：在近代，民法中的人的形象，主要是"强而智"的商人；到了现代，民法中的人的形象，就变成了"愚而弱"的需要法律保护的人了。为什么会有这样的转型呢？原因就在于：在契约自主、个性自由的 19 世纪，法律假定每个人都能够有效地维护自己的利益。因而，个体与个体之间如何达成协议，如何界定相互之间的权利义务，国家与法律不必操心，不必给予过多的干预。但事实证明，这样的假定是不切实际的。在资本面前，工人是弱势的；在商家面前，消费者是弱势的；在成年人面前，老人和儿童是弱势的；在侦查机构面前，被告人也是弱势的。诸如此类的情景都意味着，如果没有国家和法律的介入，很多人并不能有效地维护自己的权利。任何个体，都不可能始终保持"强而智"的法律形象，在很多情况下，他们都是"愚而弱"的，他们需要国家和法律的救济与保护。正是由于这个原因，国家通过法律的途径，将不同的群体进行分类保护。不同的群体就意味着不同的身份，于是，20 世纪以来的社会，又开始了一场从契约到身份的运动。

10. 只知其一，一无所知

不同国家、不同时代、不同学科背景下的代表性人物，曾不约而同地表达过一种相同的观点：只知其一，一无所知。

这句话出自 19 世纪的宗教学家缪勒（Friedrich Max Müller，1823—1900，出生于德国，自 1846 年起一直生活在英国牛津大学）。他认为，宗教学的主旨，可以简单地归结为这八个字。言下之意是，如果你只懂得一种宗教，其实是不懂宗教；必须比较、打通各种宗教，你才能真正地懂得其中的一种宗教。缪勒还说：“成千上万的人信心之诚笃可以移山，但若问他们宗教究竟是什么，他们可能张口结舌，或只能说说外表的象征，但谈不出其内在的性质，或只能说说内心所产生的力量。”① 缪勒的这段话，想必能够得到德国文学家歌德的首肯，因为歌德在论述语言的时候，也表达过类似的见解。他说：“只懂一门语言的人，其实什么语言也不懂。”换言之，对一种语言的理解，必须通过多种语言的比较才可能获致。

对此，中国历史学家钱穆也有同感。他在《老庄通辨》一书的《自序》中写道：“清儒亦有言，非通群经，不足以通一经。推此说之，非通诸史，亦不足以通一史。非通百家，亦不足以通一家。”钱穆的名山之作《先秦诸子系年》，其实就是这样写成的。正如他在此著序言中所言：“余之此书上溯孔子

----

① 〔英〕缪勒：《宗教学导论》，陈观胜、李培莱译，上海人民出版社 1989 年版，第 11 页。

生年，下逮李斯卒年。前后二百年，排比联络，一以贯之。如常山之蛇，击其首则尾应，击其尾则首应，击其中则首尾皆应。以诸子之年证成一子，一子有错，诸子皆摇。用力较勤，所以较实。"钱穆的这番"夫子自道"，较之于缪勒、歌德，可谓英雄所见略同。他们三个人共同推崇的"为学之道"，实际上是重申了一个朴素的真理：有比较才有鉴别。假如你只看到了一个人，你是无法判断他的美丑的；他的美与丑，只有通过与其他人的比较，才可能得出结论。

把这个道理移植到法律领域，我们也可以得出类似的结论：只懂一种法律，其实什么法律也不懂；只懂一种法学，其实什么法学也不懂；只懂法学，其实并不懂法学。因为法律是一张网，任何一种法律都是跟其他法律纠缠在一起的，都是这张大网上的一个纽结，都不可能脱离这张网而独立存在。一种法律的价值、功能、作用、形态，甚至生命，永远都受制于它周边的其他法律。因此，如果想要真正地理解这种法律，也只有在这种法律与其他法律的相互关系中才可能实现。举个例子：行政许可法的价值，是为了减少、规范行政许可，但行政许可法的这种价值的实现，却受制于相关的法律：行政监察法、公务员法对于行政许可行为的监督约束力度；行政诉讼法对于行政相对人的救济力度；财政法律法规关于行政机关财政收支的具体规定，等等。人们常说的某种法律的"执法环境"或"实施环境"，其实就是周边的其他法律对于这种法律的牵制。

虽然在法律体系与法学体系中，有民法、刑法、行政法、经济法等部门法及部门法学之分，但这样的划分并不是天经地义的，而是一种人为的安排与设置。这种划分的积极意义当然不容否定——譬如，便于分类学习与分类研究，便于专业化的分工与数字化的管理。但是，它的消极意义也应当引起我们的重视：那就是强化了各种法律之间的壁垒，撕裂了各种法律之间的有机联系。在法律实践中，"刑转民"、"民转刑"之类的现象就已经说明，不同部类的法律之间并没有天然的鸿沟，而是可以相互转化。当下正在兴起的"大调解"，其实也是把诉讼法、行政法、民法、刑法等相关法律融为一体、打成一片，服务于一个共同的目标：解决纠纷、化解矛盾。这就是说，社会生活中滋生出来的千姿百态的法律问题，并不会像流水线上掉下来的产品，总是会分门别类地各就其位。几乎所有的法律问题，都会牵连到多种不同的法律。因此，要精准地掌握某种法律，就必须全面地掌握其他方面的法律；只掌握了一种法律，其实并不能真正地掌握这种法律。

对于法学研究而言，情况更是如此。对于诉讼法的研究，深入下去，就会涉及国家的宪政体制与国家的权力配置。因此，诉讼法学实际上是与宪法学、法理学、法史学等相关学科相互关联的。推而广之，法学的各个"二级学科"也是一个相互支撑的网络，并不能截然分开。只懂一个"二级学科"。其实并不能真正懂得这个"二级学科"。任何一个"二级学科"只有与其他"二级学科"结合起来，在融贯与打通的基础上，才能真正懂得。同理，法学学科作为一个整体，从来都不是独立自主、自给自足的，法学与哲学、史学、文学、政治学、经济学、社会学甚至是与自然科学都是相互关联的，都是应该"打成一片"的，因为这些不同的学科都是对于整体性的人类生活的回应。

想一想波斯纳的经济学功底、萨维尼的历史学修养、孟德斯鸠的社会学视野，再想一想高举"纯粹法学"大旗的凯尔森的哲学造诣，我们既可以明白一个法学大家是怎样炼成的，也可以理解"只知法学，其实并不知法学"所蕴含的哲理。

11. 西美尔的玫瑰

古代希腊人柏拉图讲的那个关于洞穴的故事，吸引了一代又一代的诠释者。现代德国人西美尔（亦译西梅尔，Simmel，1858—1918）讲的这个关于玫瑰的故事，名气虽然略小一些，但也有滋有味，能够益人神智，因而颇具品尝与分享的价值。

故事说，从前有一个地方，生活着一大群人，但是人和人之间的关系很不平等。何以见得？尽管那地方每个人都有一片赖以维生的土地，然而，却只有一部分人能够种植玫瑰。也许是因为这些人比其他人有更多的钱；也许是因为他们愿意在玫瑰种植上多花些时间，多下些工夫；也许是因为他们的土地恰好符合玫瑰生长所需要的自然条件，譬如有适宜的土质、光照，等等。反正，只有一部分人能够种玫瑰，其他人都不能。

最初，这种事实上的差异并没有引起人们的注意。能够种植玫瑰的那些人并没有奇货可居的优越感，没有种植玫瑰的人也不觉得有什么特别的遗憾。但是有一天，终于有人发现了这种差异，这个人激动地站出来呼吁：每个人生来就有种植玫瑰的权利，少数人可以种玫瑰的社会现实必须改变。因为，按照自然权利，人人都应当拥有自己种植的玫瑰。在他的鼓动和倡导下，没有种植玫瑰的人成立了革命党，革命的目标就是要争取种植玫瑰的权利。在革命党人的进攻态势面前，能够种植玫瑰的人也随即成立了保守党，保守党的目标就是要保卫自己对于玫瑰种植权利的占有。在你来我往的斗争过程中，由于革命党的道德观念最终潜入了保守党，更由于社会正义、社会平等的理想超越了一切利益冲突，两党的斗争以革命党大获全胜而告终。最后的革命成果是，每个人都分到了可以种植玫瑰的土地，大家都可以种玫瑰了。

然而，从此以后，天下是否太平？是否进入了天堂？人与人的关系是否达致了永久的正义、平等、和谐、幸福？西美尔的回答是否定的。西美尔说，重新分配土地的方案虽然使每个人都获得了可以种植玫瑰的土地，但是，差异仍然存在：总有一些人种植玫瑰的手气更好一些，另一些人的土地上获得的阳光更充足一些，还有一些人由于种植技术更娴熟，嫁接的玫瑰嫩枝也更为结实、更为茁壮……由于诸如此类的原因，人们种出来的玫瑰仍然存在着数量多寡之分、品质优劣之别。还有一些人的玫瑰树上，甚至开不出玫瑰花来，真让人郁闷。总之，自然状态并不认同神圣的自然权利，革命党人的平等理想仍然时时面临着落空的危险。

关于西美尔的玫瑰，我暂且就讲到这里。接下来，按照写文章的通例，我还需要对这个故事进行阐释，以揭示"西美尔的玫瑰"所蕴含的微言大义。

我看过一些学术史上排出的座次表，犹太人西美尔不仅是出类拔萃的文化哲学家，而且还是与马克思、韦伯比肩而立的资本主义理论家。他为我们奉献出来的"这枝玫瑰"，不仅锋芒毕露，而且还散发出浓郁的后现代气息，可以说是一枝十足的"后现代的玫瑰"。凭着"这枝玫瑰"，西美尔表达了他对于平等这一现代性诉求的担忧与疑虑。

在现代性的理论视野中，平等是每个人都享有的与生俱来的自然权利。这样的自然权利，在自然法理论家尽心竭力的护送下，终于在17、18世纪高调登场，构成了现代性政治理论、法律理论、社会理论的一个基本的落脚点。自然权利在人世的降临，标志着蒙昧的、没有欲望的、无色无味无臭的时代已经过去。欲望开始觉醒，一个崭新的时代来临了。因为有了自然权利，"万古"不再"如长夜"；因为有了自然权利，人觉醒了，他挣脱了中世纪的重重束缚，挺直了脊梁，舒展了肢体，解放了自身。按照现代性理论的叙述，这是一个在价值位阶层面上远远高于过去的新时代。但是，"西美尔的玫瑰"让我们看到了事物的复杂性，那就是现代性的政治理想、法律理想、社会理想也可能存在着虚妄的一面。

　　表面上看，包括平等、自由在内的自然权利是自然的。按照以前流行的汉译，还是天赋的。但是，顺着西美尔的眼光看过去，自然权利恰恰不是自然的，它是一个彻头彻尾的人造景观。真正的自然状况根本不能支持这样的自然权利，因为自然的份额，绝不可能通过数学公式精确而均匀地分配给每一个人。原始丛林是一种典型的自然状态，但在原始丛林里，有的树种强悍地生长，它们高高地伸出巨大的树冠，霸气地占有了更多的阳光；另一些树种，只好卑微地低着头，长年匍匐在阴暗潮湿的地面上。尽管都想获得阳光的照射，但灌木与大树能得到同等的机会吗？

　　人类社会也是这样。在西美尔的故事中，由于各种各样的原因，尤其是个体与个体之间、群体与群体之间主客观条件的不同，千差万别的个体永远不可能种出花色品种绝对相同的玫瑰。因而，革命成功以后的革命党人，尽管可能解决"有玫瑰"与"无玫瑰"之间的差异，但却不可能解决"多玫瑰"与"少玫瑰"之间、"好玫瑰"与"坏玫瑰"之间、"红玫瑰"与"白玫瑰"之间的矛盾。譬如，一些人拥有红玫瑰，但其他人都没有（尽管他们有白玫瑰），这样的差异同样会激起先知先觉的人站出来号召：人人都有种植红玫瑰的权利，只有少数人拥有红玫瑰的不平等现实必须改变。因为，按照自然权利，红玫瑰是每个人都应当拥有的，拥有红玫瑰是任何人都不能剥夺的自然权利。于是，一个新的以红玫瑰为旗号的革命政党又宣告成立了，他们既要为红玫瑰而斗争，同时还要谴责从前那场仅仅以玫瑰为旗号的革命——因为它是一场不彻底的革命！它仅仅停留在"玫瑰"的阶段，远远没有上升到"红玫瑰"的阶段！掀起那场革命的政党并不是什么真正的革命党，而是彻头彻尾的保守党！

　　事情差不多就是这样：一个人造的圣物，金光闪闪，散发出耀眼的光芒，类似于"上帝死了"之后的又一个新上帝；它魅力无边，既是欲望的源头，也是革命的理由；它诱惑着一代又一代的有志者前赴后继；它掀起了一波又一波的社会浪潮与政治思潮；它为历史的变迁提供了精神动力，同时也为现代政治与社会的演进指示了方向。这个人造的圣物到底是什么？还是西美尔的说法既生动又形象：它就是那枝火红的、娇艳欲滴的玫瑰！

　　哇噻！

12. 法律人和这个充满疑虑的世界

1931 年 11 月 17 日，在纽约律师协会举办的年度晚宴上，年届六旬的卡多佐法官面对众多的法律界人士，发表了一篇情理交融的演讲："信念和一个充满疑虑的世界"。由标题即可看出，演讲的关键词是两个：疑虑与信念。

疑虑缘何而生？这个世界为什么让人不安？为什么充满疑虑？按照卡多佐的解释，原因只在于，这是"一个被许多人称为玩世不恭和利欲熏心的年代"，而法律职业"正致力于追求金钱和权力"。其实，人们的不安和疑虑还有一个更大的背景，那就是 1929 年发生的震惊世界的经济危机，这场危机不仅造成了社会财富的大量流失，是一场十足的经济危机；而且还严重地动摇了人们对于未来生活的信心，因而也是一场精神危机。无边无际的疑虑甚至焦虑，就是因此而滋生。

在这样一个充满疑虑的时代，卡多佐的演讲特别强调了法律人的信念：首先，是对法律本身的信念。在卡多佐看来，通过发展自己的司法方法与法律哲学，"造就适应本土哲学的当代法律"，就能够在混乱中重建秩序。对于法律人而言，如果能够"将法律从昂贵变得便宜，从密封的书本变成鲜活的文字，从富人的世袭领地变成穷人的遗产，从显示技艺与压制的利剑变成诚信的支撑、无辜者的保护伞"，那么，——模仿《圣经》中的口吻——这世上的人就有福了。其次，是对于"神话"的信念。因为，那些"关于制度和事件的神话，才是真正重要的东西"。卡多佐在此所说的神话，实际上是对于某种法律符号的崇拜。譬如，大宪章作为英国人成功地反对王权的象征，随着时间的推移，已越来越像一个"神话"。以至于英国宪政史，都可以看做是对于大宪章的一种评注。再譬如，权利法案所代表的精神，就要比它宣告保护的这种或那种特权或豁免权重要得多，因而，也充当了美国法律领域内的神话。最后，还有对于道德的信念。无论是政治艺术还是法律艺术，都与道德密不可分。卡多佐打了一个比方：就像在所有的食物中，即便是一块脆饼干，也都存在着水，而且在绝大多数食物中，水的成分都要远远超过其他东西。卡多佐由此认为，道德与水的情况一模一样。在法律人劳作的领域，法律与道德虽然完全不同，两者的区别也确实存在。但是，卡多佐却相信，法律就像一块脆饼干，无论看起来多么坚硬、干燥，只要你咬开外壳，就有黏合固体的汁液，那可是最甜美的地方。

在一个充满疑虑的世界面前，法律人应当做什么？能够做什么？卡多佐的回答是：既要创造出适合于本土的司法方法及其司法哲学，以之为秩序的重建提供技术性的规范；也要重视象征性的法律符号对于凝聚人心的独特价值，让世人的期待与信仰有所寄托、有所皈依。同时，还要重估道德、利他主义在法律艺术中的功能。表面上看，法律与道德互不相干，实际上道德的汁液无处不在，流淌在法律实践过程的每一个环节。换言之，通过以上三个方面的努力，法律人就可能以自己特有的方式，消除人们的疑虑，重建人们对于世界、对于生活的信心。

作为一个世事洞明、并受到广泛尊重的资深法官，卡多佐对于"一个充满疑虑的世界"的回应，对当代中国的法律人来说，意味着什么？须知，当代中国的社会状况，虽然迥异于1931年的美国社会状况，但是，当代中国的法律人所面对的，依然是"一个充满疑虑的世界"：因为信仰的缺失，我们的时代不乏"玩世不恭"；因为"物质化"或"物质的热"，我们的时代处处可见"利欲熏心"；我们的时代对于"金钱和权力"的追求，几乎见之于每一个行业。对于这样的时代状况，不久前去世的王元化先生称之为"文明的物质化、庸俗化与异化"。这样的时代，不也是一个充满疑虑的世界吗？对于这样一个世界，当代中国的法律人，又应当作出什么样的回应呢？

这显然是一个宏大的问题，不可能在这篇短文里展开论述，但是，顺着卡多佐的思路稍作延伸，以下几个方面也许不是无关紧要的。

首先，当代中国的法律人有必要逐渐提炼出自己的司法技术——尤其是中国司法的核心技术，不要让我们的司法哲学总是成为"海外哲学的机械复制品"。我们的司法技术应当理解当代中国人所特有的是非观、公正观，应当着眼于解决当代中国所特有的矛盾与冲突。通过现实问题的有效解决，让我们的司法成为"世间自有公道"的基本载体；通过提升中国司法产品的"可接受性"，重建人们对于司法、法律与秩序的信心。

其次，当代中国的法律人还应当塑造出我们自己的象征性的法律符号，以之作为"定心丸"，以之作为凝聚人心、整合社会的标志。在卡多佐的眼里，英国有自由大宪章，美国有权利法案。我们中国有什么？哪种传统资源足够恒久，可以充当这样的精神符号？环顾我们的新旧传统，现行宪法当然具有这样的潜力，然而，我们面临的问题是，如何把我们的宪法塑造成为一个卡多佐所说的"制度和事件的神话"？必须看到，这样一种稳定而恒久的精神符号，既是道统之所系，也是政统与法统的终极依据。没有这样一个"神话"性质的符号，一个政治共同体的公共秩序就将处于飘浮状态，人心就会"泛若不系之舟"。

最后，当代中国的法律人还有必要进一步提升法律实践过程中的道德含量，强化法律职业伦理的规范性，增强法律人共同体的道德品质。看看卡多佐的职业生涯，我们可以发现，一个成功的法律人，绝不可能是仅仅熟悉法律条文的法律技工，他必然具有广泛的人文修养，充沛的精神力量，强健的道德意识。只有凭借这些深藏于内的定力，一个人才可能有效地抵御各种各样的诱惑，并把道德的"甜美汁液"贯注到法律实施的各个环节。

概括起来，不妨得出这样的结论：在当前这个充满疑虑的世界面前，法律人既需要发展自己的具有民族个性的法律技术与法律哲学，也需要某种带有"神话色彩"的、以之作为法律精神、法律灵魂的象征性符号。同时，法律人共同体的道德意识，也是一种不容忽视的"软实力"。当代中国的法律人共同体，倘若能够把这三大因素有效地结合起来，必将有助于消除这个世界的疑虑。以此为基础，才可能建立起当代人对于未来的信念，才可能实现身心关系、人我关系、天人关系的和谐。

13. 为什么是西田哲学

日本学者中村雄二郎著有《西田几多郎》一书。在这本书的末尾，作者写道："我认为，研究西田哲学是有价值的，是因为我想西田哲学并没有失去它作为'日本的哲学'的坐标的意义。的确，西田哲学——至少就其积极的方面，可以说是在日本中体现日本同时超越日本，并且在近代之中体现近代同时又超越近代的哲学。作为这样一种思想成果现在仍然有它的生命力，不管人们意识到与否，它已成为'日本哲学'的坐标轴。"

读完这本著作，再读西田几多郎的代表作《善的研究》，我一直在思考这样一个问题：为什么是西田哲学，而不是其他哲学家的著述，构成了日本哲学的坐标轴？反复琢磨之后，我发现，根本的原因就在于：西田哲学体现了哲学的特质，那就是对于"自我"的察看，特别是对个体的精神支柱的探索。正如古田光在《西田几多郎》一文中所说的："西田哲学是在日本急速近代化带来的混乱与焦躁中，从探索日本'近代个人'的精神支柱出发的哲学。"

西田所建立、所找到的个体是什么？是带有挫折感、悲哀感的烦恼的个体，那是大多数"明治青年"的共性。在《场所逻辑与宗教世界观》一文中，西田写道："我们在意识到存在于我们自己根底的深刻的自我矛盾时，在自觉到我们是自己的矛盾性存在物时，我们自己的存在本身就成为问题。所谓人生的悲哀及其自我矛盾，是古来惯用的熟套话，然而，多数人并没有深刻地注意到这一事实。"

当然，西田"深刻地注意到"的"这一事实"，并不是一个普遍性的事实，而是近代日本特有的事实，是对近代日本个体的描述。对此，铃木亨在《西田几多郎的世界》一书中已经做了一个很好的归纳，他说："如同亚里士多德哲学思索的动机在于惊异，笛卡儿的哲学思索机动在于怀疑，基尔凯郭尔则从绝望出发一样，西田哲学思索的主题是悲哀。"这就是说，西田从"悲哀"这一主题出发，既发现了日本近代个体的精神支柱，同时也建构了日本"独创哲学"的坐标轴。

西田哲学对于当代中国哲学、当代中国思想的启示意义就在于：应当把哲学探索的起点、思想的起点，定位于特定时代、特定文化中的个体，更明确地说就是当代中国的个体，以及由个体汇聚而成的群体。他们的生存处境是什么？他们的精神支柱是什么？他们在期待什么？他们想逃避什么？他们的焦虑是什么？他们的喜悦是什么？只有反映当代中国人的真实感受，才能解释当代中国人的存在状态。以此为基础的哲学，才能成就当代中国人自己的本土哲学。

哲学是时代与人的一面镜子。只有深刻反映时代与人的哲学，才是有生命力的哲学。百年以来，中国人作为一个整体，其精神支柱一直处于变迁的过程中。从早期的"救亡"，到后来的"革命"，再到晚近的"发展"，有一条大致清晰的线索。但是，作为个体的中国人，其内在的精神支柱是什么，尚未得到细致而真切的揭示。大量的汉语哲学著述，尽管内容宏富、旁征博引，似乎都在这个根本问题的外侧绕着走，而不能像西田哲学那样，直接回到近代日本的个体。也许正是由于这个缘故，现当代的汉语哲学，无论是传统哲学、西方哲学，还是其他的哲学新潮，基本上都是在学院的高墙之内流传，而不能飞入寻常人家，也难以进入日常生活。更直白地说，哲学与当代中国人的日常生活、当代中国个体的精神支柱是分离的。

时至今日，哲学虽然已经变成了一种学院化的知识生产，但是哲学的本真还是要回到生活，回到个体的精神支柱，回到时代中的人。这就要求，一个真正的哲学家在表达他的思想的时候，他预期的听众或读者，不能仅仅是同行或"圈内人"，而应当是这个时代的公众。——就像孔子或苏格拉底，他们谈论的多是公众关心的话题，而不是"哲学同行"关心的"专业性"话题。

　　为什么孔子或苏格拉底对于公众有感召力，而当代的哲学家普遍缺乏这种
感召力，原因恐怕就在这里。

14. 从阁楼到地窖

1929 年 1 月，法国历史学家费弗尔、布洛赫在斯特拉斯堡共同创办了一份杂志，名为《经济与社会史年鉴》，1939 年更名为《社会史年鉴》，1946 年更名为《经济、社会、文明年鉴》。以这份几经更名的刊物为载体，汇聚了费弗尔、布洛赫、布罗代尔等一批史学大家，形成了声名远播的年鉴学派。在史学史上，这个学派之所以令人侧目，主要的原因在于，他们挑战了以政治史为核心的传统史学，成功地把研究的重心从"帝王将相"下移到"芸芸众生"，从上层的、精英的宏大事件、伟大人物转移到社会生活、经济条件、地理环境之类的寻常事物。这就好比一场戏，传统史学着眼于塑造光芒四射的英雄形象，年鉴学派则聚焦于跑龙套的配角，甚至是烘托舞台气氛的道具、布景、饰物之类。对于年鉴学派开启的这种新的史学范式，历史学界早已提炼出"一言以蔽之"，那就是：从阁楼到地窖。言下之意是，传统史学研究"高层的阁楼"，年鉴学派研究"低层的地窖"。

无独有偶，近 30 年来的中国法学理论，居然也呈现出"从阁楼到地窖"的动向。回想 20 世纪 80 年代，法学理论界研究的主题，大多高踞于"阁楼"之上。法学家写文章，普遍喜欢在"阁楼"上找题材。正是因为着眼于"阁楼"，着眼于法律与政治国家的对应关系，"法理学"不叫"法理学"，要叫"国家与法的一般理论"；要强调法律的本质，且法律的本质即统治阶级的意志或主权者的意志；至于需要研究、需要阐释的法律，基本上都是指"国法"，即权威的国家立法机构颁行的法典或正式规则……诸如此类的法学理论及其方法论,恰好反映出年鉴学派诞生之前的景观:政治挂帅,聚焦于"阁楼"。这样的法学理论,不妨称之为以"阁楼"为中心的法学理论。

20 世纪 90 年代中期以后,一些敏锐的法学家在既有的以"阁楼"为中心的传统法学理论之外,逐渐把目光转移到"地窖",即与政治国家相对应的民间社会、乡土社会、底层社会,并由此催生出一个民间法、习惯法研究的热潮。其中,既有关于古代民间习惯法的研究,也有关于当代民间习惯法的研究;既有针对乡村习惯法的研究,也有针对城市习惯法的研究;既有面向汉族习惯法的研究,更常见的则是面向少数民族习惯法的研究。在丰富多彩的智识努力中,尤其值得注意的是谢晖。他主持的《民间法》辑刊已经连续出版了十卷,他在《山东大学学报》等刊物上主持的《民间法、习惯法研究》专栏,他组织的《民间法研究文丛》,以及他与同人们共同筹划的全国范围内的"民间习惯法学术年会",已经搭建起一个以民间习惯法为研究对象的复合性平台,极其有效地推动了民间法、习惯法的研究,促成了以民间法、习惯法为中心的法学知识生产。通过众多学者的鼓动,在当代中国的法学理论界,一种以"地窖"为中心的法学研究范式已经蔚为大观,呈现出风生水起的态势。

从发生学的角度而言,这种以"地窖"为中心的法学理论的凸显,是多种因素共同促成的。一方面,人类学、社会学的示范效应不容低估。近现代人类学、社会学的经典作家,虽然并未把法律置于其理论建构的核心地带,但他们在考察、描述"初民"社会的过程中,一般都会对"初民"社会的秩序与规则作出亲切的阐述。因此,从法学的立场上看,很多经典的人类学、社会学著作,其实也可以视为研究民间习惯法的著作。另一方面,则是多元现代性理论的影响。这种理论与后现代主义相互纠缠,所孕育出来的法律多元理论,有力地动摇了国家制定法在法律领域内的独尊地位。按照多元现代性理论或后现代主义,法律既流行于"阁楼",同时也寄生于"地窖";"庙堂之高"有规则,"江湖之远"也有规则。因此,法学家既要研究"阁楼"上的制定法,但也要研究"地窖"中的习惯法。除了以上两个方面,还有一个更根本的原因在于:"阁楼"上的制定法大多移植于异域,在某些场合下,不能很好地满足芸芸众生的日常生活的需要。虽然看上去很美,但有时不太好用,"有法不依"的弊端也就因此而滋生。相反,"地窖"中的习惯法却是土生土长的规则,虽然土头土脑,不够"洋气",却实实在在地刻写在民众的内心深处。这种活的民间规则、习惯规则、乡土规则,与特定社会的生活秩序互为表里,实际上是融为一体的。民间规则、习惯规则、乡土规则所特有的有效性与生命力,在相当程度上支撑了民间习惯法的理论研究。

"地窖"是法律的原产地,因此,法学理论应当认真对待"地窖"。但是,矫枉不必过正。看重"地窖"并不意味着要放逐"阁楼"。事实上,法国年鉴学派在 20 世纪 70 年代以后,已经出现了从"地窖"回归"阁楼"的趋势。较之于史学,在法学领域之内,研究"阁楼"更应当优先于研究"地窖"。原因很简单,法律、法治、法学事关公共规则与公共秩序,既要关注民间社会,但更要关注政治国家。因此,对"地窖"的研究绝不能代替对"阁楼"的研究,甚至不能冲击"阁楼"的主导地位。打个比方吧,聚焦于"地窖"的民间习惯法研究,可以当做增量性质的法学知识生产;既有的针对"阁楼"的国家正式法研究,则属于存量性质的法学知识生产。

看到了"阁楼",又看到了"地窖",还要看到两者之间的关联。因此,除了分别研究"阁楼"与"地窖",还有必要认真对待"阁楼"与"地窖"之间的交往关系:"阁楼"如何作用于"地窖"?"地窖"如何反作用于"阁楼"?这个问题的本质,其实是政治国家与民间社会之间的关系问题。要回答这个问题,既要超越于"阁楼"的立场,更要超越于"地窖"的视界。

15. 法理学的视界有多宽

按照国内的主流观点，法理学是关于法的一般理论、基础理论、方法论。所谓"一般理论"是指法理学研究的是"一般法"，关注的是法的共性。所谓"基础理论"，是指法理学要为部门法学的研究提供基础性的支持。所谓方法论，是指法理学要为法学研究提供行之有效的方法与路径。然而，即使作出了诸如此类的界定，普通人或初学者对于法理学是什么的问题，依然不甚了了。法理学到底是一门什么样的学问？它的知识范围、理论边界到底在哪里？要回答这些问题，与其做些空泛的、原则性的讨论，还不如分析一起学术个案。

英国法理学者韦恩·莫里森的《法理学：从古希腊到后现代》（李桂林等译，武汉大学出版社 2003 年，以下简称《法理学》）一书，就是一起值得关注的学术个案。这本 1997 年初版于英国的法理学著作，涵盖的时间跨度之大，涉及的理论流派之广，卷帙之浩繁，在我国同类译著中，尚无出其右者。在一定程度上，这本书表达了欧美学界关于法理学是什么的想象与期待。

作者开篇就引证了海德格尔《存在与时间》一书的卷首语："在我们的时代，对'存在'一词的真正意义有一个答案了吗？根本没有。因此，我们重新提出'存在'的意义问题是恰当的。但是，我们今天为自己无力理解'存在'而感到困惑了吗？一点儿也不。因此，我们首先应当再次唤醒对这个问题的意义的理解。"

莫里森认为，如果把这段话中的"存在"置换成"法律"，恰好就成了法理学思考的起点：在我们的时代，对"法律"一词的真正意义有一个答案了吗？根本没有。因此，我们重新提出"法律"的意义问题是恰当的。但是，我们今天为自己无力理解"法律"而感到困惑了吗？一点儿也不。因此，我们首先应当再次唤醒对这个问题的意义的理解。

唤醒对于"法律"的意义的理解，以揭示法律的真相，由此产生的问题，就是法理学问题。从古希腊到后现代，数千年来，法理学经历了一个发生、演变的复杂过程。对于这个过程，莫里森按照自己的理解，作出了一个比较细致的描述。

莫里森认为，法理学的源头在古希腊。古希腊时代的神话、文学和哲学，都为法理学问题的产生提供了土壤。譬如，安提戈涅的悲剧，生动而形象地反映了实在法与自然法之间的纠缠与冲突，极具法理学意义。当然，从法理学思想的渊源来看，柏拉图与亚里士多德的著作，显然充当了古希腊法理学的主要载体。此外，斯多葛学派，甚至是怀疑论者，都为古希腊法理学提供了思想资源。稍后，古罗马的政治家西塞罗，还把斯多葛学派的自然法观念与怀疑论者的怀疑心态结合起来，写成了《国家篇》、《法律篇》。

中世纪法理学的第一个重要阐述者，当属奥古斯丁。他的《上帝之城》，站在神学的立场上发展了自然法理论。后来的托马斯·阿奎那，则代表了经院哲学发展的顶峰。在阿奎那的体系中，讨论了人的目的与自然法的关系，详述了永恒法、自然法、人法和神法相互之间的内在联系。

到了中世纪后期，突破神学自然法观念的努力持续不断。其间，马基雅维利鼓吹世俗的强权，培根强调知识就是权力，笛卡儿主张知识应当建基于理性。按照霍布斯的理论体系，宇宙可以划分为两大领域，世俗主权领域与神圣主权领域。在《利维坦》一书中，霍布斯认为，权力创造知识，社会秩序的秘密就在于控制社会的解释活动（我个人认为，这是一个非常深刻的洞见）。此外，霍布斯还发展了世俗的自然法理论，他认为法律就是主权者通过权力实施的命令。在霍布斯之后，《法理学》还以较大的篇幅反映了休谟的法学贡献，尤其是他为传统和经验所作的辩护。在休谟看来，传统和经验是社会进步的因素。

在启蒙思想家群体中，康德的批判理性讨论了知识的类型，界定了理性主体的本体，甄别了正当与善的关系。卢梭的社会契约思想，黑格尔对于法律的伦理生活的探究，都构成了法理学的重要内容。至于斯密、边沁和密尔，则代表了法律功利主义的早期阶段。

奥斯丁的法理学是莫里森剖析的重点。马克思关于法律与社会的理论也在《法理学》一书中占有重要地位。在此之后，莫里森论述了几种隐含着后现代风格的法理学：韦伯的理论、尼采的后现代主义理论，以及卡尔·施密特的理论，等等。

20世纪的法理学呈现出多元化的趋势。莫里森主要考察了两派：分析实证主义法理学与自由主义法理学。其中，分析实证主义法理学的代表人物是凯尔森和哈特。凯尔森旨在发展纯粹法学，哈特则将法律视为自足的规则体系。自由主义法理学的代表人物有富勒、罗尔斯、诺齐克、德沃金等等。其中，富勒提出了法条主义的方法论正义概念，罗尔斯建构了正义理论，诺齐克论证了激进的自由市场哲学，德沃金丰富了自由主义法学的伦理内容。在这两大流派之外，莫里森还考察了成色多样的批判法学，以及女性主义法理学。最后，全书以后现代主义法理学作为结束语。

以上概述表明，法理学的视界是相当宽泛的。它的知识体系大致包括以下几个方面的内容。一是哲学家或思想家阐述的与法律、秩序或正义有关的思想，主要代表包括柏拉图、亚里士多德、西塞罗、霍布斯、马基雅维利、休谟、康德、卢梭、黑格尔、边沁、密尔以及马克思、韦伯、尼采、罗尔斯、诺齐克，等等。二是比较纯粹的法学家阐述的法理学，主要代表包括奥斯丁、凯尔森、哈特、施密特、富勒、德沃金以及批判法学和女性主义法学的一些阐述者。三是文学家阐述的法理学，代表人物是卡夫卡。四是经济学家阐述的法理学，代表人物是斯密。从这个名单的分布状况来看，在19世纪以前，法理学尚未独立，法理学作为知识的一个类型，主要是由哲学家或思想家阐述的。直到晚近的一百多年里，专业法学家的著述，才开始在法理学的知识体系中占据重要的地位，才孕育出"法学家的法理学"。

但是，即使从19世纪算起，哲学家或广义的思想家，对于法理学的发展，仍然产生了决定性的影响，他们为法理学作出的贡献与专业法学家的贡献相比，似乎仍然难分伯仲。换言之，即使到了现代，法理学仍然不是职业法学家垄断的领域。在这个名单中，个别经济学家（斯密）名列其中，个别文学家（卡夫卡）以后现代主义作家的名义也占有一席之地。但实际上，经济学家和文学家被写进法理学的谱系，主要还是因为他们以思想家的身份，为法理学作出了贡献。

进一步的分析还可以发现，就是在专业法学家的领域内，批判法学着眼于颠覆现代性的法学理论与法制实践，可以视为"法理学界的造反派"；女性主义法理学实际上是女权运动的产物，其实也可以归属于批判法学的范围。如果暂不考虑这两类法理学，那么，在莫里森的名单内，真正立足于建设性的专业法学家，就只有奥斯丁、凯尔森、哈特、富勒、德沃金五位主要成员（也许还应当加上颇受争议的施密特）。其中，关注法律规则的分析实证主义法学拥有三名代表，关注法律价值的新自然法学拥有两名代表。这，就是莫里森给我们描绘的法理学世界。

由此回到本文提出的问题：法理学的视界到底有多宽？根据莫里森勾画出来的法理学路线图，我们可以发现，法理学绝不是专业法学家的领域，哲学家、政治学家、经济学家、社会学家、神学家、文学家的相关思想，都构成了法理学的组成部分。从这个角度上看，法理学本身就是一个交叉科学，它处在法学与其他人文科学、社会科学之间的交叉地带，远远没有形成一个自给自足的知识体系。

莫里森的著作译成中文将近 80 万字，已经够庞大了。但是，他给我们提供的这份"法理学导游图"，仍然留下了一些严重的疏漏，很多重要的"景点"都没有列上去。首先，莫里森忽视了社会学法学，尤其是美国法官、律师阐述的具有社会学倾向的法理学。其中，庞德的社会学法学，卢埃林、弗兰克的现实主义法学，塞尔兹尼克的法律社会学，卡多佐的司法哲学等等，都是现代法理学的重要组成部分。其次，经济分析法学也缺席了，尤其是科斯的法与经济学，以及波斯纳的经济分析法学，等等。再次，它还忽略了在欧洲大陆有重大影响的历史法学，尤其是萨维尼、梅因、梅特兰等代表人物的法理学。除此之外，还有其他形形色色的法理学，譬如新康德主义法理学、存在主义法理学、斯堪的纳维亚法理学，等等。这些流派对于法理学的贡献，在莫里森的著作中都没有得到反映，不能不说是一个遗憾。

至于欧美世界之外的法理学，在莫里森的视界里，更是一片空白。在《法理学》前言中，莫里森还自称：本书反映了作者在英国和马来西亚的教学经历，"本书写作于伦敦、雅典和吉隆坡。每个地方都留下了痕迹。"但从该书铺陈的法理学框架来看，我们可以看到伦敦的痕迹、雅典的痕迹，由吉隆坡所代表的亚洲的痕迹，一点儿都看不见。因此，这本著作的标题似乎应当修正为："欧美法理学：从古希腊到后现代"。

16. 肤色与权力：奥巴马的修辞术

当地时间 2008 年 11 月 4 日，奥巴马在芝加哥发表当选感言。这是他以未来的白宫主人的名义发表的第一份公共演讲。通过这篇雄辩的、充满激情的演讲词，我们可以看到美国政治的一个侧面：肤色与权力。

在奥巴马的演讲中，以个案分析的方式，提到了一个特殊的美国黑人妇女，她就是 106 岁高龄的安·尼克松，她刚刚在亚特兰大投出了自己的选票。与众不同的是，安·尼克松属于刚刚废除奴隶制之后出生的一代人。在她的父辈、祖父辈诞生的年代，美国依然是一个保留着奴隶制的国家，奴隶没有选举权，女性也没有选举权。在那样的时代里，安·尼克松不可能在公共的政治生活中表达自己的声音。一是因为她的肤色，二是因为她的性别。是林肯总统的废奴宣言，把奴隶们变成了美国的公民。然而，从那时到现在，也不过 150 年左右的时间。150 年，弹指一挥间，美国的政治发生了一个急剧的变迁：肤色与性别不再充当区别对待的依据，禁止种族歧视、禁止性别歧视不仅成为一项法律原则，而且也是一项政治准则。

当然，我们也要看到，法律文本与政治宣言中载明的禁止歧视，并不可能在现实的政治生活与社会生活中立即消失。一百多年来，因为肤色、因为性别而遭遇的歧视屡见不鲜，种族批判法学、女性主义法学、女权运动的兴起，就是明显而确实的证据。正如当代盛行的批判法学理论所指出的，美国的法律貌似公正，其实主要是在维护一种人的利益。那就是："白色的、中年的、男性的美国人"的利益——因为，美国社会的中坚，主要就是由这种人充任的。不过，批判法学的学理批判，尤其是不同领域此起彼伏的民权运动，已经缓慢而深刻地改变了美国的政治。奥巴马在大选中的胜出，就是一个标志性的事件，它表明，"肤色较深"的人，也可以成为全体美国人民的总统。难怪奥巴马会在演讲的一开始，就直指这个主题：今晚的结果证明，在美国，任何事情都可能发生！

150 年前，在林肯总统的时代，黑皮肤的美国人获得了选举权。后来，他们中的代表成为参议员、众议员、法官、州长；再后来，他们中的代表成为国务卿；现在，他们中的代表又即将成为合众国的总统。这个事实揭示了美国政治的一个发展趋势：种族歧视的坚冰在逐渐融化——虽然这个问题的最终解决还有一段很长的路要走。

正是在这样的政治变化趋势中，我们可以发现，奥巴马的肤色与其说是一种劣势，还不如说是一种优势：在某种意义上，这恰恰是一种值得优待、应当保护的肤色。试想，如果奥巴马失败了，美国主流社会自我标榜的平等原则、反歧视原则就无法在这个极具标志性的事件中得到证实。而奥巴马的胜出，则有助于戏剧性地表明：美国打破了种族歧视，美国确实是一个永远充满机会的、任何事情都可能发生的国度。

当然，奥巴马不可能强调这一点，他把自己的成功归属于"民主的力量"，这实际上是对所有公众的称赞。他以未曾明言的黑人代表的身份，称赞所有的人：他的竞选对手麦凯恩，他的家人与竞选团队，为他投票的人与没有为他投票的人，在伊拉克与阿富汗的美国士兵，甚至包括 18 世纪的开国元勋和 19 世纪的林肯总统，等等。此外，他要创造新的就业岗位，满足失业者的需要；他要重振美国梦，让美国的灯塔永远闪耀；他提到了美国的武器与财富，但更强调美国力量的最终源泉是"民主、自由、机会和永不放弃的希望"。这就意味着，美国力量的根源不是拳头与金钱，而是道义，这就为"美国的力量"披上了一件精致而华丽的晚礼服。就这样，奥巴马在众多的客户面前，成功地推销了自己。

奥巴马的修辞技术，让我想到了古希腊哲人安提斯蒂尼的一句名言："你要想让孩子跟神们生活在一起，就教他哲学；要想让他跟人们生活在一起，就教他修辞术。"

17. 海外汉学：一面模糊的镜子

自 20 世纪中叶以来，海外的中国学研究获得了较大的发展。为此，江苏人民出版社还专门推出了一套"海外中国研究丛书"。经由一大批海外中国学著作，史华兹、彭慕兰、裴宜理、安乐哲、爱莲心、柯文、谢和耐、杜赞奇、墨子刻等汉学家，也逐渐为中国学界所熟知。可以说，在当代中国的学术环境中，海外中国学的研究成果，已经成为了一种不容忽视的理论资源。

关于海外中国学的价值和意义，当代中国的学术界已经给予了高度的重视。譬如，"海外中国研究丛书"的主持人就认为："这套丛书不可避免地会加深我们 150 年以来一直怀有的危机感和失落感，因为单是它的学术水准也足以提醒我们，中国文明在现时代所面对的决不再是某个粗蛮不文的、很快就将被自己同化的、马背上的战胜者，而是一个高度发展了的、必将对自己的根本价值取向大大触动的文明。可正因为这样，借别人的眼光去获得自知之明，又正是摆在我们面前的紧迫历史使命。因为只要不跳出自家的文化圈子去透过强烈的反差反观自身，中华文明就找不到进入现代形态的入口。"

这样的"高度评价"，虽然有助于提醒我们尊重海外的中国学，提醒我们重视海外中国学独特的观察视角与分析路径。但是，这种单方面的过度褒扬还是值得怀疑的。因为，它既没有坚持"允执其中"的立场，也无助于引导国人客观地了解、理性地对待海外的中国学研究。

记得是在 2006 年岁末，德国知名的汉学家顾彬在接受"德国之声"的采访时，针对中国当代的文学与作家发表了一番评论。顾彬的评论，既拨动了中国文坛那一根既脆弱而又敏感的神经，同时也让我们看到了一个汉学家的随心所欲与信口开河。譬如，他把中国文学令人沮丧的现状，归咎于中国作家对外语学习的忽视；他认为中国诗歌可以活在德语译文中；他认为中国作家不懂外语，不能站在异文化的立场来反观自己；中国作家不能反观自己就不能提高自己，正如他们不懂外语也就不能真正懂得母语一样……这样一些"酷评"，即使有助于中国文学、中国作家反省自己，但它们在整体上依然是难以成立的。因为，民族的语言就是文学的家园，一种文学就是对一个民族情感表达方式的忠实记录；一个作家倘若离开了母语，就会像一条跃上了堤岸、跌进了草丛的鱼，呼吸都很困难，遑论写作？而顾彬居然认为，中国文学与中国作家的出路就在于"外语化"。此种论调，虽然给人以"强烈的反差"，虽然像超级女声那样获得了引人注目的表演效果，但却流于任性，远离理性；假如这样的论调就是"现代形态的人口"，这样的"人口"不进也罢。

顾彬的文学评论虽然只是海外中国学的一起个案，但却昭示我们，海外中国学有它美的一面，但也有它不那么美、不那么纯粹的另一面。

譬如，美国的"日本学家"本尼迪克特（Benidect）在她的名作《菊与刀》一书中，开篇就承认："在美国曾经全力以赴与之战斗的敌人中，日本人的脾气是最捉摸不透的。这个强大对手，其行动和思维习惯竟与我们如此迥然不同，以至我们必须认真加以对待，这种情况在其他战争中是没有的。"这就是说，本尼迪克特的"日本学"研究，就是服务于美国的对日战争以及战后的对日政策的。通过"菊与刀"这起海外的"日本学案"，我们不妨推定，当代西方的很多"中国学研究"或"汉学研究"，也不会仅仅是纯粹的学术活动。它们在履行学术认知功能的同时，大概还不同程度地承载着服务于各国政府的政治决断、对华政策等方面的世俗功能。

对于这种现象，张隆溪先生的一番话颇值得我们深思。他说："当代西方的一些学者在研究西方文学、文化时确实会有很强的批评意识，他们的政治性动机也非常明显，但其基本的目的还是在于维护西方特有的文化、政治生活。西方的学者批评自己的传统文化或现代生活有其内在的必然性，比如说他们对现代性的批评、对资本主义的批评、对环境问题的批评，诸如此类，但问题本身是西方的问题，这些批评也只有在西方语境下才具有积极的意义。换了一种语境之后，也就是说，当我们把这些批评搬到中国来的时候，它们的积极意义在哪里？现实意义又在哪里？"①

此外，海外汉学家各自怀抱的理论旨趣、学术品格，也使他们的中国学研究绝非字字珠玑，更非句句真理，而是睿智与偏见同在、真实与谬误并存，有时甚至相互冲突，令人惊诧莫名。譬如说，中西方主流观念普遍认为传统中国缺乏现代意义上的法治，但是，美国当代汉学家高道蕴（Karen Turner），就对中国早期的法治作出了相当积极的评价。稍稍往前追溯，我们还可以发现，在18 世纪的德国哲学家沃尔弗（Christian Wolff）的眼里，居然所有的道德政治，都不能与中国人的道德政治学说相提并论。至于大名鼎鼎的法国思想家伏尔泰（Voltaire），则认为中国的道德与政治、法律相结合，已经构成了一个公正与仁爱的典范。同为法国思想家的魁奈（Quesnay），更是对传统中国的典章制度推崇有加……这些来自海外思想名家的评价，与中国 20 世纪的现代性话语完全背道而驰。面对这些各执一词的西方汉学家（思想家），中国学者又当何去何从？唯哪家的马首是瞻？

仿照马克思在《评普鲁士最近的书报检查令》一文中的第一句话，我也可以说："我们不是那种心怀不满的人"，在海外中国学尚未全部译成中文之前就声明说："即使希腊人带来礼物，我还是怕他们。"相反，我们必须承认海外中国学的积极意义，因为它就像一面镜子，有助于借以审视我们自己，让我们自己看到以前不曾留意的若干侧面和维度。但与此同时，我们也必须注意到，海外中国学并不总是一面清晰平整的玻璃镜子，可以让我们一览无余地看到自己真实的高低、胖瘦、黑白。相反，它更像是一面经过众多汉学家处理过的铜镜：有的地方模模糊糊，有的地方凹凸不平，有的地方倒也明白可鉴。在这面铜镜的每一个地方，都带着这个或那个汉学家的个体偏好。这面铜镜的价值，绝不像某些中国学者、某些海外汉学家所说的那样神奇，更不

---

① 梁建东：《反思汉学——张隆溪教授专访》，《二十一世纪》杂志 2011 年 2 月号。

是一面魔镜——只要经它一照，鹤发的中国就会摇身一变，成为童颜的"现
代形态"。

第三篇
UNIT 3

"超越东西方"

1. 旷野中的先知

我们都有这样的经验：只要想到某种灿烂而丰沛的人类文明，尤其是文明的童年，我们的头脑里就会不自觉地浮现出某个先知的形象。的确，先知不仅是人类文明的象征，而且还是打开人类文明之门的钥匙。这就意味着，借助于先知，走进人类文明的核心地带，乃是一条可行的路径。

先知在哪里？先知一般不在朝廷，也不在闹市，先知在旷野中。或者说，旷野是先知出场的经典性背景。旷野中的先知，几乎没有人造景观，直接与天地融为一体，既能集中地展示某个先知的精神与风格，也能从精神原型的层面上体现出不同文明的特质与品性。

在华夏文明的先知群体中，影响最大的当属孔子。孔子的后半生，有很多时光都是在旷野中度过的。台湾学者王健文的《流浪的君子：孔子的最后二十年》一书，就结合各种史料，以生动的笔触，为我们描绘了一位四处问津、长年在旷野中流浪的先知。

有一回，孔子流浪到陈国与蔡国的交汇地带。楚昭王听到这个消息，就派人前去礼聘，准备迎孔子来楚。孔子自己也有意应聘，他是希望通过昭王，有机会在楚国推行自己的大道。这时候，陈蔡两国的大夫担心自己的劣迹已被孔子察觉，更担心孔子得到楚昭王的重用，会损害自己的政治前途。他们俩商量之后，就安排兵马，把孔子包围在陈蔡之间的野地里。孔子既不能走，又没有粮食，跟随他的学生也病倒了，可谓一筹莫展。然而，困厄中的孔子依然"讲诵弦歌不衰"。

孔子的弟子们沉不住气了。子路面带愠色，率先质问夫子："莫非君子就该受苦受难吗？"孔子回答道："君子虽然穷困，却能恪守理想；小人如果穷困，就会不择手段，无恶不作了。"看到众弟子都有悲愤之色，孔子主动发起了一场大讨论。他问子路："诗经上说，'我们既非犀牛，也非老虎，为什么要在旷野中彷徨'，你说说看，这到底是为什么？难道是我们选择的大道错了？"子路的回答是："也许我们还不算仁者，所以别人不信任我们；也许我们还算不上智者，所以别人不听从我们。"孔子笑道："如果说仁者必能取信于人，那么，伯夷、叔齐的故事又从何说起？如果说智者必能行其道，那么，王子比干为什么死得那样悲惨？"孔子又以同样的话问子贡，子贡答道："是因为您的大道过于高远，所以天下人无法相容。何不主动稍作贬抑，以便让天下人接受？"孔子一听，不高兴了，他教训子贡："精于农事的农人只能尽力耕种，却不能保证丰收；巧妙的匠人只能尽职尽责地创造精品，却不能满足所有人的口味。君子也只能勤修德性，却无法取悦于所有的人。现在你只想取悦于人，你的志趣为何如此浅薄？"面对同样的问题，只有颜回做出了不同的回答，他说："您指出的大道太高远，以至于天下之人都不能相容。然而，正是因为不能见容于天下，这才见得出君子的卓然出众。如果不能提高自己的修养，那是我的耻辱；如果道德修养已经崇高，却不能见容于当政者，那是当政者的耻辱。"颜回的这番话让孔子倍感欣慰，他高兴地说："你这个颜家的孩子啊，如果你发了财，我愿意为你赶马车。"

陈蔡之间的这番问答，刻画了一个旷野中的东方先知：被人包围起来了，甚至赖以为生的食物也没有了，仍然镇定自若，该讲什么，还是讲什么。弹琴唱歌，一如其旧，不改其乐。多数追随者都失望了，他们对孔子秉持、信守的大道产生了怀疑：您说您的东西好，有助于世道人心，为什么各路当政者都不接受？要么就是您的东西不怎么样，要么就是您的东西完全不切实际。只有颜回的对答说出了先知心中的秘密：君子的生命境界与道德价值，并不需要世俗政权来认可，更不需要迎合、迁就世俗政权；君子追求的大道，自有其独立于、超越于世俗政权的崇高地位。

如果把孔子作为道统的代表，把君主作为政统的代表，那么，陈蔡旷野上的这番问答预示了道统与政统的两分。其中，政统的合法性依据来源于道统，道统的代表者可以评价政统的代表者。"一字之褒，荣于华衮；一字之贬，严于斧钺。"如果君主被圣贤判为"无道之君"，就意味着失去了正当性与合法性的依据。历代君主在精神层面上受制于历代圣贤，根源就在这里。

如果说孔子是东方先知的典型代表，那么，在西方文明的先知群体中，影响最大的也许当属犹太教—基督教体系中的摩西。相对于孔子受困的"陈蔡旷野"，摩西代表众人与上帝立约的"西奈旷野"，也是一处值得注意的圣地。

据《旧约·出埃及记》，以色列人出埃及以后，满了三个月的那一天，就来到西奈的旷野。他们离了利非汀，来到西奈的旷野，就在那里的山下安营。摩西到神那里，耶和华从山上呼唤他说："你要这样告诉雅各家，晓谕以色列人说：'我向埃及人所行的事，你们都看见了；且看见我如鹰将你们背在翅膀上，带来归我。如今你们若实在听从我的话，遵守我的约，就要万民中做属我的子民；因为全地都是我的，你们要归我做祭司的国度，为圣洁的国民。'这些话你要告诉以色列人。"

摩西去召了民间的长老来，将耶和华所吩咐他的话，都在他们面前陈明。百姓都同声回答说："凡耶和华所说的我们都要遵行。"耶和华对摩西说："我要在密云中临到你那里，叫百姓在我与你说话的时候可以听见，也可以永远信你了。"

按照《圣经》中的叙述，耶和华故意在众人能够听见的范围内，向摩西口授了以色列人必须遵循的十条诫律，其中包括：不可有别的神，不可为自己雕像偶像，不可妄称耶和华的名；当记念安息日；当孝敬父母；不可杀人；不可奸淫；不可偷盗；不可作假见证陷害人；不可贪恋人的房屋及其他一切，等等。这就是后来影响深远的"摩西十诫"。

经过"西奈旷野"中的这个上帝降临的场面，摩西作为以色列人的先知，以及作为神的代言人的身份，得到了直观的证实。不仅如此，正是在这片旷野上，以色列人还与上帝达成了一个永恒的契约：他们答应了上帝的要求，遵守上帝的约，并在以上帝作为祭司的国度里当圣洁的国民，即上帝的选民。这个约定，从根本上塑造了西方文明中的契约论政治文化：上帝与以色列人缔结的契约，构成了社会契约论的神圣渊源。

本来，契约是一种常见的民事经济现象。中国古代并不缺乏现代意义上的民事经济契约，古罗马更是诞生了大量的民事经济契约。但是，以民事经济契约作为原型，并从中提炼出具有政治规范意义的社会契约理论，却是西方文化特有的产物。西方人之所以能够提出影响巨大的社会契约理论，既根源于古罗马时代的民事经济契约，也根源于西奈旷野中的神与人之间的契约。从这个层面上说，政治上的社会契约理论，并非无中生有，而是古罗马民事经济契约与西奈旷野中神人契约相互融合的产物。

中世纪以后，西方政治虽然走出了教会的束缚，但是，社会契约理论的神圣性却有增无减：它既构成了国家政权正当性的依据，也从根本上塑造了当代西方的政治形态、国家形态、法律形态。然而，追根溯源，我们却不能不回到西奈旷野中的先知摩西。

在强调文明对话的今天，儒家文明与基督教文明之间的对话尤其引人注目。对话的有效展开，离不开相互之间的理解。两种文明的奥秘在哪里？"陈蔡旷野"中的儒家先知与"西奈旷野"中的基督教先知，也许可以给我们提供一些值得索解的有效信息。

2. 韩非与林肯

夏威夷大学的安乐哲（Roger T. Ames）教授，是中国学人比较熟悉的汉学家，据说他还是现代新儒家代表人物方东美的弟子。他针对《淮南子》第九卷《主术》篇，写过一本专题著作，名为 "The Art of Rulership：A Study of Ancient Chinese Political Thought"。

安乐哲一直在做中西哲学的比较研究，自己就有很好的中文修养，他为此书选取的中文名是："主术：中国古代政治艺术之一环"。1995 年，北京大学出版社推出了滕复先生的中译本，对安乐哲自拟的中文书名略有调整，题为："主术：中国古代政治艺术之研究"。在这本著作中，安乐哲把法家政治哲学的核心归结为一句精巧的英语：Government of the ruler，by the ruler，and for the ruler（纽约州立大学出版社 1994 年版，第 50 页）。这个短语，显然是在模仿林肯总统在葛提斯堡演说中的著名表达方式：Government of the people，by the people，and for the people。

林肯的这句名言流传广泛，影响深远，深入人心，通行的汉译是"民有、民治、民享的政府"。相对于孙中山的三民主义，几乎可以看做是"林肯牌号的三民主义"。做过律师、精于修辞术的林肯仅仅凭借三个普通的英文介词，居然就表达了一个伟大的政治理想。看来，虚词并不虚，虚词亦可载道。与之相对应，安乐哲视野中的法家思想旨趣，也可用三个同样的介词来概括。由于法家心中的统治者（ruler）就是君主，依样画葫芦，安乐哲的这个短语似乎可以对译为"君有、君治、君享的政府"（滕复先生的中译文是"君主之治，依

163

靠君主，为了君主"。详见滕复中译本，北京大学出版社 1995 年版，第 52 页）。为了简练，不妨称之为"三君主义"。

把林肯期待的政府与韩非他们期待的政府做一个比较，我们就可以看到两种截然相反的政治哲学。林肯的"三民主义"出自近代西方，旨在强调：政府本身归属于民众，民众是政府存在的目的和依据，政府要由民众来治理。就民众与政府的关系而言，民众是主体，政府是客体；在价值层面上，民众是目的价值的象征，政府是手段价值的载体。韩非的"三君主义"作为一种"主术"，则出于古代东方，其中心思想是：政府本身归属于君主；君主是政府存在的目的与依据；政府由君主来治理。就君主与政府的关系而言，君主是主体，政府依然是客体；在价值层面上，君主是目的价值的象征，政府依然是手段价值的载体。

换言之，无论是在林肯眼里，还是在韩非眼里，政府都是一样的，都是办事机构，都相当于现代的职业化的经理班子：不为这个董事会服务，就会为那个董事会效劳。不同之处在于，在林肯的"三民主义"政治哲学中，需要解决的核心问题是政府与民众的关系：民众如何控制政府，如何让政府为民众效劳。在林肯的政治视野中，已经没有君主的地位了。因为，君主在事实上已经不复存在了，它就像一片落叶，已经在历史的秋天里随风而逝。

但在韩非他们的"三君主义"政治哲学中，需要解决的核心问题却是政府与君主的关系：君主如何控制政府，如何让政府最大限度地维护君主的利益。韩非讲的"主术"，就是人们常说的"人君南面之术"，就是君主控制政府官员的神秘技术。这种技术只限于君主一个人掌握，最好不要让政府官员晓得。在韩非他们的政治哲学中，几乎没有民众的位置。但是，民众却依然存在，只是不在法家政治哲学的视野中罢了。

为什么民众在韩非的政治哲学中失踪了——既不是主体，甚至也不是客体？为什么韩非他们的政治哲学不需要考虑民众这种主体的客观存在？这显然是一个值得详尽地加以考论的问题。对于这个问题，"荆州牧"、"益州牧"之类的官衔就像一个隐喻，已经透露出了若干值得解读的制度信息：国家就像一片偌大的牧场，政府官员群体相当于牧场上的牧童，民众群体相当于牧场上的牛马，君主则相当于牧场上的老板。牛马虽然数量很多，但他们仅仅是沉默的牛马，可以置而不论。因此，在韩非他们看来，牧场上的政治哲学其实只需要解决牧场老板与牧童之间的关系就可以了：老板如何把牧童管好，如何防范牧童们消极怠工、侵害老板的利益，甚至反过来觊觎老板的位置。

一滴水可以折射出太阳的光辉，三个英文介词也可以折射出韩非政治哲学与林肯政治哲学的神髓。

3. 11 世纪的对峙：西方之法与中国之理

法与理，合在一起叫法理。但是，在千年以前的 11 世纪，在东方的中国与西方的欧洲，法与理，既代表了两种彼此独立的知识形态，也浓缩了两种截然不同的文化传统。概而言之，在 11 世纪的欧洲与中国，分别诞生了影响甚为深远的"法"传统与"理"传统。窃以为，对于这两种相互对峙的传统，有必要做些简要的比较。

先说 11 世纪的中国。那时候，当政的是赵匡胤创立的北宋王朝。赵宋政权的"武功"虽不怎么样，"文治"却十分了得。至少，一个阵容相当整齐的哲学家群体，几乎是突然地、令人惊讶地崛起了。其中，最为哲学史家津津乐道的有邵雍（1011—1077）、周敦颐（1017—1073）、张载（1020—1077）、程颢（1032—1085）、程颐（1033—1107），等等。这些哲学家，除了程颐的生命延伸到 12 世纪，其他人都是在 11 世纪的上半叶降生，下半叶去世。不仅如此，这个哲学家群体相互之间还有紧密的联系：程颢和程颐是亲兄弟，他们的父亲是周敦颐的朋友，也是张载的表兄弟。所以，他们在年少的时候，都受过周敦颐的教诲。后来，他们又常与张载相互切磋，而且，他们住的地方离邵雍不远，经常可以见到他。由于这个缘故，冯友兰先生颇有感触地评论道："这五位哲学家的亲密接触，确实是中国哲学史上的佳话。"

佳话确属佳话。不过，冯友兰的概括并不全面，因为，在 11 世纪的中国思想界，远远不止这五位哲学家。在当时乃至后来同样享有盛名的，还有司马光（1019—1086）、王安石（1021—1086）、富弼（1004—1083）、文彦博

（1006—1097）、吕公著（1018—1089）等等。在这些人物中，司马光的声望在当时尤其引人注目。据文献记载："司马文正公以高才全德，大得中外之望。士大夫识与不识，称之曰君实，下至闾阎匹夫匹妇，莫不能道司马。"

群星如此璀璨，共同闪耀在 11 世纪的中国夜空，确实是一个奇迹。随着这些思想家们的交往、争辩，一个新的思想传统得以诞生，那就是后世所说的理学（或程朱理学或宋明理学）。从 11 世纪到 19 世纪，甚至 20 世纪，在将近一千年的历史长河中，中国思想史上的一切争论，几乎都是围绕着理学而展开的。也许正是有鉴于此，严复认为，"中国所以造成今日现象者，为善为恶，姑不具论，而为宋人之所造，什八九可断言也"；胡适断言，中国的现代阶段是从 11 世纪的宋代开始的；陈寅恪相信，华夏文化造极于赵宋之世……

理学的关键词就是理。"存天理、灭人欲"是理学家打出的一个旗号，也是后来遭人诟病的一个靶子。然而，值得注意的是，历代理学家要求保存的"天理"，乃是一切人间秩序的依据。因为，天理高于人情，人情又高于王法。透过"天理—人情—王法"的排序，我们可以发现，理学家所宣扬的天理或理，实际上充当了一种"高级法"的角色。天之理，说到底还是人之理，或"人之常理"。倘若按照张载所谓的"为天地立心"的名言，理学家所说的理，其实就是为天地所立之"心"。

说了 11 世纪的中国，掉过头来再看 11 世纪的欧洲。

法律史家伯尔曼告诉我们，西方的法律传统，就起源于罗马教皇发动的一场体制革命。这场革命始于 11 世纪，更具体地说，主要就是指 1075—1122 年的格列高利改革。这场改革，旨在将罗马教会从对国王和封建领主的屈从地位中解放出来，以建立一个教皇统治下的独立教士等级，其中就包括一个旨在解决纠纷和执行教皇法令的等级制教会法院。在这场教皇革命中，表现了对立各方的辩证调和：灵界与俗界的调和、教权与王权的调和、教士与俗人的调和；在俗界内部，则是王室与封臣的调和、领主与市民的调和。经过这次革命，全欧罗马教会成为最早的近代国家，它还建立了一套法律，这套法律在 1140 年完成的《矛盾教规之调谐》一书中得以系统化。依照伯尔曼的说法，这是近代第一部有关一整套法律的系统论著，并被作为教会法的权威论述而得到采纳。在接下来的一个世纪里，它还被有关英国法、德国法、法国法和其他地方世俗法律体系的权威论著奉为楷模。①

有一种意见认为，12世纪是"一个法律的世纪"，因为，在这个世纪里，形成了流传至今的西方法律传统。但是，在《法律与革命》一书中，伯尔曼却提出了不同的看法。他认为，开创西方法律传统的一系列伟大的革命性事件，以及最初的一些伟大的法律成就，其中包括教皇格列高利七世的《教令集》，西西里、英格兰和诺曼底的集权式行政管理措施，以及伟大的教会法学家沙特尔的伊沃（1040—1116）和伟大的罗马法学家伊尔内留斯（1060—1125）的学术成就，并不是发生在12世纪，而是发生在11世纪的最后几十年中。

在11世纪晚期，欧洲还出现了最早的一批大学。在那里，欧洲第一次将法律作为一种独特的、系统化的知识体系来讲授。其中，零散的司法判决、规则以及制定法都得到了客观的研究，并依据一般的原理和真理而加以解释。而且，整个法律制度都是以这些原理和真理为基础的。众多的经受了新的法律科学训练的一代又一代大学毕业生，进入正在形成中的宗教和世俗国家的法律事务部门和其他官署，他们担任顾问、法官、律师、行政官、立法起草人。他们在运用学识的过程中，赋予历史上积累下来的大量法律规范以结构和逻辑性，从而使各种新的法律体系，有机会从以前几乎完全与社会习俗和一般政治、宗教制度混为一体的各种旧法律制度秩序中脱胎出来。②

不仅如此，11世纪的宗教与神学也发生了重大的变化。尤其是关于最后审判与炼狱的隐喻，基督因亚当的堕落而赎罪的隐喻，在圣餐礼中饼酒变体的隐喻，在补赎礼中罪过得到赦免的隐喻，教士的"捆绑和释放"——即施加或减免永罚的权柄的隐喻，等等。在这些隐喻中，反映了当时的欧洲人对于死亡、罪、惩罚、宽恕和拯救的新态度，以及关于神与人、信仰与理性之间关系

---

① 〔美〕伯尔曼：《法律与宗教》，梁治平译，中国政法大学出版社2002年版，第152—155页。

② 〔美〕伯尔曼：《法律与革命》，贺卫方等译，中国大百科全书出版社1993年版，第143页。

的新设想。千载以降，这些宗教态度和设想已经发生了根本性的变化，它们的神学渊源似乎已经走向枯竭，但是，从它们当中衍生出来的法律制度、法律概念以及法律价值却仍然得以保存，并且大体上没有发生变化。有鉴于此，伯尔曼得出了这样的结论：如果说，前天的隐喻便是昨天的类推和今天的概念，那么，11世纪的法律隐喻就是12世纪的法律类推和13世纪的法律概念。（伯尔曼：《法律与宗教》，第200页）

综合这些史实，我们可以发现，在11世纪的欧洲，教皇革命造就了一个新的法律制度与法律体系，新兴的大学培养了大量的法律人才，神学观念的变迁塑造出新的法律概念与法律价值。这些领域的更新，为西方法律传统的形成提供了法律人才、法律体系、法律观念等方面的准备。一个即将流传千古的西方法律传统由此而得以诞生。

伯尔曼站在西方人的立场上，特别重视11世纪。因为，在他看来，11世纪是西方法律传统的真正源头。作为中国人，我觉得应当特别看重我们自己的11世纪，因为，11世纪是中国理学传统的源头。在21世纪之初，我们都曾为赶上"千禧年"而体会过某种异样的感受。但是，我们很少回过头去，看看上一个新千年的初期，即11世纪，东西方的人类文明都曾遭遇过什么。我的看法是，无论是西方的11世纪还是中国的11世纪，都发生了一个重大的转型：在西方，一个新的法律传统随着教皇革命、大学出现、神学变迁而开始兴起，一个延续至21世纪的"千年法律王国"，已经永久地定格在西方的历史长河中。在中国，一个新的理学传统随着邵雍、周敦颐、张载、"二程"而兴起，在12世纪的朱熹那里蔚为大观，在15、16世纪的王阳明那里又起波澜。这样的理学传统，虽然被辩护、遭质疑，数百年间总是聚讼纷纭，但是，直至清朝覆灭，它在中国的思想界，几乎都占据着支配性的地位。可见，无论是西方的"法"，还是中国的"理"，都起源于这个神奇的11世纪。虽然，在11世纪之前，无论是西方的法，还是中国的理，都可以找到更古老的渊源。

西方的法与中国的理，看似风马牛不相及，但是，两者之间却存在着内在的可比性。西方的法是宗教教义世俗化的结果，在它的背后，有一个强大的宗教背景；中国的理则是对世俗法律的超越，它构成了世俗法律正当性、合法性

169

的依据。从这个角度上说，西方的法处在宗教的"下面"，中国的理居于法律的"上面"。如果说，西方的法律与宗教分别安顿着西方人的现实生活与内心世界，那么，它们在中国的对应物，就是王法与天理：王法调整中国人的现实生活，天理规范中国人的内心世界。在 11 世纪，当西方人从缥缈的天国逐渐转向世俗的人间，中国人却从低调的现实转向了高调的理想——譬如，"饿死事小、失节事大"之类。

现在看来，中西两种文化的走向，在那个时候就已经出现了明显的分野。19 世纪，西方文化为中国人带来的那种天崩地裂般的危机感，也许早在 11 世纪，就已经埋下了伏笔。

4. 西方的宗教—法律与中国的艺术—伦理

自20世纪90年代以来，美国法学家伯尔曼的《法律与宗教》一书在中国学界引起了相当广泛的关注。其中的一些格言式的论断，比如"法律必须被信仰，否则它将形同虚设"，早已频繁地出现在法律学者与学生们的笔下和口中。在笔者看来，这本由四篇演讲稿汇集而成的仅仅8万字的著作，之所以在中国获得了较大的影响，绝不是偶然的。因为，它以极其精练的语言，成功地揭示了西方文化（而不仅仅是西方法律）的一个本质特征：以宗教—法律为核心的文化形态。同时，它也揭示了西方人以宗教—法律为皈依的生活方式。在这本书中，伯尔曼先生一咏三叹，以预言家和圣者的口吻，探析了西方宗教与西方法律的共通性，论证了法律离不开宗教、宗教也离不开法律这样一些相互关联的命题。最后得出的结论是：西方文化现在陷入的困境与危机，就是因为法律与宗教的截然两分。至于"危中之机"，或者说西方文化的再生之途，则在于法律与宗教的融合。在伯尔曼先生的视界中，西方人左手拿的《圣经》，右手持的法典，无异于他们日常生活中须臾不可缺少的两件物品。或者说，宗教与法律，就是西方文化的两条命根子。其实，细心的读者可能已经发现，仅仅在"法律必须被信仰"这句话中，就已经蕴含了西方文化的两个要素：被信仰的法律，以及支撑信仰的宗教。因为信仰本身，就是一种宗教式的情感，正如伯尔曼先生所言："宗教则有助于给予社会它面对未来所需要的信仰；宗教向颓废开战。"①

中国学者通过《法律与宗教》，便捷地洞悉到了西方文化的内在奥秘。那么，与西方文化比肩而立的中国文化，它的本质特征又是什么呢？本文的回答是：艺术—伦理。与宗教—法律在西方社会所肩负的功能相类似，艺术—伦理作为中国文化的两种核心要素，它们也为中国人的日常生活提供了两个方面的指引。在传统的中国文化中，关于艺术的最精粹的表达出自于道家，特别是庄子，当然也包括后来的由佛道融合而成的禅宗。从本质上看，道家哲学就是中国的艺术哲学，正如新儒家的代表人物徐复观先生所言："当庄子从观念上去描述他之所谓道，而我们也只从观念上去加以把握时，这道便是思辨的形而上的性格。但当庄子把它当作人生的体验而加以陈述，我们应对于这种人生体验而得到了悟时，这便是彻头彻尾的艺术精神。"② 按照徐复观先生的说法，庄学精神足以代表传统中国的艺术精神。数千年以降，这种艺术精神经由道家的不断阐述，已经安慰了一代又一代的中国人。这样的文化传统，信仰上帝的西方人大概是很难理解的。至于传统中国的伦理准则，则主要见之于"论孟学庸"之类的儒家经典。所谓"半部论语治天下"，讲的就是通过儒家伦理，可以有效地调整人际关系、社会秩序；所谓"经义决狱"，就是把儒家伦理作为司法裁决的依据。可见，儒家"经义"确实已经担当了西方法律在治理社会、"定分止争"等等方面的功能。概而言之，就像宗教与法律之于西方人一样，道家与儒家分别表达的艺术与伦理，构成了传统中国人日常生活中最常见的两样东西。"儒道互补"四个字，就是对中国传统文化的集中概括。

如果要进一步追问，为什么在东西文化的核心地带，分别都包含了两种大致对称的要素？本文的回答是，无论是东方人还是西方人，都具有"人"的属性，都是灵与肉的复合体，都离不开世俗生活与精神想象。就精神领域来看，每个人都在希望自由自在的状态、都在企盼幸福美好的未来。但是，在任何人的世俗生活中，"不如意之事"在在多有；"枷锁"无处不在；丑陋、险

---

① 〔美〕伯尔曼：《法律与宗教》，梁治平译，中国政法大学出版社 2002 年版，第 11 页。

② 徐复观：《中国艺术精神》，华东师范大学出版社 2001 年版，第 30 页。

恶、疾病……诸如此类的东西总是如影相随，挥之不去。这，恐怕是任何人在任何时候都必须面对的处境。

在永远都躲不开的世俗生活中，任何人类社会为了维持一个起码的生活秩序，都必须对个体的行为方式、行为边界进行约束、作出限制，这就是"枷锁"的根源。在传统中国，约束人的"枷锁"主要来自儒家的伦理准则。所谓"非礼勿视，非礼勿听，非礼勿言，非礼勿动"（《论语·颜渊第十二》）之类，就是为了限制个体自由，以维护群体生活的基本秩序。在西方社会，对个体行为的拘束，主要依赖于法律规则来实现。为了建立一个相对稳定的社会秩序，西方社会要求任何人都必须遵守法律，甚至连国王也不例外。这就有点儿像中国古代的皇帝，他也必须遵守"孔孟之道"或"周公之礼"——否则，他就是"无道"或"失礼"之君。可见，儒家的伦理准则与西方的法律规则分别满足了东方人与西方人对于世俗生活的需要。

然而，人类在世俗生活之外，毕竟还需要精神生活和精神追求；在不理想的现实之外，还有理想的憧憬；在不自由的此岸之外，永远都在眺望自由的彼岸。因为，只有在精神的世界、想象的世界、彼岸的世界里，人类个体才可能摆脱世俗生活中的种种"枷锁"，达致彻底自由的境界。为了满足人类在精神领域内的这种需要，西方人建立了宗教。宗教提供的上帝、天堂与来世，为西方人的精神生活构建了一座精致的阁楼。在那里，西方人获得了"意义"，找到了安慰。传统中国没有西方意义上的宗教，但却发展出一系列的艺术形式。诸如棋琴书画之类，虽不能饱人之腹、暖人之身，却能养人之心、怡人之情。不妨以山水画为例，那些浓淡相宜的墨迹，无论是创作还是欣赏，都可以满足中国人寄情山水、物我两忘、无拘无束、自由自在的精神追求。换言之，在西方人属意于天堂的时候，中国人却在寄情于山水。"仁山智水"，这些极富灵性的山山水水，为中国人提供了一个搁置精神、安顿灵魂的广阔空间。由此可见，艺术的价值之于中国人，就像宗教的意义之于西方人。这恐怕就是现代中国人之所以提倡"以美学（即艺术哲学）代宗教"的文化背景。

通过上述两个方面的剖析，可以发现，如果说一个西方人离不开宗教与法律的话，那么，一个中国人对于艺术与伦理则具有同样的依赖关系。因此，要真正地理解西方文化，就必须从宗教—法律这个维度着眼；要真正地读懂中国文化，则必须从艺术—伦理这个维度出发。正是在这个意义上，我们说宗教—法律是西方文化的精魂，而艺术—伦理则构成了中国文化的核心。东西两大文化形态的种种差异，如果要追溯到根源，大概就在这里。

喜欢探寻的人也许还会接着提出下一个问题：为什么西方世界孕育了以"宗教—法律"为核心的文化传统？为什么东方世界却养成了以"艺术—伦理"为核心的传统文化？这是一个难以回答的问题，也是一个极其复杂的问题，绝非三言两语可以说清。

不过，记得余英时先生曾经从价值系统的角度，为此提供了一个解释的路径。他认为，为了寻求价值之源，中国人走的一条是内在超越的路子，西方人则迈上了一条外在超越的漫漫不归路。所谓内在超越，是指在传统中国文化中，本体与现象不分，"圣"与"凡"之间也没有绝对的界限，"担水砍材无非妙道"。由于中国人的超越世界没有走上外在化、具体化、形式化的途径，因此没有"上帝之城"，也没有普遍性的教会，西方式的宗教也无从产生。中国人主要是依靠道家哲学滋养出来的艺术，来实现他们对于现实生活的超越，来确立人生价值的源头。西方人的外在超越之路，则恰恰相反，他们不遗余力地"打破沙锅问到底"。在努力追问价值之源的过程中，希腊人找到的理性，特别是希伯来人建立的宗教，都为他们提供了人生价值的终极依据。西方的上帝和宗教因此而产生，因为，西方人必须通过它来实现他们对于现实生活的超越。①

余英时先生解释了基督教与道家艺术缘何分别出现在西方和东方，还仅仅只是回答了问题的一半。问题的另一半是：西方人为什么偏好法律？东方人为什么注重伦理？本文的回答是，东方的伦理与西方的法律，也许体现了农耕文化与商业文化的差异。因为在农耕文化中，人们安土重迁，春耕夏耘秋收冬藏，渴望"四世同堂"甚至"五世同堂"地生活在一起，血缘关系成了最重要的人际关系。根据血缘关系安排的伦理准则，诸如尊尊、亲亲之类，就是一

---

① 余英时：《中国思想传统的现代诠释》，江苏人民出版社 1998 年版，第 8 页。

种顺理成章的选择了。在以血缘关系为基础的伦理准则中，尊卑有别、长幼有序、爱有差等，人与人之间的关系，诸如父子关系、夫妻关系、君臣关系等等，绝不可能是平等的。但在商业文化中，人们携带着银票与货物，长年辗转于这个市场、那个码头，始终交往于一个陌生人的世界，因此，地缘关系成了人际关系的主流。针对血缘关系制定出来的伦理准则，根本不可能满足商业主体南来北往的需要。于是，人人平等适用的法律在西方社会应运而生，维护契约自由的法律原则成为常态，法律规则体系逐渐蔚为大观。

5. 法律与艺术的对峙

一

多年前，读过山东大学陈炎先生写的一本《反理性思潮的反思》（山东大学出版社1993年版）。这本不算太厚的著作剖析了叔本华、尼采、弗洛伊德、柏格森、海德格尔、萨特等人的思想。这些大名鼎鼎的近现代人物之所以被陈炎先生归为一类，是因为他们都有一个共同的倾向：反理性。

为什么要反理性？在17、18世纪的启蒙思想家那里，比如在笛卡儿、霍布斯、洛克、莱布尼兹、孟德斯鸠、康德等人的眼中，理性几乎被奉为"大写的真理"。为什么才过一二百年，一股强大的反理性思潮就汹涌而出，并且形成了与理性思潮相互竞争的态势？理性与反理性，到底孰优孰劣、孰是孰非？到底哪一种思潮更能解释这个世界，并进而改造这个世界？

二

在法律思想史上，我们总是被告知，法律的本质是理性，不仅自然法的本质是理性，实在法也是人类理性的结晶。在法律实践领域，我们确实也能够真切地体会到法律的理性特征：立法者总是在反复权衡各种利益的基础上写成法律条文；司法者总是在认真考虑法律规范与法律事实的前提下形成经得起二审甚至再审的判决意见；律师们的理性精神更不可能受到置疑，因为他们总是要理性地动用所有的技术与资源，竭尽全力地追求一个对于他所代理的当事人、对于他自己最为有利的诉讼结果。在人们的印象中，包括立法者、法官、检察官、律师甚至法学学者在内的法律共同体，都是一群典型的理性人，一般不会采取非理性的方式思考或行为。

然而，法律共同体也许是理性的，并不意味着其他法律主体都是理性的。比如，有的诉讼当事人，愿意花费巨大的人力、财力、时间、心理折磨等多方面的代价，仅仅就是为了五毛钱或一块钱的民事赔偿。从经济效益上看，这样的官司，即使打赢了，也是得不偿失。还有一些当事人，为了他们已经认定的某个目标，经年累月地投身于某个官司，坚持了十多年、数十年的也不乏其人。在理性的旁观者看来，他们的这种选择令人同情、令人感慨，有时还令人钦佩，甚至还被舆论家们赞赏地评价为"权利意识的觉醒"。然而，就一般人看来，某些"五毛钱官司"，某些"倾家荡产也要打下去"的官司，却很难说是一种理性的行为选择。

某些当事人为什么会选择这种"不理性"甚至"反理性"的行为？如果你向他们询问，他们会告诉你，只是因为"咽不下这口气"，只是为了"争一口气"，等等。然而，他们要"争"的这"一口气"到底是什么？旁观者虽然可以理解、可以体会，但它毕竟还是一个看不见也摸不着的"东西"。当事人为了这样"一口"神秘的"气"，即使付出一切身家性命也在所不惜。站在理性的角度上看，这似乎是一种荒谬的行为。但是，这种反理性的行为本身，恰恰满足了人们"争一口气"的强烈愿望。

三

法律本身是理性的，法律能够满足人们对于理性的需要。然而，当人们试图通过法律的方式来满足"争一口气"的需要的时候，这就意味着，人们是在通过一种理性的方式来满足一种反理性的需要。这种需要，可以理解为人类对于激情或情感的需要，但从本质上看，其实就是人类对于艺术的需要。

与法律的理性特征相反，大部分艺术的主题都是反理性的。毕加索的绘画怪诞而离奇，距离正常的人类理性是遥远的；在莎士比亚的《哈姆雷特》中，活人与鬼魂可以相互交流，实在难称理性；古典小说《西游记》讲述的"猴子奇遇"，更是荒诞不经；书法大师们创作的"狂草"，难以辨识，甚至不能充当普通公众之间相互交流的媒介；巴别尔笔下的骑兵军，英勇得近乎残忍，完全失去了对于生命的敬重，但却受到了广泛的欢迎，并引起了"读书界"的高度关注；宗教教义中的上帝或天堂，虚无缥缈，人们却趋之若鹜，很多信徒甚至深信不疑；就连理性哲学本身也只是少数人的游戏，与大多数人的日常洒扫几乎毫无关联。在芸芸众生看来，这些研究理性或反理性的哲学家，本身就是一些荒谬而可笑的怪异之人……

艺术创作与艺术探索的过程无疑是理性的，但艺术所表达的人类情感，常常都是反理性的。

四

在日常生活中，人们不仅需要理性的法律，还需要各种反理性的宗教信仰、志怪传奇、神话故事、狂欢活动。在我们身边，反理性的暴力、吸毒、色情……诸如此类的人类行为总是禁而不绝，其根源就在于，人类对于反理性永远都保留着一种强烈的渴望。

虽然反理性与理性都能够分别满足人类的不同需要，但是，反理性与理性之间又存在着本质上的冲突。因此，人类的理性既要容忍一定限度内的反理性，要承认某些反理性的行为，但同时，又必须对另一些反理性的行为进行限制甚至禁止。不过，对于反理性的行为，人类的理性无论是予以承认还是进行限制，都离不开法律这种基本的方式。

法律严厉禁止的反理性行为主要是杀人、强奸之类的所谓违法犯罪行为，因为这些行为对人类的理性秩序构成了明显而严重的威胁。站在强奸者的立场上，虽然强奸之类的犯罪行为也确实满足了他们的某种反理性的需要，但是，由于这种行为对于人类社会的理性秩序已经构成了直接的损害，因而受到了理性法律的坚决反击。但是，另一些反理性的行为，比如艺术家们的臆想与虚构、普通公众的酗酒与狂欢等等，虽然同样满足了人类对于反理性的需要，但由于这些行为对于人类社会的理性秩序所构成的伤害是微弱的、间接的，因而得到了法律与理性的承认。不过，法律在承认这一类反理性行为的过程中，也经常处于犹豫不决的状态。比如，在春节期间，人们都喜欢燃放烟花爆竹，这样的传统活动表达了人们的某种激情，寄托了人们的某种希望，满足了人们对于某些欲望、某种情感的需要。但从另一个方面来看，这样的行为在客观上又可能损害人身安全、公共安全和公共秩序。正是因为燃放烟花爆竹行为的这种两面性，理性的法律要不要严禁这种"不够理性"的行为，至今尚处于争论之中。这样的现象实际上意味着，哪些反理性的行为应当受到法律的限制，还有待于长期的权衡与反复的考虑。因为，法律要限制甚至禁止的反理性行为，同样可以满足某些人类群体的内在需要。因此，如果法律以理性的名义粗暴地禁止了所有的反理性行为，那么，这种禁止态度的本身很可能也是远离理性的，它可能导致的结果就是：绝对地"存天理"（保存理性），绝对地"灭人欲"（杜绝反理性的"人欲"）。在这种情况下，人不再是目的，而是异化成为保证"天理"的工具。对于此种现象，《庄子》一书曾经给予了入木三分的鞭笞和讽刺。

五

如果理性的行为是法律认可的行为，那么，反理性的行为则可以分为两类：法律不认可的违法行为与法律认可的艺术行为。在人们的思维定式中，违法行为与艺术行为"风马牛不相及"，但是，在反理性这一点上，两者又是相通的。只不过，前者是法律禁止的反理性行为，后者是法律允许的反理性行为。如果说，法律惩罚违法行为，可以体现理性对于某些反理性行为的坚决抵制立场，那么，法律保护艺术行为，则表达了理性对于反理性的无可奈何的妥协态度。正是在这种妥协的态度中，我们可以体会到法律与艺术之间的对峙。这种对峙，就像法律与违法之间的对立一样，本质上就是理性与反理性之间的对立。不是吗？如果我们把法律的理性精神形象地描绘成整齐划一、说一不二、方正稳重、循规蹈矩，那么，艺术的反理性精神则恰好相反，它对应的图景是多姿多彩、汪洋恣意、打破陈规、不拘形迹。换言之，如果说理性的法律具有保守的品格，那么反理性的艺术则以新鲜为追求；如果法律表征的是秩序，那么艺术则是自由的象征。正如高尔泰先生的名言，"美是自由的象征"。

记得念小学的时候，教室的黑板上方总是写着一句伟人的教导"严肃活泼"，这句话恰好可以分开来解释：理性的法律是"严肃"的，反理性的艺术是"活泼"的；"严肃"与"活泼"代表了人的两重需要。

的确，人类的需要永远是双重的，他们需要这个世界井井有条，严谨有序。以此为基础，可以建立起一个基本的社会秩序和稳定的生活预期，为了实现这个愿望，人类离不开理性的法律与法律的理性。但是，人类也有一种强烈的渴望去突破常规、打破秩序、获得刺激、体验新奇，这种埋藏在人们内心深处的渴望，即使他们作出各种各样的违法犯罪行为，也使他们投入到各种各样的艺术活动中去。一言以蔽之，不仅违法行为处在法律的对立面，艺术创造也处在法律的对立面。就像一条流淌的河流，此岸是法律所代表的理性，彼岸则是违法和艺术所代表的反理性。

法律以理性的方式，满足了人们对于秩序或稳定的需要；艺术则以反理性的方式，满足了人们对于自由或新奇的需要。

六

马克思早年勤于研习法律学。在学生时代给他父亲的信中，马克思还在雄心勃勃地建构一个法学体系。但是没过几年，这位天才人物就把兴趣转向了哲学、历史学、社会学、经济学等领域。终其一身，马克思虽然著述宏富，但并没有给世人留下一本纯粹的法律学著作。从法律学开始起步的马克思，最终还是走向了一个比法律更加广泛的世界。马克思思想志趣的这种转向，同样也发生在很多伟大人物的人生轨迹中。这种现象，正好可以从另一个维度诠释本文的主题：人类生活离不开理性法律的约束和规范，但法律的理性并不能满足人类对于自由自在地行动、无拘无束地探索的内在冲动。这种冲动，既是艺术精神的起源，也是一切创造活动的根源。

6. 再论法律与艺术的对峙

我的《法律与艺术的对峙》被端上"法学家茶座"（第九辑，山东人民出版社 2005 年）之后，厦门大学教授李琦先生以《法律：对人的理性有限性的理性克服——与喻中君商榷》（载《法学家茶座》第十一辑，山东人民出版社 2006 年）为题，惠予评论，感谢之余，特撰此文，再求教于李琦先生并诸位茶客。

在李琦先生看来，理性之外或理性不及的领域，不宜笼统地称为"反理性"，而是可以划分为"反理性"与"非理性"两大部分。譬如，暴力、吸毒、强奸、嫖娼之类，就属于"反理性"；至于宗教信仰、志怪传奇、神话故事、狂欢活动之类，则属于"非理性"。其中，"反理性"的行为都是应予否定的恶行；与之不同的是，"非理性"的行为"在价值判断上未必是否定性的，甚至是人类必须加以肯定的"；"艺术是非理性的，而不属于（严格意义上界定的）反理性，艺术可以怪诞（非理性），却不能表达暴力、色情（反理性）"。

按照李琦先生的这种划分，艺术所对应的"非理性"，依然在理性之外，就像暴力所对应的"反理性"处于理性之外一样。即使这样，艺术与暴力依然处于理性之外或理性所不及的地方。表达理性的法律既处在艺术的彼岸，也处于暴力的彼岸，既与艺术对峙，也与暴力对峙。换言之，即使按照李琦先生的逻辑，"法律与艺术的对峙"也是可以成立的，因为，法律代表理性，艺术代表非理性，两者始终在一条泾渭分明的界线两侧相互对峙。

至于李琦先生着意强调的"反理性"与"非理性"的差异，倘若要从语义上细加考究，肯定是存在的。譬如，在英文中，作为前缀的"反"经常用"anti"表示，但作为前缀的"非"，则主要由"non"表示；在逻辑上，"反"与"非"分别表达的逻辑关系也是有区别的；在现代汉语中，"反革命"似乎直接站在了"革命"的对立面，是在积极地"反对革命"，至于"非革命"——如果这个词组能够成立的话，也许可以表达"旁观"、"消极"的态度……

然而，"反"与"非"之间的差异是一回事，"反理性"与"非理性"之间的差异则是另一回事，尤其是，能否在"反理性"与"非理性"之间划出一条非此即彼的实质性界限，笔者则心存疑虑。因为，无论是"反理性"还是"非理性"，其实都是对理性的背离，都处于理性的彼岸，都有"不赞同理性"的意思。某个主体的"非理性"想法，只要表现出来，也许就具有"反理性"的外形。

其实，拙稿《法律与艺术的对峙》，原是一篇读书笔记，是对陈炎的《反理性思潮的反思》一书的延伸。在陈著中，作为两种并行的思潮，理性的对立面就是反理性。如果说，康德、黑格尔是理性思潮的代表性人物，那么，叔本华、尼采就是反理性思潮的代表性人物。在思想史上，将理性思潮与反理性思潮并举，大概是可以成立的。至于完全独立于"反理性"之外的"非理性"，完全与"反理性"无关的"非理性"，我不知道它能否称得上是一种思潮。倘若回答是肯定的，那么，我更不知道谁是它的代表性人物，也不知道他们的代表性著作有哪些。

李琦先生还将"反理性"与"非理性"分别对应于"恶行"与"善行"，对于这种论断，笔者更不敢苟同。譬如纳粹德国对犹太人的屠杀，当然可以称之为"反理性"的行为。但是，称之为"非理性"或"失去理性"的行为，似乎并无不妥，这就意味着，"反理性"与"非理性"都可以指向暴力犯罪。再譬如，《金瓶梅》、《九尾龟》、《查太莱夫人的情人》之类的著作，既可以说是"反理性"的色情作品，但是，也可以视为"非理性"的艺术作品。这就表明，"反理性"与"非理性"的差异并不能完全对应于"色情"与"艺术"

的差异。这两个方面的事例说明，"反理性"与"非理性"也许有一些语义上的细微差异，但把两者的差异提升到"恶"与"善"之间的对立，似乎还比较生硬，似乎还需要交代更多的环节才能令人信服。

事实上，从李琦先生大作的标题即可看出，李琦先生的基本观点是：人的理性是有缺陷的，法律就是以理性的方式或手段克服这种"理性方面的缺陷"——这种观点，恰好是笔者在"对峙"一文中试图表达的一个核心观点：法律对应于理性。针对笔者试图表达的另一个核心观点：艺术对应于反理性，李琦先生从"反理性"与"非理性"的区别着眼，提出了异议：艺术对应于非理性，暴力对应于反理性，对于这样的"商榷"，上文已经作出了初步的回应。在此基础之上，本文还想以理性作为尺度，从正面立论的角度，就法律与艺术的关系，作出以下两个方面的再考察。

一方面，从人的属性来看，任何人都同时具有两重性质：群体属性与个体属性。任何人都必须生活在某个群体之中，任何人都对他人具有一定的依赖性，这就是人的群体属性。这种群体属性，是法律产生的根源。因为，只有通过法律，才可能调整群体内部的相互关系，才可能规定每个人在群体中的适当位置。试想，一个群体中如果没有法律来规范每个人的行为及其相互关系，这个群体必将陷于混乱、解体，甚至不能生存下去。荒岛上的鲁滨孙迫于无奈，不得不离群独居，最后都还是与"星期五"结成了一个小小的"群体"。即使在这个"二人组成"的小群体中，也离不开法律，因为，只有通过某种法律规则，才能调整鲁滨孙与"星期五"之间的相互关系。然而，任何人除了群体属性，还必然具有个体属性，即任何人都是个体的人。个体的人意味着，每个人都是独立的。正如天底下找不到两片完全相同的树叶，天底下也没有两个完全相同的人类个体。正是这种个体的独特性，甚至是"独一无二"性，决定了人与人之间的矛盾与冲突，原因很简单："我的想法"与"你的想法"绝不可能完全一致，他人总是让自己失望，"他人就是地狱"，"群体就是牢房"。正是人的这种个体独特性，导致了形形色色的"冲破枷锁"。在易卜生的《玩偶之家》中，是娜拉的出走；在巴金的《家》里，是"三少爷觉慧"的出走，诸如此类的文学意象，其实都表达了个体试图走出群体的强烈愿望。在这种愿望与冲动的背后，其实就是人的个体属性。然而，正是娜拉的出走、觉慧的出走，构成了东西方文学艺术的经典画面。记得鲁迅曾经专门发表演讲，谈"娜拉走后怎样"。迅翁的意思是：生活很现实，也很残酷，"出走"代表觉醒，当然很好，但有一个条件，"她还须更富有，提包里有准备，直白地说，就是要有钱。"在这里，我们可以发现，迅翁的着眼点与易卜生的着眼点完全是相反的：易卜生关注的焦点，在于个体只想挣脱群体、不顾其他的强烈冲动，凸显的是人的个体属性；迅翁关注的焦点，在于群体生活的相互关联性，个体依赖于他人的现实性。如果说，易卜生笔下的"出走"，是一种"反理性"的艺术行为，那么，迅翁对"走后怎样"的忧虑，则是一种现实而理性的考量。这种理性精神，与法律关注的利害得失、世俗性、功利性，完全是相通的。

另一方面，从人的需要来看，任何人都有双重需要：理性的需要与反理性的需要。其中，理性的需要主要表现为节制、克制、循规蹈矩，通过这些方式，主要在于确立人类生活所必需的秩序、稳定、可预期。反理性的需要主要表现为任意、放纵、随心所欲，通过这些方式，主要在于满足人类生活所期盼的自由、好奇、逍遥感。人的这两重需要，几乎贯穿了人类文明发展的始终。以中国历史为例，儒家伦理与道家精神的长期并存，就是这种现象的直观体现。儒家伦理倡导的是君君、臣臣、父父、子子，强调的是三纲五常，要求人们"非礼勿视，非礼勿听，非礼勿言，非礼勿动"。这些准则，无不要求人们对自己的行为加以节制与克制，要求人们尽可能地循规蹈矩。在一个农耕社会里，如果要建立起有序的社会生活，就必须理性地遵循这些规则。然而，这些理性的规则尽管意义重大，却无法满足人类生活的另一重需要：各种形式的感观享受，不同层次的心灵陶醉，无拘无束的自我实现。这些需要，主要是由道家精神来表达的。所谓道家精神，在一些学者笔下，又被称为庄学精神，亦可以说是中国传统的艺术精神。它的精神实质就是逍遥自在，追求心灵的自由。书法艺术中的行书草书，绘画艺术中的山水花鸟，乃至于弹琴、舞剑、弈棋、吟诗，无不是为了满足人们心游万仞的志趣与追求。所谓"越名教而任自然"的魏晋人物，正是道家精神的身体力行者；所谓"逢佛杀佛，遇祖杀祖"的禅宗境界，也不过是道家精神的转化形态罢了。正是在道家的世界里，我们的祖先才获得了放松、休憩、自在的感觉。五四运动时期，启蒙思想家们强调个性自由，主张打倒孔家店，虽然振臂一呼，应者云集，其实也有矫枉过正的嫌疑。因为，如果仅仅强调"打破"、"冲出"，而不顾及任何规矩、秩序，人的生活世界岂不乱了套？

以上两个方面表明，理性与反理性，如影相随，联手反映了人的双重属性、满足了人的双重需要。在理性的视野中，既包括法律，也包括其他要素，譬如道德、伦理、纪律等等。这就是说，法律对应于理性，但不是理性的全部；在反理性的视野中，既包括艺术，但也包括其他要素，譬如吸毒、狂欢、色情等等。这就是说，艺术对应于反理性，但也不是反理性的全部。在陈炎的《反理性思潮的反思》一书中，概述了一系列的思想人物，他们阐述的"反理性思潮"，其实都是艺术哲学思潮。至于高扬理性的思想家，譬如康德、黑格尔，他们阐述的"理性思潮"，常常为法学论著所引证，似乎也可以称为法律哲学思潮。正如理性与反理性相互对峙一样，分别置身于这两大领域中的法律与艺术，其实也是相互对峙的。

李琦先生并各位茶客，不知以为然否？

7. 在法律思想史的舞台上

思想史的魅力是持久的，甚至是永恒的。哪怕是专门"治思想史"的"通人"们不太留意的法律思想史，也是在历史长河中反复沉淀、反复淘洗而成的，也是文化传统的一种结晶，也表达了人类思想的一个面相。但是，如果要写一本法律思想史，如果还要把法律思想史作为一门课程来讲述，我却碰到了一个难题：到底该写（讲）些什么呢？在法律思想史的舞台上，该让谁出场？谁是主角？谁是跑龙套的？我手上的聚光灯应该打在谁的身上？

翻开一些流行的法律思想史教科书，无论是中国法律思想史还是西方法律思想史，几乎都是一个模式：法律思想史就是由那些天才式的思想巨人的相关论述串联起来的。中国的法律思想史，一般由周公开始，然后是老子、孔子、墨子、孟子、庄子、荀子、韩非子、董仲舒，一路写下去，一直写到康有为、孙中山。西方的法律思想史，一般由柏拉图开始，然后是亚里士多德、西塞罗、奥古斯丁、阿奎那、洛克、卢梭、孟德斯鸠，一直写到罗尔斯。还有一种法律思想史谱系是马克思主义法律思想史，一般从马克思、恩格斯开始，然后是列宁、斯大林、毛泽东、董必武、邓小平等等。这几种知识体系，构成了当代中国主流的，甚至是标准的法律思想史范式。因此，只要我们一想到法律思想史，眼前就会浮现出一系列令人仰视的思想巨人（或政治巨人）。这些大人物既是法律思想史这座舞台上的主角，大体上也是一般思想史、政治思想史舞台上的主角。

思想巨人们的法律思想，就像法律思想的浓缩液，当然是法律思想史的题中之义，应该写，也应该讲。但是，法律思想史的内容似乎不应该如此简单。因为，法律思想史不仅仅应该叙述历代思想家关于法律的思想史，还应该叙述历代法律本身所蕴含的思想史。我的看法是，这两个方面并不是完全重叠的，也不可能重叠，甚至还会出现明显的错位。君不见，有些思想家关于法律的思想，尽管很深刻，能够益人神智，但对于当时甚至后世的法律，很可能没有产生什么实质性的影响。最典型的代表人物是王夫之。他长年在偏僻的山林里写作，虽然也提出了"挈大纲，略细法"、"任法任人，皆言治也"、"体天无私"诸如此类的法律思想，但是，他的这些思想与他那个时代的法律实践完全是两张皮，既隔膜又生分。他的传世之作，譬如《读通鉴论》，都是在他辞世多年后才陆续问世的。这样的历史现象，并非王夫之一个人所独有，而是不少思想家的共同命运。这就提醒我们，在某个时代，大思想家阐述的法律思想是一回事，他那个时代的法律实践（或人们常说的"活的法律"）本身所蕴含的法律思想又是另一回事，两者之间可能发生一些关联，但并不必然有关。大思想家关于法律的思想，其实较少直接转化成为那个时代法律实践的灵魂。

程颐在《上仁宗皇帝书》中说："王道之不行，二千年矣。"朱熹在《答陈同甫》中又说："千五百年之间，正坐为此，所以只是架漏牵补过了时日。其间虽或不无小康，而尧、舜、三王、周公、孔子所传之道，未尝一日得行于天地之间也。"这两人的话殊途同归，道出了一个共同的规律：思想巨人阐述的法律思想，常常就是没有变成现实的法律思想。打个比方吧，在很多情况下，思想家阐述的法律思想，就像飘浮在天边的云彩，它们绚丽而夺目，给那些喜欢眺望天空的人留下了难忘的印象。然而，这些五颜六色的云彩，来来去去，不断地变幻，真正能够凝结成雨，还能够洒下来滋润万物的，毕竟不多。

由这样一个隐喻出发，我们可以发现，法律思想至少可以包括两个方面：一方面，是那些还没有进入法律实践的法律思想，它们驻扎在历代思想家写成的、令人肃然起敬的皇皇巨著中，并被极为隆重地供奉在各个时代宽阔而幽静的经典储藏室里。另一方面，则是那些在法律实践、日常生活中体现出来的法律思想，它们流淌在历代芸芸众生的法律实践、洒扫应对中。如果说，思想家阐述的尚未"变现"的法律思想应当成为法律思想史的对象，那么，那些蕴含在法律实践中的法律思想也应当进入法律思想史的视界。

法律思想史给世人留下来的，常常是望之俨然、高深莫测、难以接近的身影。其实，法律思想史就是法律的心灵史，从中可以触摸到法律的血温与脉跳。较之于历代思想家表达的法律思想，历代法律实践中蕴含的法律思想，也许可以更客观、更真实、更鲜活地反映不同时代的法律心灵。从这个角度来看，法律思想史的主角，就不能仅限于闪耀在历史天空中的璀璨的思想巨星，还应当包括历朝历代的普通民众、普通官吏在法律实践中体现出来的法律思想。这些普通人关于法律的思想，至少可以构成法律思想史的另一条主线。

因此，在法律思想史的舞台上，实际上活跃着两种角色：偶尔闪现的思想家，川流不息的普通人。思想家阐述的法律思想，是理想化、个性化的法律思想，相当于舞台上的英雄人物；普通人践行的法律思想，是现实性、普遍性的法律思想，相当于舞台上的寻常人生。我想，一个多元化、生态化的法律思想史舞台，既需要高于生活的传奇故事，也需要原汁原味的市井百态。倘若把这两类法律思想史结合起来，糅为一体，让它们彼岸映衬，也许可以编排出一场立体的、鲜活的法律思想史的戏剧。

8. 法律思想史上的两次视角转移

一

与其他万事万物一样，人类的主流法律思想，也经历了一个不断地推陈出新的过程。对于旧思想向新思想的转化，人们往往喜欢归因于经济条件的变迁。这样的看法当然言之成理。因为，经济状况、物质生活条件对于特定时代的法律思想，确实具有决定性的影响。但是，新的法律思想的萌生，还有一个重要的缘由，那就是思想者的视角转移。因为，任何法律思想都是人的思想，都是特定的思想者面对法律现象进行思考的产物。如果思想者的视角发生了转移，他们就可能看到一幅截然不同的法律图景。法律思想的面貌，也可能随之焕然一新。

因此，在研究法律思想史的时候，不但应当留意于法律思想本身的变迁，以及思想变迁背后的经济、社会根源；同时，还应当特别留意思想的表达者，留意表达者的研究视角；特别注意考察：思想的表达者分别是从哪种视角切入法律世界的。经由这个过程，我们就可以看到一条值得重视的轨迹：在法律思想的演变史上，先后发生过两次视角上的转移。第一次视角转移，以 17 世纪的洛克为标志。洛克的著作，标志着君主视角下的法律思想转向了人民视角下的法律思想。第二次视角转移，以 19 世纪的马克思为标志，他的著作标志着富人视角下的法律思想转向了穷人视角下的法律思想。同样的视角转移，也可以见之于中国法律思想的历史。对于中西法律思想史上的这两次视角转移，有必要给予一个简要的勾画与评说。

二

　　洛克之前的经典作家在阐述他们的法律思想的时候，所采取的视角大多是君主的视角。或者说，他们基本上都是站在君主的立场、观点，来阐述他们的法律思想的。

　　在古希腊时代，柏拉图对于贤人政治怀有特别的偏爱。他说："法律的制定属于王权的专门技艺，但最好的状况不是法律当权，而是一个明智而赋有国王本性的人作为统治者。"① 因为，"法律从来不能用来确切地判定什么对所有的人说来是最高尚和最公正的从而施与他们最好的东西；由于人与人的差异，人的行为的差异，还由于可以说人类生活中的一切都不是静止不变的，所以任何专门的技艺都拒斥针对所有的时间和所有事物所颁布的简单规则。"②既然法律靠不住，柏拉图只好把对于美好政治的希望寄托在君主身上：要么由哲学家当国王，要么把国王培养成为哲学家。由于哲学家成为国王的可能性极小，柏拉图就希望天下的国王都能够成为哲学家，成为当政的贤人。为了实现把君主培养成贤人的宏愿，柏拉图曾三次赶到西西里的叙拉古城邦，试图把那里的君主训练成为他理想中的哲学家。公元前387年，他第一次前往叙拉古城邦，会见当政的狄奥尼修一世，但宾主交谈并不投机。当政者信奉军事实力，柏拉图谈论唯心论哲学，结果不欢而散。公元前367年，柏拉图第二次赶到叙拉古城邦，出任新即位的狄奥尼修二世的教师，但也没有取得他期望的结果。公元前361年，柏拉图第三次前往叙拉古城邦，没想到结果更糟：在返国途中，被人卖为奴隶。幸得朋友慷慨解囊，只用了很少的几块金币就把他赎了出来。③ 柏拉图三赴西西里，作为西方思想史上的一个著名事件，实际上从一个特殊的角度，提示了柏拉图法律思想的基本视角：通过教化君主，实现美好的政治。

---

　　①② 〔古希腊〕柏拉图：《政治家》，黄克剑译，北京广播学院出版社1994年版，第92、93页。

　　③ 关于这个事件的经过，柏拉图的第七封书信已有叙述，请见《柏拉图全集》，王晓朝译，人民出版社2002年版，第908—920页。

柏拉图之后的亚里士多德是一个具有现实主义倾向的思想家。他对于法律的阐述，依然坚持了君主的视角。他认为，法律的变革"是一件应当慎重考虑的大事"，"人们倘使习惯于轻率的变革，这不是社会的幸福，要是变革所得的利益不大，则法律和政府方面所包含的一切缺点还是姑且让它沿袭的好；一经更张，法律和政府的威信总要一度降落，这样，变革所得的一些利益也许不足以抵偿更张所受的损失"。正是在这个意义，亚里士多德建议："变革一项法律大不同于变革的一门技艺。法律所以能见成效，全靠民众的服从，而遵守法律的习性须经长期的培养，如果轻易地对这种法制常常作这样或那样的废改，民众守法的习性必然削减，而法律的威信也就跟着削弱了。"① 亚里士多德关于法律变革的这些主张，表面上看，阐述的是一般的法律思想，但如果仔细体会这些表达与修辞，我们就可以发现，这些建议都是针对作为当政者的君主提出来的。因为，在那个时代，变革法律的主事者，除了君主，没有其他的主体。

到了古罗马时期，法律思想的主要阐述者是西塞罗。事实上，他本身也是处于权力顶峰上的政治家。在《法律篇》中，西塞罗写道："官吏的职能是治理，并发布正义、有益且符合法律的指令。由于法律治理着官吏，因此官吏治理着人民，而且可以确切地说，官吏是会说话的法律，而法律是沉默的官吏。此外，没有什么比治理更与正义的诸原则和大自然的诸要求（当我们这样表述时，我希望人们理解我是在说自然法）如此完全一致；如果没有治理，一个家庭、一个城市、一个民族、整个人类、有形的自然界以及宇宙都不可能存在。因为宇宙服从神，海洋和大地服从宇宙，而人类生活服从至高无上的自然法的法令。"② 在这段话中，西塞罗论述了法律与官吏的一体性，强调了人类生活对于自然法的服从。然而，谁能表达自然法呢？从实证的角度来看，还是只有国家的官吏。这种强调治理的观点，强调法律的治理就是官吏的治理的观点，也带有明显的君主本位的痕迹。

---

① 〔古希腊〕亚里士多德：《政治学》，吴寿彭译，商务印书馆 1997 年版，第 81 页。
② 〔古罗马〕西塞罗：《国家篇法律篇》，沈叔平等译，商务印书馆 1999 年版，第 223—224 页。

如果说西塞罗的法律思想仅仅是带有君主本位的痕迹，那么，查士丁尼的法律观，就是直接站在君主立场上所作的理论表达。他说："皇帝的威严光荣不但依靠兵器，而且须用法律来巩固。这样，无论在战时或平时，总是可以将国家治理得很好；皇帝不但能在战场上取得胜利，而且能采用法律手段排除违法分子的非法行径。皇帝既是虔诚的法纪伸张者，又是征服敌人的胜利者。"①这段话作为《法学总论》一书的开场白，清楚地表明，法律的价值与功能，就在于维护、巩固君主的威严与光荣。

中世纪的法律思想可以说是神学的法律思想。思想家关于法律的观念，主要是在神学的框架下展开的。放眼整个中世纪，最具代表性的思想家首推阿奎那。《阿奎那政治著作选》的第一部分题为"论君主政治"，在论述了政治制度的必要性之后，阿奎那随即论证了"君主制是最好的政体"这一核心命题。他说："在身体的各器官间，有一个对其他一切器官起推动作用的器官，那就是心；在灵魂中有一个出类拔萃的机能，那就是理性。蜜蜂有一个王，而在整个宇宙间有一个上帝，即造物主和万物之主。这是完全合乎理性的：因为一切多样体都是从统一产生的。因此，既然人工的产物不过是对自然作品的一种模仿，既然人工的作品由于忠实地表现了它的自然范本而愈臻完美，由此必须可以得出结论，人类社会中最好的政体就是由一人所掌握的政体。这个结论也可以从经验得到证明。现在并非由一人所统治的城市或省份，常常由于倾轧而陷入分裂，并不断纷争；所以，当上帝说'许多牧人毁坏我的葡萄园'的时候，他的话看来是要应验的。反之，由一个国王所统治的城市和省份却是一片升平气象，公道之风盛行，并因财富充盈而民情欢腾。所以上帝通过先知答应他的人民：作为一个巨大的恩惠，他要把他们放在一人之下，只有一个君主来统治他们大众。"② 这种明显为君主制辩护的理论，同样恪守了君主的视角。

在中世纪后期，以君主视角阐述法律思想或政治哲学思想的典型代表，是意大利佛罗伦萨的马基雅维利。他完成于 1515 年的《君主论》，既可以视为

① 〔古罗马〕查士丁尼：《法学总论——法学阶梯》，张企泰译，商务印书馆 1997 年版，第 1 页。

② 《阿奎那政治著作选》，马清槐译，商务印书馆 1997 年版，第 49 页。

一个谋士的政治哲学著作，也代表了一个宫廷法理学家的基本思想。这本书回应了君主的需要，阐述了一种彻头彻尾的"帝王术"。譬如，他在列举了君主的一些良好品质（第十五章）之后，却告诫君主："如果具备这一切品质并且常常本着这些品质行事，那是有害的；可是如果显得具备这一切品质，那却是有益的。你要显得慈悲为怀、笃守信义、合乎人道、清廉正直、虔敬信神，并且还要这样去做，但是你同时要有精神准备做好安排：当你需要改弦易辙的时候，你要能够并且懂得怎样做一百八十度的转变。必须理解：一位君主，尤其是一位新的君主，不能够实践那些被认为是好人应做的所有事情，因为他要保持国家，常常不得不背信弃义，不讲仁慈，悖乎人道，违反神道。因此，一位君主必须有一种精神准备，随时顺应命运的风向和事物的变幻情况而转变。然而，正如我在前面说过的，如果可能的话，他还是不要背离善良之道。但是如果必需的话，他就要懂得怎样走上为非作恶之途。"① 这些赤裸裸的"霸术"，显然是为君主一个人精心打造的。

以上概述表明，古希腊时代的柏拉图、亚里士多德，古罗马时代的西塞罗、查士丁尼，中世纪时期的阿奎那、马基雅维利，他们的著作尽管风格不同、重心各异，但基本上还是可以找到一个最大公约数，那就是：站在君主的立场上，阐述了自己的法政哲学思想。他们的著作或多或少都是把君主作为预期的读者，因而，他们在相当程度上都是面向君主的法律思想家与著作家。

三

16 世纪以前，由于君主制是人类政治体制的主流形态。因此，法律思想史上的一些代表性著作，常常呈现出一种明显的君主视角。但是，到了 17 世纪，西方历史上出现了一个新的运动，这就是所谓的资本主义革命。资本主义革命的实质，就是拥有财富的资产者要求撇开君主的统治地位，要求由他们来掌握对于国家事务的支配权。随着资本主义革命的兴起并节节胜利，法律思想表达者的视角，也出现了一个明显的转移，即从君主的视角转移到人民的视

---

① 〔意〕马基雅维利：《君主论》，潘汉典译，商务印书馆 1997 年版，第 85 页。

角。这种视角转移的典型代表或标志性人物，是英国思想家洛克。

虽然在洛克之前，从人民视角阐述法律思想的重要作家已不乏其人。譬如，斯宾诺莎于 1670 年出版的《神学政治论》，就论证了"一个民族建立一个君主国是多么有害"的观点①。比洛克略早一些的哈林顿，也强调过人民在国家中的主体地位，他说："一个共和国的材料就是人民。"② 但是，相比而言，洛克的影响更大一些。洛克作为英国资本主义革命的吹鼓手和辩护人，直接为资本主义革命提供了坚实的理论基础和正当性依据。他的代表作《政府论》上下两篇，分别完成于 1689 年与 1690 年，可以视为法律思想从君主视角转向人民视角的里程碑。《政府论》上篇的全部内容，都是在驳斥罗伯特·菲尔麦的"君权神授论"和"王位世袭论"。虽然，菲尔麦并不是"君权神授论"和"王位世袭论"的发明人，但在英国资本主义革命的拉锯战中，菲尔麦堪称保皇派的代表人物。1680 年，菲尔麦出版了《父权制，或国王的自然权力》。他借此书宣称，君主的权力直接来自上帝，君主的王位是应该世袭的。他的核心观点是："一切政府都是绝对君主制；他所根据的理由是：没有人是生而自由的。"③ 为了论证这个观点，他提出了多方面的依据，这些依据被洛克归纳为："王权既是依据上帝的法律而来，就不受任何低级法律的限制"；"君主的地位优于法律"；"君主高于法律"；"在一个君主制国家中，君主必须超出法律之上"；"一个完善的王国，就是君主依照其个人的意志进行统治的王国"，等等④。由于菲尔麦已经把"君权神授论"与"王位世袭论"发挥到了近乎完美无缺的程度，这就等于为批判者提供了一面最好的靶子。

在洛克看来，要批判君权神授论，最直截了当的办法就是批判菲尔麦。因此，洛克依照菲尔麦本人的逻辑，从宗教神学的角度，详尽地批判了他的论点、论据与论证。洛克的结论见于《政府论》下篇的开端："第一，亚当并不基于父亲的身份的自然权利或上帝的明白赐予，享有对于他的儿女的那种权威

---

① 〔荷〕斯宾诺莎：《神学政治论》，温锡增译，商务印书馆 1997 年版，第 256 页。

② 〔英〕哈林顿：《大洋国》，何新译，商务印书馆 1996 年版，第 80 页。

③④ 〔英〕洛克：《政府论》上篇，瞿菊农、叶启芳译，商务印书馆 1997 年版，第 4、8—9 页。

或对于世界的统辖权，如同有人所主张的。第二，即使他享有这种权力，他的继承人并无权享有这种权力。"以此为基础，洛克得出了自己的主张："现在世界上的统治者要想从以亚当的个人统治权和父权为一切权力的根源的说法中得到任何好处，或从中取得丝毫权威，就成为不可能了。"①

在驳斥了菲尔麦的陈旧观点之后，洛克全面地论证了自己的全新主张：以社会契约作为国家与法律的理论基础，强调由民选的议会来掌握最高的国家权力，主张宗教宽容与信教自由，等等。通过这一系列新论述，洛克从思想上论证了从君主主权转向人民主权的正当性、合法性、必要性、可能性。被后来者反复引证的《政府论》两篇，鲜明地体现了主流法律思想史上的一个新的视角，那就是人民的视角——虽然这里的人民主要还是指新兴的有产者阶级。如果说，洛克的著作，标志着法律思想史从君主视角到人民视角的转向，那么，在洛克之后，站在人民的视角阐述法律思想和政治思想，就逐渐成为一个新的思想传统。

在洛克之后，孟德斯鸠提出的三权分立与权力制衡思想，其出发点就是人民的政治自由。他说："在民主国家里，人民仿佛愿意做什么就做什么，这是真的；然而，政治自由并不是愿意做什么就做什么。在一个国家里，也就是说，在一个有法律的社会里，自由仅仅是：一个人能够做他应该做的事情，而不被强迫去做他不应该做的事情。"② 他还说："一个公民的政治自由是一种心境的平安状态。这种心境的平安是从人人都认为他本身是安全的这个看法产生的。要享有这种自由，就必须建立一种政府，在它的统治下一个公民不惧怕另一个公民。"③孟德斯鸠在此阐述的政治自由思想，就是人民视角的产物。

卢梭的思想核心是主权在民。一方面，他要求法律由人民制定，法律必须享有至高无上的权威；另一方面，他也批判君主政体，他说："暴君政治逐渐抬起他的丑恶的头，吞没它在国家各部门中所发现的一切善良和健全的东西，

---

① 〔英〕洛克：《政府论》下篇，瞿菊农、叶启芳译，商务印书馆 1997 年版，第 3 页。

②③ 〔法〕孟德斯鸠：《论法的精神》上册，张雁深译，商务印书馆 1961 年版，第 154、155—156 页。

终于达到了蹂躏法律和人民并在共和国的废墟上建立起他的统治的目的。……专制政治是不容许有任何其他的主人的，只要它一发令，便没有考虑道义和职责的余地。……臣民除了君主的意志外，没有别的法律；君主除了自己的欲望外，没有别的规则。"① 这些对于君主体制的尖锐批判，显然是以人民的视角与立场作为前提的。

18 世纪末期，边沁的功利主义法学把功利原则作为法律制度的基石，旨在追求共同体的最大利益和最大幸福。他说："共同体是个虚构体，由那些被认为可以构成其成员的个人组成。那么，共同体的利益是什么呢？是组成共同体的若干成员的利益总和。"② 边沁在此所说的共同体，就是人民的共同体。19 世纪初期的历史法学派，强调民族精神对于法律的决定作用与塑造功能。这个学派的旗手萨维尼认为："一切法律均缘起于行为方式。在行为方式中，用习惯使用但并非十分准确的语言来说，习惯法渐次形成；就是说，法律首先产生于习俗和人民的信仰。……而非法律制定者的专断意志所孕就的。"③ 这样的观点，强调了法律源于人民的习俗，而不是当政者的专断意志。

直至今日，由洛克开启的人民视角下的法律思想，依然具有强大的生命力，依然有待于在更深、更广的范围内加以实现。三百多年来，尽管对于众多的思想家、研究者而言，从人民而不是君主的立场上阐述自己的法律思想，几乎成了一个不言而喻的前提。但是，人们很难回想起，法律思想史上的这场转变是从洛克开始的。

四

洛克、孟德斯鸠、卢梭、边沁等人阐述的法律思想虽然体现了人民的视

---

① 〔法〕卢梭：《论人类不平等的起源和基础》，李常山译，商务印书馆 1997 年版，第 147 页。

② 〔英〕边沁：《道德与立法原理导论》，时殷弘译，商务印书馆 2002 年版，第 58 页。

③ 〔德〕萨维尼：《论立法与法学的当代使命》，许章润译，中国法制出版社 2001 年版，第 11 页。

角，但是，毋庸讳言，他们所谓的"人民"，主要是拥有财富的资产者。法律思想从君主视角转到人民视角，其实质是从"血统高贵者"的视角转移到"财富所有者"的视角，从封建君主的视角转移到资产阶级的视角。

但是，到19世纪中叶，西方主流法律思想的视角又出现了第二次转移：从富人的视角转向穷人的视角。经过这样的视角转移，我们发现了一种新的法律思想，那就是穷人视角下的法律思想：它坚持穷人的立场，维护穷人的利益，主张法律要反映、体现穷人的意志。在主流法律思想的演进史上，这一次视角转移的标志性人物，是马克思及其合作者恩格斯。

作为思想家的马克思与恩格斯，一方面是在批判资本主义法律制度，另一方面也是在为穷人的利益进行坚持不懈的辩护。他们的众多著述，几乎都是站在穷人的视角或社会底层的视角下完成的。

譬如，在《关于林木盗窃法的辩论》一文中，马克思对有产者及其视角下的法律思想进行了批判。他说："把林木占有者的奴仆变为国家权威的代表的这种逻辑，使国家权威变成林木占有者的奴仆。整个国家制度和各种行政机构的作用都应该脱离常规，都应该沦为林木占有者的工具；林木占有者的利益应该成为左右整个机构的灵魂。一切国家机关都应成为林木占有者的耳、目、手、足，为林木占有者的利益探听、窥视、估价、守护、逮捕和奔波。"① 马克思通过对林木盗窃法的批判，揭示了当时的立法者只想维护林木占有者的利益，把穷人捡枯枝的习惯权利都当做犯罪，诸如此类的残酷现实。在这篇文献里，马克思特别强调，法律应当维护穷人所固有的习惯权利；法律应当更多地保护穷人的习惯。由此，我们可以看到，马克思旨在批判的法律思想体现了富人的视角，而马克思正面主张的法律思想则体现了一个至关重要的特征：着眼于穷人的视角，他是站在穷人的立场上来阐述他的法律思想的。

同样的视角也见于恩格斯的著作。在《英国工人阶级状况》这篇长文中，恩格斯根据亲身经历与可靠材料，对于英国工人的艰难处境给予了详尽的描绘。在《英国宪法》一文中，恩格斯还讲道："虐待穷人庇护富人是一切审判

① 《马克思恩格斯全集》第1卷，人民出版社1956年版，第160页。

机关中十分普遍的现象，这种做法肆无忌惮，报纸上对这类事件的描述也十分厚颜无耻，所以人们读报时很少能不感到内心的激愤。任何富人随时都能受到异常客气的对待，不管他的罪行如何卑劣，在不得不处他以罚款时，'法官还总是感到非常抱歉'，虽然这种罚款通常都是微乎其微的。在这方面，法律的运用比法律本身还要不人道得多；'法律压迫穷人，富人管理法律'和'对于穷人是一条法律，对于富人是另外一条法律'——这是两句早已家喻户晓的名言。"① 由此，恩格斯得出了自己的结论："资产阶级和财产统治着一切；穷人是无权的，他们备受压迫和凌辱，宪法不承认他们，法律压制他们；在英国，民主制反对贵族制的斗争就是穷人反对富人的斗争"。②在这些文章中，恩格斯的分析视角也是穷人的视角。

列宁在法律方面的著作，尽管内容宏富，但也有一根明显的主线：为了维护工人和农民的利益。譬如，在1899年写成的《论工业法庭》一文中，列宁建议设立专门的工业法庭。因为，这种法庭比普通法庭更方便工人参加诉讼，它的审判员也可以更好地了解工厂和工人的生活条件、工作条件，也可以使厂主、经理习惯于礼貌地对待工人，使他们把工人看做平等的公民，而不是看做奴隶。更重要的是，工业法庭还可以帮助工人"认识自己的权利，认识自己作为一个人和一个公民应该有的尊严"③。1901年，列宁在《工人政党和农民》一文中，又要求成立农村法庭，"它有权降低地主在农民走投无路的情况下所榨取的过高地租，而且也有权向它控告那些乘人之危而订立盘剥性契约的人的高利贷行为"④。

在马克思、恩格斯、列宁之后，站在穷人、弱势者、社会底层的立场上阐释法律，就成了一种比较普遍的思想潮流。20世纪，法兰克福学派批判理论中的法律思想，西欧、北欧国家的福利立法思想，风靡欧美的后现代主义法学，尤其是其中的批判法学，在相当程度上就是"穷人视角"或"弱者视角"主导下的产物。当代世界有关社会保障的一系列法律理论及其法制实践，强调

---

①② 《马克思恩格斯全集》第1卷，人民出版社1956年版，第703、705页。
③④ 《列宁全集》第4卷，人民出版社1958年版，第248、382页。

对穷人的救济，强调对社会底层的关注，都有一个未曾言明的前提，那就是穷人视角。

五

如果说，以洛克、马克思作为法律思想史分段的标志性人物，主要是针对西方法律思想史而言的。那么，反观中国法律思想史的变迁，也可以发现类似的规律。

由于君主政体在中国经历了漫长的历史，因此，在中国法律思想史上，从君主的立场与视角来阐述法律思想的传统更加源远流长。譬如，老子的法律思想，按照张舜徽的解释，主要就是以"人君南面术"为核心的思想。① 其他各个学派，殊途而同归，他们阐述的法律思想，基本上也是着眼于君主的立场。比较而言，在"轴心时期"的中国思想家中，以君主立场阐述法律思想的典型代表却是韩非子。他强调的法，主要是作为一种管理臣民的工具；他强调的术与势，则是驾驭官员的手段与方法。因此，一部《韩非子》，基本上就是在告诉君主：如何运用法律把臣民治理得井然有序；如何运用术与势，把百官调理得服服帖帖。

譬如，在《定法》篇中，韩非就讲道："术者，因任而授官，循名而责实，操杀生之柄，课群臣而能者也，此人主之所执也。法者，宪令著于官府，刑罚必于民心，赏存乎慎法，而罚加乎奸令者也，此臣之所师也。君无术则弊于上，臣无法则乱于下，此不可一无，皆帝王之具也。"② 韩非的意思是，无论法也好，术也罢，都是君主应当掌握的方法与手段。君主胸中有术，就可以游刃有余地对付百官，就可以免遭百官的蒙蔽；君主把法律交给百官，则可以让百官替君主管理好民众。立法的目的、法律的功能，既不是为了民众的利益，也不是为了百官的利益，而是为了帮助君主实现对于天下的治理；法律保障的利益，始终都是君主的利益。这样的思想，集中地反映了韩非的视角：站

---

① 张舜徽：《周秦道论发微》，中华书局1982年版，第8页。
② 《韩非子·定法》。

在君主的立场上，积极地为君主出谋划策。

在《二柄》篇中，韩非的这种思想倾向更加突出。他说"明主之所导制其臣者，二柄而已矣。二柄者，刑、德也。何谓刑、德? 曰：杀戮之谓刑，庆赏之谓德。为人臣者畏诛罚而利庆赏，故人主自用其刑、德，则群臣威其畏而归其利矣。"① 在韩非看来，无论是"刑"还是"德"，都无所谓善恶，也不必追问其价值上的优劣，它们不过是君主手中的两种权柄而已。韩非的意图，就在于告诉"明主"，只要得心应手地运用这两种权柄，就可以把众臣制服；"明主"的统治地位，也可以由此而得到永久性的维护。

除了韩非，春秋战国时期的其他各派巨子，在阐述他们的政治思想或广义的法哲学思想的时候，也常常着眼于君主的视角。他们周游列国，反反复复地向各国君主兜售他们的法政主张，目的也是想告诉各国君主，应当如何治国理政。他们思想的出发点，同样在于帮助君主实现对于天下的统治。他们与韩非的不同之处在于，在运用何种手段、使用什么方法上存在着分歧。譬如，韩非为君主提供的宝典是"法、术、势"，孔孟为君主想出的办法则是"仁政"或"德治"，老子论证的观点是"无为而无不为"。

汉朝以后，儒法合流，各种思想相互融合，核心都是一个"治"。处于主流地位的法律思想，仍然是站在君主立场上所做的推演。贾谊、董仲舒、诸葛亮、魏徵、王安石、司马光、耶律楚材、海瑞、张居正等人阐述的法律思想，都存在着一个共同的倾向，那就是：从君主的视角看法律。

在中国法律思想史上，从君主视角转向人民视角的标志性人物是孙中山。因为，孙中山的三民主义强调民权与民生，终结了"大清皇帝统治大清帝国，万世一系，永永尊戴"的旧传统②，开辟了一个"主权属于国民全体"的新传统③。在孙中山之后，强调人民民主、人民主权成为中国法律思想的主流。其中的代表性人物主要有严复、谭嗣同、邹容、陈天华、黄兴、宋教仁，等

---

① 《韩非子·二柄》。

② 1908 年颁布的《钦定宪法大纲》第一条之规定。

③ 1912 年颁布的《中华民国临时约法》第二条规定，"中华民国之主权，属于国民全体"。

等。

中国法律思想从富人视角转向穷人视角的标志性人物是毛泽东。他的《湖南农民运动考察报告》，虽然不是一篇标准的法学文献，但却堪称穷人视角的典型作品。在毛泽东及中国共产党人的理论文献与法律文献（譬如《中华苏维埃共和国宪法大纲》、《土地法大纲》等等）中，工人、农民占据了核心的主体地位，法律思想也随之表现出一个明显的倾向：那就是工农视角。自20世纪50年代以来，主流的法律意识形态尽管有一个不断变迁的过程，但是，强调对工农的回应，强调群众路线，强调"马踢五审判方式"，强调司法的民主性和人民性，始终都有一个共同的思想底色，那就是穷人视角或底层视角。正是由于这个缘故，黄仁宇在《中国大历史》一书中得出了这样的结论：国民党和蒋介石在中国造就了一个高层机构，而共产党和毛泽东却造成了一个低层机构。① 什么叫"低层机构"？从本文的角度来说，就是根据"穷人视角"而产生的国家政权。

对于以上的思想分段，也许有人会提出这样的质疑：在中国法律思想史上，站在人民视角，甚至是穷人视角上阐述的法律思想并不鲜见，譬如，《诗经·烝民》有"天生烝民，有物有则。民之秉彝，好是懿德"的说法。《尚书·泰誓》有"天视自我民视，天听自我民听"的说法；《孟子·尽心下》有"民为贵，社稷次之，君为轻"的说法；《庄子·胠箧》有"窃钩者诛，窃国者为诸侯"的说法。诸如此类的经典话语，都可以体现人民的视角、穷人的视角，何必把现代的孙中山、毛泽东作为视角转移的标志性人物呢？

对于这样的质疑，我的回答是：重视人民、重视穷人的法律思想，并不等于人民视角、穷人视角下的法律思想。庄子的"窃钩窃国论"，并非同情"窃钩者"，而是主要在于告诫统治者，一定要"绝圣弃智"。孟子的"民贵君轻论"，并非张扬"民"的权利，而是主要在于告诫统治者，一定要收拾民心。因为，在"民为贵，社稷次之，君为轻"之后，孟子紧接着又说："是故得乎丘民而为天子"——孟子的意思是说，如果能获得广大人民群众的拥护，就能

---

① 〔美〕黄仁宇：《中国大历史》，三联书店1997年版，第294—297页。

做天子。至于"民惟邦本，本固邦宁"① 的民本思想，也绝不是在提倡"人民主权"，依然是在告诫统治者：人民是政权的基础；如果没有人民群众，你去统治谁呢？可见，在传统典籍中，虽然不乏重视人民群众的片言只语，但是这些话语背后的思想，依然是君主视角下的思想。打个比方来说吧，某个圣贤的某段语录苦口婆心地告诫牧人："一定要重视自己的牛羊哟，倘若牛羊都死光了，你们当牧人的，日子怎样过呢？"——这样的话语虽然也肯定了牛羊的重要性，但我们总不能说，圣贤坚持了"牛羊的视角"吧。如果把牧人比作君主，把牛羊比作人民，圣贤语录虽然也肯定了人民的重要意义，但我们也不宜说，圣贤的思想秉承的是人民视角吧！

六

如果上文的初步分析是有道理的，那么，关于主流法律思想史的分段，我们就找到了另一个全新的标准，那就是思想表达者的视角。根据视角的不同，我们可以把西方主流法律思想的历史，划分成三个不同的段落。第一阶段，是洛克之前的法律思想。这个阶段的思想主流，倾向于君主的视角与立场。君主视角下的法律思想，主要在于维护、强化、保障君主的统治地位。在 16 世纪以前，君主专制、君权至上、王位世袭之类的法律制度，都得到了君主视角下的法律思想的强有力的支持。第二阶段，是洛克与马克思之间的法律思想。这个阶段的思想主流，倾向于富人的视角与立场。富人视角下的法律思想，主要在于维护有产者阶级的政治地位与经济利益。在"私有财产神圣不可侵犯"的法律原则之下，主要的受益者还是资产者。第三阶段，是马克思之后的法律思想。这当然是一个多种思潮相互竞争的时期，但其中的一个重要思潮，是倾向于穷人的视角与立场。它的创立者，就是马克思与恩格斯。穷人视角下的法律思想，更多地同情、关注穷人的利益，以及各种弱势者的利益。在这种思想的主导下，加强福利立法，完善社会保障，逐渐成为了一种广泛的法律思想与政治实践。

---

① 《尚书·五子之歌》。

至于中国的法律思想史，同时也发生了这样的视角转换：第一阶段，是孙中山之前的法律思想，这个阶段的思想主流，恪守了君主的立场与视角。韩非、董仲舒等思想家，是中国法律思想史上君主视角的主要代表。第二阶段，是孙中山开启的法律思想，它体现了从君主立场向人民立场的转换。第三阶段，是毛泽东开启的法律思想，主要的特点是从富人、精英的视角与立场转向穷人、弱者的视角。

本文的结论是，无论是西方还是中国，在法律思想的演进过程中，都出现了视角转移的现象：第一次，从君主视角转移为人民视角；第二次，从人民中的富人视角再转移到人民中的穷人视角。与这样的视角转移相对应，无论是中国法律还是西方法律的核心主体，都发生了一个明显的变化：第一阶段，法律重在维护君主的特权；第二阶段，法律重在维护精英或商人的利益；第三阶段，法律重在维护穷人、弱势群体的利益。法律文本中的人的形象，也从君主的形象，首先变为狡诈的商人形象，再变为弱势而需要救助的人的形象。可见，视角的转移，不仅有助于揭示主流法律思想发展的历史阶段，还有助于透视法律实践的变化方向。

9. 法学家与法的相互寻找

在很多人的意识或潜意识里，法学家是研究法学或法律的专家。其实不然，这种看法过于粗疏，它的准确性与它的普遍性恰成反比。确切地说，法学家的天职是寻找真正的法。他就像矿藏勘探师那样，四处寻找法的踪迹。

对于法学家寻找法的过程，经典作家马克思有自己的体会。在《〈政治经济学批判〉序言》中，他说："我的研究得出这样一个结果：法的关系正像国家的形式一样，既不能从它们本身来理解，也不能从人类精神的一般发展来理解，相反，它们根源于物质的生活关系。这种物质的生活关系的总和，黑格尔按照18世纪的英国人和法国人的先例，称之为'市民社会'，而对市民社会的解剖应该到政治经济学中去寻找。"这段话表达了马克思的研究心得：通过政治经济学的方法，到市民社会、物质生活关系中去"寻找"法的关系。

马克思已经指明了法学家寻找法的责任。以此为基础，我们还可以注意到，法学家对于法的寻找包含两个阶段。第一个阶段是阅读秩序，并进而寻找秩序背后的法律规则。为了说明这种"寻找"，不妨举个实例：第二次世界大战临近结束之际，太平洋上的美军对日军发起了反攻，日军的失败已成定局。在此背景之下，美军必须提前谋划一些迫在眉睫的问题，譬如：如何管理战败后的日本？是由美军直接管理，还是依靠日本政府来管理？是否需要继续保留天皇？日军是否会投降？应当采用什么样的规则来治理日本社会？诸如此类的问题，表面上看属于战争问题、政治策略问题，但实际上是一个法律问题：美军应当为战败的日本提供一套什么样的规则？要回答这些问题，就需要对日本社会的固有秩序进行有效的阅读，从而提炼出这种秩序背后的规则。其时，年届六旬的人类学家本尼迪克特接受了这个任务。她通过广泛的调查研究，为美国政府写出了一份翔实的调研报告，这就是日后声誉卓著的名篇《菊与刀》。在这份研究报告中，本尼迪克特告诉美国的执政团队：日本社会的秩序是如何构成的，支配这些秩序的规则是什么。后来的形势发展表明，本尼迪克特的研究报告是非常有效的。这样一起成功的学术个案表明，法学家可以通过阅读秩序，实现寻找法律的神圣职责。其实，对于法学家阅读秩序、寻找规则的过程，孔夫子所谓的"礼失求诸野"，刘师培所说的"礼源于俗"，现代法学主流中的"民主立法原则"，已经从不同的角度给予了阐释与论证。

如果说阅读秩序、寻找规则的过程可以概括为"法的创制"，展现了法学家寻找法的第一个阶段；那么，法学家运用法律、解释法律的过程则可以概括为"法的适用"，这就是法学家寻找法的第二个阶段。按照现有的法律方法论的理论叙述，尤其是在"司法中心主义"的研究范式中，人们较多讨论的主题是"法律发现"、"法律解释"、"漏洞补充"、"利益衡量"等等。这些活动，实际上就体现了法学家对于法律文本的真实内涵、准确意义的寻找：在众多的法律文本中找出适用于特定案件的法律条文；在特定法律条文的多重含义中确定适用于特定案件的含义；在出现法律漏洞的时候填补这些漏洞；在出现法律冲突的时候化解这些冲突，等等。作为法学家寻找法的第二个阶段的活动，这实际上是对于法的再发现与再寻找。把这个阶段与前述第一个阶段的寻找过程结合起来，我们就可以看到一幅比较完整的法学家寻找法的完整画面。

然而，即使是法学家寻找法的整体画面，也仅仅是描绘了法学家与法之间相互关系的一个维度。从另一个维度来说，不仅法学家在寻找法，反过来，法也在寻找法学家。要把这个道理讲清楚，相对困难一些。因为，法寻找法学家的过程，显得更隐秘。

最初，主要是法学家对于法的寻找，或者说，是一个法学家为法的奥秘所吸引，并开始了他寻找法的旅程。然而，随着他在寻找法的路途上越走越远，在寻找法的事业中越陷越深，他将逐渐体会到法对于他的期待，以及法向他提出的要求。这就像一位登山运动员的故事：当有人问他为什么去登山？他的回答是：因为山在那里。一座巍峨的山峰屹立在那里，实际上就对登山运动员发出了一个无声的期待与召唤，它的诱惑难以抵挡，甚至不容拒绝。作为登山运动员，你想不去攀登它都不行。这就是说，山也在寻找登山运动员。

法与法学家的关系其实也是这样。当法学家试图回应来自法的呼唤与期待的时候，一种更加深刻的相互之间的寻找就开始了。于是，在法学家与法之间就形成了相依为命的关系，甚至就形成了德国存在主义哲学家马丁·布伯在《我与你》一书中所说的"我与你"之间的至为亲密的关系。

从根本上说，法对于法学家的寻找，就类似于骏马对于骑手的寻找，宝剑对于英雄的寻找，山峰对于登山家的寻找。如果说，骏马离不开高明的骑手，宝剑离不开豪迈的英雄，山峰离不开勇敢无畏的登山运动员的话，那么，法也离不开法学家，它也在等待、寻找法学家。

据《传习录》记载：有一天，王阳明与友人同去南镇游览。友人指着山岩中的花树问道："你说天下没有心外之物，比如这株花树，它在深山中自开自落，于我心又有何干？"王阳明的回答是："你未看此花时，此花与汝心同归于寂。你来看此花时，则此花颜色一时明白起来。"这是多么精致的表达！花对人的期待与寻找，并不逊于人对花的期待与寻找。同理，在没有找到法学家之前，法就只好无可奈何地隐身在纷繁复杂、色彩斑斓的社会关系中，或者说，只能以"法的精神"的形态弥散于物质的生活关系中，无形无状，隐而不显，与法学家"同归于寂"；只有当它寻找到法学家之后，它才可能依赖法学家的智慧，走出晦暗不明的隐身世界，从精神的形态变成物质的形态，从"法的精神"变成"法的文本"。这时候，它的"颜色"才会"明白起来"。

由此可见，法就好似寻找骑手的马、寻找英雄的剑、寻找登山运动员的山一样，在寻找着法学家。我相信，潜心于寻找法的奥秘的法学家，尤其是对于法的世界、法的生命一往情深的法学家，一定可以体会到这种来自于法的期待、盼望、召唤与寻找。

10."艺"进于"道"

1955 年，25 岁的余英时初到美国，学术兴趣偏好于社会经济史。钱穆先生知道后，去信劝告："弟在美盼能有机会多留心文化史及文化哲学一方面之研究。社会经济史必从全部文化着眼始能有大成就。"① 钱穆先生的这句话，反映了他一贯强调的"先识其大"、"艺"进于"道"的学术传统。一代"通儒"的境界，就是由此炼成的。

"先识其大"，并非只盯着大而无当的"屠龙术"，而是要养成全局眼光、整体意识。这样的见解，对于当代中国的法律学术来说，不乏警醒作用与启示意义。因为，近几年来，法学理论界逐渐形成了一种主流的学术观念：反对宏大叙事，提倡微观论证。从学术分工专业化的角度来说，这样的主张自然有它的积极意义；对于以前过度口号化的法学话语，也有纠偏的功能。但是，矫枉不必过正，更不必从一个极端走向另一个极端。尤其是，专业化的微观论证绝不能脱离整体性的政治、经济、社会与文化背景。

法学作为一门经世济用的社会科学，大体上可以分为两个层次：探寻法律之"道"，以挖掘法律的精神；完善法律之"艺"，以强健法律的躯体。对于前者而言，主要在于辨析法律与其他社会现象之间的联系，阐明法律得以孕育生长的土壤，最终为法律的发展与完善，确立一个固若磐石的依据。法律之"道"，就像人生的目标与使命一样，规定了一个人到底要往哪里走。不同的

---

① 余英时：《钱穆与现代中国学术》，广西师范大学出版社 2006 年版，第 31 页。

人生目标与使命，从根本上决定了一个人的生存状态。同理，某种法律的起点是什么，依据是什么，整体环境是什么，也将从根本上塑造这种法律的存在形态。如果说，一个人不能超越于客观的现实条件，那么，一种法律也不能超越于客观的整体环境。与法律之"道"相对应，法律之"艺"是指法律的运作技术，它既包括制定法律的技术，也包括解释法律的技术。这种技术性的知识也很重要。没有这种知识，法律之"道"就可能陷于游谈无根、虚无缥缈的困境。但是，如果法律之"道"没有提炼出来，没有凝聚起来，就意味着法律的起点不清楚，目标也不明确。在这样的情况下，法律的运作技术就会无所附丽。

譬如，源出于德国的法律论证理论，近年来已成为一个炙手可热的学术热点。它很精致，看上去也很美。但是，它与当代中国的司法过程有内在的联系吗？当代中国法官能够运用这种理论来提升自己的审判质量吗？或者更直白地问，它可能进入当代中国的司法实践吗？这些问题，法律论证理论的倡导者几乎都不关心。再譬如，诉讼法学界关于沉默权的研究，主流论著普遍都是从人权保护的角度，来阐述沉默权的正当性：由于西方法治国家都确立了沉默权，所以，我们也要设立这种"先进"的诉讼制度……诸如此类的微观论证，尽管耗费了学者们的心血，也展现了学者们的智慧。但是，这些有关法律技艺的微观知识，如果与中国法律的精神、中国法律的整体环境缺乏血脉上的内在联系，那么，它们解释中国法律的功能，改造中国法律的功能，都会大打折扣。

优秀的法律家——譬如受到广泛赞誉的马歇尔法官、卡多佐法官——总是会对特定国家、特定时代的法律之"道"（整体背景）进行深入而全面的省思，并以此为依据，来发展具体的法律技术。这就意味着，法律之"艺"要服从于、受制于法律之"道"。就当代中国的情况而言，由于法学从业者众多，大家在"微观论证"、"高筑专业槽"的激励下，已经对法律之"艺"的各个侧面进行了深入细致的探索。相比之下，中国法律所置身于其中的整体背景，法律内部各个系统之间的相互联系，却是一些鲜有人关注的问题。甚至可以说，当代中国的法律之"道"是什么？都还隐藏在厚厚的学术迷雾中。这样的法学状况，要求我们认真对待钱穆先生的洞见：既要勤于发展专业性的法律之"艺",更要善于提炼整体性的法律之"道"。由"艺"进于"道",应当作为中国法律思想与法律学术未来的憧憬。

11. 中医思维与中国法学

中医既是一种实践了数千年的医疗技术，它同时也是东方智慧的一个载体。从这个层面上说，中医的思维方式就具有一定的普遍意义：它既见于疾病防治，也可用于其他领域；它是传统的，也是现代的；它是民族的，也应当是世界的。在当代中国法学不断转型、逐渐本土化的过程中，有必要认真对待中医的思维方式。因为，下文的分析将表明，中医的思维方式对于当代中国的法学研究，能够产生一定的启示意义；而且，它对于主流的法学思维之褊狭，还能起到一定的矫正功能。

概括地说，中医的思维方式主要体现为整体思维、互补思维、流变思维、关系思维、复杂思维、和谐思维，等等。这些思维方式的含义、特点，尤其是它们对于中国法学的借鉴意义和启示意义，可以简要地分述如下。

一是整体思维方式。

这种思维方式的特征在于：一方面，人体是一个以心为主宰、以五脏为中心的有机整体。不仅人体的五脏六腑构成了一个整体，看得见的肌肉、骨骼与看不见的精、气、经络也是一个整体。另一方面，人与自然是一个整体，人与社会也是一个整体。按照这种整体思维方式，人的疾病绝不仅仅是人体某个脏腑的疾病，甚至也不仅仅是人体的生理疾病，而是由人、自然、社会组成的这个整体发生了紊乱。传统中医的这种整体思维方式，有别于现代西医的思维方式。——在后者看来，如果出现了胆囊结石，就针对胆囊进行治疗；实在不能治愈，就把这个胆囊切下来扔掉。

中医的这种思维方式与西医思维方式的对照，也可以用来反观我们的法学研究。因为，在当代中国的法学研究领域，不重视整体的思维方式仍然居于主流地位，具体的表征是：论者们习惯于孤立地看待各种各样的法律问题。譬如，"司法腐败"问题，似乎主要就是司法机构、司法官员的问题；"部门利益法律化"的问题，似乎主要是行政部门出了问题；"买官卖官"问题，似乎主要是领导干部个人的操守问题，或者是"监督不到位"的问题。推而广之，哪个领域出了问题，就习惯于针对这个特定的领域、这个特定的问题提出一个"立法建议"。在当下的报刊上，"某某问题期待法律规制"之类的言论总是随处可见。这样的立论意味着：是局部思维方式而不是整体思维方式，在更多地支配着当代中国的法律思考。在这样的语境下，有必要适当地借鉴中医的整体思维方式：把某个特定的法律问题与其他问题紧密地联系起来，看到这个特定法律问题与其他问题之间的关联性，尤其是相互之间的因果联系。按照整体思维方式，一个特定的法律问题的产生，绝不仅仅是某个法律本身出现了病变，而是整个法律系统交错作用的结果，甚至是相关的政治、经济、社会、伦理、道德、思想、意识等多个方面的综合反映。不仅源于国内因素，而且涉及国际因素；不仅与当下有关，而且涉及历史传统。以这样的眼光来打量我们所面对的法律，就体现了中医的整体思维方式。

二是互补思维方式。

互补思维方式的基本标志和主要象征，就是太极图。按照太极图的互补原理，阴阳二气具有相互依赖性。其中的任何一方，都不能脱离另一方而单独存在；每一方都以相对的另一方的存在作为自己存在的前提和条件。譬如，上为阳，下为阴，没有上也就无所谓下，没有下也就无所谓上；热为阳，寒为阴，没有寒也就无所谓热。因此，我们可以说：阳依存于阴，阴依存于阳。按照中医的说法，阴与阳的这种相互依存关系叫做"互根"。至于阴阳双方不断地促进、资生和助长对方，则叫做"互用"。无论是"互根"还是"互用"，都意味着双方之间的互补。

这样的思维方式对于中国法学的启示意义在于：不同主体之间存在着互补与共生的关系，不同事物之间也存在着相互依赖的关系。分而言之，一方面，就法律主体而言，那种过度张扬个体自主的法学理论，就是值得反省的。因为，任何个体的生存与发展都依赖于其他个体，任何群体的生存与发展也依赖于其他群体。譬如，在企业主与打工者之间，就具有"互根互用"的关系，没有企业主就没有打工者，反过来，没有打工者同样也就没有企业主。新时期以来，我们的法学论述中较多地强调了个体的自主与自足，个体被想象成为原子式的个体，① 似乎可以不依赖于其他个体而独立存在，相对地忽略了个体与个体、群体与群体之间的互补性，恐怕就是一个值得注意的思维盲区。与之形成对照的一个实践经验是：在当代中国的司法领域中，对于调解的特别倚重，实际上就是对于争议双方之间的互补性的尊重。

另一方面，从法律与其他社会现象的关系来看，法律也不是一种独立自主的存在。在法律演进、法治完善的进程中，政治因素、经济因素以及地理、历史、民族、宗教、人口甚至气候等方面的因素，都和法律系统存在着紧密的互补性。法律的存在与发展，依赖于其他的社会现象。当然，法律也会反过来参与塑造其他社会现象。这就是说，法律与其他社会现象甚至自然现象之间，存在着密切的互补关系。按照孟德斯鸠的著名论断，"把这些关系综合起来就构成所谓'法的精神'"②。因此，要理解法的精神，要完善法治，就必须看到其他社会现象、自然现象对于法律的资生、促进和塑造功能，就不能满足于"就法律谈法律"。着眼于此，学界流行的那种"高筑专业槽"的观点，也许就是值得商榷的。

三是流变思维方式。

这种思维方式的核心是注重过程、注重变化。因为，即使是同一个病，由于它在疾病发展的不同阶段，病理变化不同即"证型"不同，治疗的方法也就随之不同。这种情况，叫做"同病异治"。例如，在风温病的早期，发热、微恶风，是风热在表，可以采用辛凉解表的方法治疗；到了中期，高热、咳

---

① 这种法学倾向在哲学上的表达，可以参见王晓华《个体哲学》，上海三联书店2002年版。

② 〔法〕孟德斯鸠：《论法的精神》上册，张雁深译，商务印书馆1961年版，第7页。

嗽、气急、口渴欲饮凉水，是肺热极盛，治疗就当以清泻肺热为主；到了后期，身热已退，舌红口干，干咳少痰，疲乏而脉细无力，是热邪已去大半，肺阴、肺气受伤，治疗的方式就应当改为清余热，滋肺阴，补肺气，以促进恢复。可见，针对同一个病，中医的治疗方案也需要根据不断变化的证型来加以调整。与这种流变思维方式相对应的，主要是概念思维或概念化的逻辑思维，它讲求分析、演绎、注重思维形式的规范性。

把这两种思维方式对应于法学研究，我们就可以看到两种不同的法学进路：概念化的逻辑思维方式习惯于把法律实践看成是一个理想化的逻辑关系的展开，根据由概念构成的逻辑关系或逻辑结构，就可以推导出一个"正确"的法律结果。这样的思维方式，也许能够成就法学理论体系的完整与自洽，但是，它与真实生活中的法律实践，也许就没有什么实质性的关系。因为，在法律实践的层面上，流变可能是一种更真实的常态。譬如，法律关系中的众多主体并不是静止不变的，在立法论证阶段、在法律实施的不同阶段，法律关系的主体都可能发生某些急剧的变迁。在法律实施的漫长过程中，政治格局、经济状况、思想观念、社会风尚还可能发生剧烈的变化，众多因素的此消彼长，也会对法律本身产生决定性的影响。如果我们坚持中医的流变思维方式，就可能对情势变迁中的法律，及时地给出一个恰当的回应。反之，如果我们总是恪守凝固的法律概念，总是希望从原初的法律概念体系中去寻找正确的答案，那么，我们就可以面临一个"法律越来越多，秩序却越来越少"的世界。因此，在法学理论与法治实践反差较大的情况下，有必要尊重传统中医的流变思维方式，注重法律过程的流变性，看到法律实践的不同阶段，法律关系、法治环境发生的变迁。

四是关系思维方式。

传统中医的关系思维方式，特别重视不同事物之间的相互关联。按照五行学说，五行之间具有相生相克的关系。相生的顺序是木火土金水，相克的顺序是木土水火金，中医诊疗，就是要在这些关系上做文章。譬如，脾脏发生了病变。由于脾脏属土，脾脏的病与其母（火）、其子（金）都有关系；同时，木克土，土又克水。因此，面对脾脏上的病征，中医的方法是：从其母（心）、子（肺）及其相关的两脏（肝、肾）结合脾脏来诊疗。可见，中医诊疗的重心，在于不同脏腑之间的相互关联。与关系思维方式相对应的，是实体思维方式。按照实体思维的方式，疾病就是某个器官的疾病，是某个器官本身出了问题。因此，治疗只需要针对发生病变的特定器官。

如果把中医的关系思维方式放置于法学领域，我们可以发现：一方面，从中西比较的角度看，这样的思维方式，恰好可以对应于西方哲学主流中的"主体间性"或"交互主体性"。胡塞尔对于"交互主体性"的强调，开启了哈贝马斯的"交往理论"。在哈贝马斯看来，人们"只有从交往参与者的行事立场中才能找到进入历史—文化世界的途径"①；只有通过建立起互相理解、互相沟通的交往关系，才能达致社会的和谐。这种强调"交互"的思维方式的实质，实际上就是中医的关系思维方式。另一方面，从关系思维的角度来看法律，可以发现有很多法律问题，并不是法律本身的问题，或者说并不是一个"法律上的问题"，而是法律与其他事物之间的关系问题。譬如，"执行难"的问题，就并不是一个真正的"法律上的问题"。因为，"法律上的问题"已经通过司法判决得到了解决。"执行难"问题的滋生，第一，源于裁判机构与执行机构之间的独特关系：两种权力、两类机构的混同；第二，源于司法机构与社会公众之间的独特关系：司法判决的权威尚未建立，民众对于司法裁判的不够信任；第三，源于各地司法机构之间的独特关系：形形色色的司法割据、司法地方保护主义，等等。换言之，"执行难"的问题，主要不是一个"法律上的问题"，也不是"执行机构"本身的问题，而是各种主体交互作用的产物。因此，通过"关系"这个特殊的切入点，有助于深化我们对于法律现象的理解。

五是复杂思维方式。

按照这种思维方式，人体作为一种生命现象，本身就是一个复杂的系统，如果这个系统发生了病变，应当采用混沌的、非线性的方式予以应对。中医以

---

① 〔德〕哈贝马斯：《后形而上学思想》，曹卫东、付德根译，译林出版社 2001 年版，第 35 页。

望闻问切作为主要的诊疗手段，就体现了这种混沌性；当代人视为神奇的经络与精气，也具有这样的混沌性；多味中药相互配伍以实现特定的疗效，也包含了混沌的思维特征，等等。在这种复杂（混沌）思维方式的对立面，是泾渭分明的线性思维方式。当代人普遍信任的西医，就是线性思维方式的产物：它关心的是某种特定的病毒导致了某种特定的疾病；它不断研发的某种抗生素就是为了杀灭某种特定的细菌；它不断翻新的各种高科技检查仪器，就是为了达到泾渭分明、一清二白的诊断效果。数十年来，当西医的线性思维方式以"科学"的名义俨然已成"大写真理"的背景下，中医的复杂（混沌）思维方式的特殊价值被遮蔽了。

其实，如果立足于中医特有的立场，这种思维方式对于当代中国的法学研究，依然不乏启示意义。至少，它有助于提醒我们注意到：应当把法律看成是一个复杂的系统，在这个系统中，各种要素是交错混杂在一起的；在很多情况下，并不能进行严格的、清晰的划分。法律上的有些分类，譬如刑事犯罪与民事侵权的区别。按照线性思维方式，也许是天经地义、不容置疑的。但是，如果借助混沌的思维方式来探究，也许就会发现一些新的图景：各种各样的区分往往是立法者、法学家主观建构的结果。譬如像强奸之类的犯罪，在很多偏远的乡村社会，常常被当做民事侵权来处理。① 实践中，为什么很多像强奸之类的犯罪被当事人以"私了"的方式来处理？为什么"私力救济"在法律领域中广泛地流行？原因就在于：那些被现行法律"规定"为刑事犯罪的现象，其实是立法者想象的结果。这些源于立法者的设想或安排，也许能够得到多数人的同意，但并不能始终得到所有社会公众的承认。因此，在法学研究的领域中，如果我们始终固守现行法律关于各种法律现象的分类，在某些情况下，不但不能有效地解释法律现象，反而可能以简单的、黑白分明的线性思维方式强制这个原本就不简单的、就是混沌的法律世界。

六是和谐思维方式。

---

① 关于这个主题的详细分析，参见喻中《乡土中国的司法图景》，中国法制出版社2007年版，第140页。

　　根据这种思维方式，人体的健康既依赖于人体内部的和谐，同时也依赖于人与自然、人与社会之间关系的和谐；倘若人体发生病变，则意味着整个系统内各个部分之间的不和谐。因此，中医诊疗的基本原则，在祛除邪气的同时，强调"扶正"，以达到各个部分之间的平衡与和谐。这种思维方式对于中国传统法律的影响，在梁治平的《寻求自然秩序中的和谐》一书中，已有详尽的阐述，这里不再赘述。它对于当代中国法律实践的影响也是多方面的，其中最明显的例证，是注重调解的司法原则。因为调解的目标，就在于恢复某种和谐的社会生活秩序。在和谐思维方式的对立面，则是强调对抗的思维方式，它要求人们为了自己的权利而斗争。在一般意义上，尤其是在现代人看来，这样的主张是有道理的。但是，如果我们只知对抗、不知和谐，如果时时、处处都坚持斗争，拒绝任何形式的妥协，那么，恐怕也难以成就一个理想的人类秩序。

12. 立法与法学的当代使命

题目很大，而且照搬了德国法学家萨维尼的名篇《论立法与法学的当代使命》。——在这本著作中，萨维尼提出：立法与法学的使命，在于找出本民族的"共同信念"与"共同意识"。因为，"法律并无什么可得自我圆融自洽的存在，相反，其本质乃为人类生活本身"。易言之，无论是立法还是法学，都应当立足于人类生活本身。

本文之所以不避狗尾续貂之嫌，是想讨论一个比较现实的问题：当代中国的立法与法学，使命何在？到底应当立足于何处？提出这个略显疏阔的问题，既源于萨维尼的启发，也受惠于章学诚、钱穆的洞见；同时，还有意对当代中国的立法状况与法学状况做一点回应。

章学诚在《文史通义·原道》篇中指出："圣人求道，道无可见，即众人之不知其然而然，圣人所借以见道者也。"对于章氏"圣人学于众人"的见解，钱穆先生深以为然。在《论春秋时代人之道德精神》一文中，钱先生刻意做了进一步的发挥："在有孔子儒家以前，忠孝两德，早在中国社会实践人生中，有其深厚之根柢。孔子亦仅感激于此等历史先例，不胜其深挚之同情，而遂以悬为孔门施教之大纲。若谓孔子在当时，乃无端凭空提倡此一种理论，而始蔚成为中国社会此后之风尚，而始目之曰道德，此则远于事理，昧于史实。试问孔子亦何从具此大力，一凭空言，而获后世人人之乐从乎？"钱先生的这段话，真可谓至理之言，既与萨维尼的观点遥相呼应，同时，它对于当代中国的立法与法学，也具有值得借鉴的启示意义。

先说我们的立法。

如果说，孔子提倡的"忠孝"，正是因为"学于众人"，才"获后世人人之乐从"，那么，今日的立法者也只有"学于众人"，只有从民众的社会生活中找出符合社会风尚、日常生活的法律规则，才可能受到公众的"乐从"。按照这个要求，立法者在制定法律的时候，就不能凭空想象，以为通过自己的大脑，创制出一套逻辑完美的规则体系，就足以规范社会、形成秩序。——如此创制的规则，即使符合"统治阶级的意志"，即使有"国家强制力作为保障"，也靠不住。

也许有人认为，这种"学于众人"的立法理念，在当代中国的主流话语中，已经被概括为"民主立法"的原则了；所谓"民主立法"，就是"立法者学于众人"的另一种表达方式。然而，在我看来，"学于众人"与"民主立法"是两个形似而神不似的概念。章、钱两先生所强调的"圣人学于众人"，是要从民众的"社会实践人生中"寻找规则、提炼规则。规则原本就在众人那里，圣人（立法者）去把它"拿来"即可。

反观现行的民主立法，其基本的特征是：立法专家创制规则，并最终形成规则的"草案"，这个"草案"经过代议机构的表决，就成为正式的法律。而且，从实践经验来看，只要是提交到代议机构的"草案"，无一例外都获得了通过——常常还是"高票通过"。民主立法的原则，被缩减为代议机构对于法律草案的表决程序。这就意味着，民主立法的核心价值，在于通过代议机构的表决仪式，为法律赋予正当性与合法性；经过了这个表决程序与表决仪式，立法专家制定的法律草案就获得了正式法律的名分、权威、效力。至于正式法律是否源于民众的真实生活，则是一个无关紧要的问题了。不但无人问津，反而衍生出一个相反的现象：大规模的普法运动。这就完全倒过来了：不是立法者主动学于众人，而是要求众人学于立法者，让众人跟随立法者的思路来安排生活。套用章、钱二先生的话语，就变成"众人学于圣人"了。

近年来，立法者制定的法律越来越多，普法运动的历史也有二十多年了。但是，与此相伴随的现实是：相当多的法律条文成为具文，"有法不依、执法不严"日渐盛行，原因何在？我们的回答是：立法者没有诚心诚意地向众人学习，反而要求众人向自己学习，要求众人跟着自己的思路来。从根本上讲，这是不可能的。任何立法者都没有那么大的力量，就像任何圣人都没有那么大的力量一样。

再看我们的法学。

法学到底是干什么？阅读秩序、寻找规则、编织意义。但是，值得我们注意的是，无论是阅读秩序、寻找规则还是编织意义，都是有语境的：你阅读的是哪个时代、哪个地方的秩序？寻找哪个时代、哪个地方的规则？为谁编织意义？时间、空间、人，这三个因素都应当考虑到。当年的孔子，关注的就是"三代"延续下来的中国先民，他们的生活秩序、交往规则、意义准则，并由此提炼出一套后世所称的儒家伦理。儒家伦理既表达了中国先民对于生活秩序、交往规则的理解，也满足了他们对于生活意义的期待，因而，才在传统中国社会中得到了普遍而自愿的接受。汉武帝之后的历代当政者，之所以高举孔儒的大旗，一个根本性的原因就在于：儒家伦理"在中国社会实践人生中，有其深厚之根柢"。通过这面大旗，才能更好地实现"天下大治"的目标。

只有根据一定的"社会实践人生"，才能发现这个社会所需要的规则。如果这个命题能够成立，那它对于当代中国的法学，就具有一定的借鉴意义：我们应当更加同情地理解当代中国人的秩序观念、交往规则、意义准则；把法学研究的落脚点，更多地聚焦于当代中国人的日常生活；只有从当代中国人真实的日常生活出发，我们才能发现当代中国人所需要的秩序与规则。

对于这样的判断，也许有人会提出质疑：当代中国早已不是孔子时代的中国了，在这个日益全球化的时代，法学研究应当具有更多的天下观念、世界意识、全球眼光。我承认，这样的看法是有道理的，但是，即使是在全球化的背景之下，多数人的日常生活还是停留在民族国家之内的，还是地方性的。试想，如果国内秩序都没有得到有效的安顿，全球秩序又如何可能？传统中国所讲的"修齐治平"的先后顺序，绝不是没有道理的。退一步说，即使要研究全球秩序、天下规则，那也应当着眼于全球民众真实的日常生活，从中归纳出超越于国家法的世界法。

然而，当代中国居于主流地位的法学研究，却很少把目光真正投向当代中国人（或世界人）及其日常生活。偏好法律规则的注释法学家（纯粹法学家），习惯于研究法律条文，他们或者阐释中国现行的法律条文，或者把中外同一主题的法律条文进行比较研究。这种法学研究的实质，是把少数立法专家（立法者）的想法与表达当做了法律的核心内容或主体成分。这些法律条文也许与当代中国人的日常生活有关，也可能根本就没有什么联系（上文关于立法活动的分析已经对此有所揭示）。因此，这样的法学研究看似严谨、精致，却仍然体现了"学于立法者"、"学于官方"的路径，完全没有体现出"学于众人"的知识传统。

偏好法律价值的价值论法学家，习惯于研究自由、人权、民主、正义等价值要素，这样的研究当然意义重大。但是，相关的主流论述大多是对西方经典作家阐述的自由观、人权观、民主观、正义观的解读。如果把这些论述送到当代中国的田间地头、大街小巷、车间店堂去试验一下，你就会发现，这些论述与当代中国人的日常生活有多隔膜。也许有人会说，我的文章又不是为普通民众写的，他们懂不懂、接不接受都没有关系。这样的辩解就让人糊涂了，法学家不为普遍公众写作，那你为谁而写作？总不会是专为期刊编辑、职称评审专家、项目评审专家而写作吧。

当然还有其他的学术偏好，这里不再逐一分述。但从总体上看，"学于众人"的研究方法并未得到法学界的普遍认可，至少没有成为当代中国法学研究的主流。这种状况，我认为是值得反思的。

我的结论是，应当尊重"学于众人"的传统，不仅立法者的立法活动应当学于众人，法学家的法学研究也应当学于众人。这不仅有助于保障法律文本的生命力，也有利于保障法律学术的生命力。这，就是立法与法学在当代中国的使命。

13. 走出"法学的托勒密体系"

公元 2 世纪，天文学家托勒密在《天文学大成》一书中，阐述了宇宙的地心体系，这就是世人所艳称的"托勒密体系"。

公元 20 世纪，历史学家斯宾格勒在《西方的没落》一书中，批评了历史的托勒密体系，他说："这种使各大文化都把我们当作全世界事变的假定中心，绕着我们旋转的流行的西欧历史体系的最恰当的名称可以叫做历史的托勒密体系。这本书用来代替它的体系，我认为可以叫做历史领域中的哥白尼发现，因为它不承认古典文化或西方文化比印度文化、巴比伦文化、中国文化、埃及文化、墨西哥文化等占有任何优越地位。"

在这段文字中，斯宾格勒提出了两个关键词："历史的托勒密体系"与"历史的哥白尼发现"。何谓"历史的托勒密体系"？就是关于世界历史的西欧中心论；何谓"历史的哥白尼发现"？就是关于世界历史的文化形态学。在斯宾格勒看来，自己关于"历史的哥白尼发现"，显然优于、高于"历史的托勒密体系"。斯宾格勒的这个判断，以及他论证这个判断的方法与路径，尽管遭到了各个方面的批评，但它依然是一种值得认真对待的洞见，有助于反思当代中国、当代世界的法学状况。

因为，在当代世界的法学领域，恰好存在着一个伸手即可触及的"托勒密体系"。这个体系的中心，是北美与西欧的法学，更具体地说主要就是英美法学（也许还要加上德国、法国的法学，下同）。其他国家和地区的法学，几乎都是围绕着英美诸国的法学而旋转的：这几个国家的法学热点，也是其他国家和地区必须追踪的法学热点；这几个国家的法学前沿，也是其他国家和地区必须追踪的法学前沿；这几个国家的法学之发展方向，也就是其他国家和地区的法学自觉地跟着旋转的方向。

依照法学的托勒密体系，哈佛、耶鲁、牛津、剑桥等等学术机构，就代表了当代世界法学理论的原产地或主产地。似乎只要是出自这些学术机构的法学理论，都属于免检的极品，至少也是世界人民"信得过"的精品。对于其他国家的法学从业者来说，只管放心消费就行了。数十年来，这些出身高贵的优质法学产品的学术价值、理论意义，不仅得到了全面的诠释，甚至已经受到了"过度的诠释"。事实上，其他国家的法学理论，尤其是"法学理论前沿"，几乎就是在推介、评价、比较、解说英美诸国的法学理论，努力探寻这些理论背后的微言大义。

记得是 2006 年 11 月，我到韩国首尔做过一次短期的学术访问。其间，有机会见到首尔大学的一名法学教授。他是美国毕业的博士，不会汉语，不知道中国本土的法学理论；我也不会韩语，也不晓得韩国本土的法学理论。但是，当我以磕磕巴巴的英语跟他攀谈美国法学主流的时候，居然也能达到会心一笑的结果。一个中国的法学教授与一个韩国的法学教授，为什么只有依赖英语、只有讨论美国法学才能达到交流的目的？根本的原因就在于：无论是中国的法学前沿还是韩国的法学前沿，都在摘抄、祖述美国的法学前沿。如果说，"月映万川"是一个充满智慧的论断，那么美国法学就相当于天上的那轮明月，其他国家的法学，就类似于万川映照出来的月影。——月影是美丽的，但也是虚幻的。这就是我们所面对的当代法学状况：一个以英美法学为轴心，其他国家的法学跟着旋转的"法学托勒密体系"。

按照黑格尔在《法哲学原理》中的说法，"凡是现实的都是合乎理性的，凡是合乎理性的都是现实的"，那么，"法学的托勒密体系"就确有它存在的理由。事实上，英美法学受人仰慕、被人追捧的轴心地位，表面上看仅仅是一种话语权力，实质上看则是以强大的经济、军事、科技力量作为支撑的。没有足够的硬实力，哪有令人侧目的、君临天下的、压倒一切的"软实力"？环顾世界各国，要论生活质量，要论社会和谐，要论身心愉悦，北欧的一些福利国家，也许比美国得分更高，但是，这些福利国家的法学却不大可能成为全球法学随之旋转、与之俯仰的轴心。一个根本的原因是，这些国家的硬实力都远逊于美国。

不过，根据辩证法的原理，黑格尔的名言还可以根据恩格斯的观点另作解释。在《费尔巴哈与德国古典哲学的终结》中，恩格斯写道："按照黑格尔的思维方法的一切规则，凡是现实的都是合乎理性的这个命题，就变为另一个命题：凡是现存的，都一定要灭亡。"这就意味着，现实格局总是会被打破的。盛极而衰、月满而缺、否极泰来……诸如此类的中国老话，讲述的其实也是这个道理。斯宾格勒的文化形态学旨在阐释的，也是这个寻常的道理。

文化形态学强调不同文化之间的相互独立与彼此平等，强调每种文化都有它的诞生、成长、鼎盛、衰亡，相对于"西欧中心论"、相对于"历史的托勒密体系"来说，确实是一种"历史的哥白尼发现"。这一发现对于当代法学的启示在于：有必要针对法学领域中的"托勒密体系"予以反思与质疑。

一方面，在法学的托勒密体系中，似乎只有作为轴心的英美法学，才是生动活泼、独立自主的法学形态，其他国家的法学多为亦步亦趋的追随者，少有独立的意志，甚至没有自己的喜怒哀乐。其他国家的法学前沿，无论是问题意识、提问方式、解决路径，还是思想前提、内在逻辑、表达习惯，多为英美法学的投射。以至于众多国家的法学主流，常常止步于"在自己的家里，数别人的家珍"。偏激一点儿说，这样的法学"托勒密体系"，本质上就是法学的殖民地体系。

另一方面，如果总是把英美法学当做万国法学环绕的地心，其他国家的法律文化就会被遮蔽，人类将难以充分地领略到一个丰富多彩的法律世界。当前，由于世界法学的多样化、多极化前景堪忧，法学生态也正在陷入某种值得警惕的境地：某一种法学，肆无忌惮地疯狂生长，恣意蔓延，粗暴地挤占了其他法学的生存空间、发展空间。这样的学术生态，对于整个法学世界而言，很难说是福祉，很可能就是灾难。因为，它只会助长某种专制的、单极化的、等级化的学术倾向，既妨碍了多种法学形态之间的交流与互惠，也不利于尊重、挖掘每一种法学形态的独特价值。

因此，有必要正视"托勒密体系"的负面效应，重估"文化形态学"的积极意义。在此基础之上，逐步走出法学的"托勒密体系"，并尝试着换一双眼睛，以法学形态学的视角与框架，平等地看待不同文化个性之下的法学智慧，以期形成相互尊重、相互交流的世界法学新格局。

14. 学在民间，道在山林

很多人都知道钱锺书先生笔下的这句名言："大抵学问是荒江野老屋中二三素心人商量培养之事，朝市之显学必成俗学。"从这句话着眼，再联想到当代中国的思想状况，有必要重提一个已经中断了的古老传统：学在民间，道在山林。

先看"学在民间"。我以为，这四个字可以从两个方面来理解。一方面，从历史经验上看，真正的学问，特别是原创性的思想与学术，都是在民间萌生的。先秦时期，那些提出了原创性见解的各家巨子，尤其是在他们阐述其思想的时候，都在民间。譬如老子，"其学以自隐无名为务。居周久之，见周之衰，乃遂去。至关，关令尹喜曰：'子将隐去，强为我著书。'于是老子乃著书上下篇，言道德之意五千余言而去，莫知其所终。"根据《史记》中的这段记载，我们可以说，《老子》是它的作者自我放逐、走向民间甚至走出社会的产物。至于"其学无所不窥"的庄子，则明确表示，"宁游戏污渎之中自快，无为有国者所羁"，其固守民间的姿态更是自不待言。即使是"用世之心"较为急迫的孔子，为我们留下的大量"子曰"，基本上也是他与弟子们闲谈的产物。这就是说，在所谓的华夏文明的"轴心时期"产生的原典，基本上都是那个时代的民间"素心人"商量培养的结果。再往后看，河汾讲学的王通、闽北著书的朱熹、黔中悟道的王阳明等等，无不是在河畔山林的民间环境中建构起他们的"一家之言"的。不仅"国学"的源头在民间，异域传来的"西学"，同样遵循着这样一个民间萌发、民间生长的规律。譬如，苏格拉底的言行、柏拉图的学园都是民间性质的；依靠磨镜片为生的斯宾诺莎，卖掉议长职位的孟德斯鸠，终身隐居于小城哥尼斯堡的康德等等，都曾以不同的方式保持着民间的姿态。至于"千年伟人"马克思，其终生坚守的民间立场，就更不用说了。

另一方面，从知识社会学的角度来看，真正的学问，特别是原创性的思想文化，只能出自民间，甚至是"荒江野老屋中"，而不大可能来自热闹的庙堂或市场。我相信在庙堂之上，也有很多见识出众的人物，但是，他们既然身处"庙堂之高"，就会身不由己地专注于庙堂之事。什么是"庙堂之事"？说得直白一点，就是诸如稳定局面、平衡利益、压制异己、扩张势力之类。在实际政治中，这些事务中的任何一项，都很急迫，如果不能及时应对，就可能遭受灭顶之灾。而且，更麻烦的是，这些"庙堂事务"永远都不可能彻底"做完"。在这个过程中，参与者的"治术"、"权术"之类的"技术性知识"，将会得到相应的磨炼。但是，"寻根问底"之学，原创性的思想，却难以萌生，更难以成长。司马迁所谓的"究天人之际，通古今之变，成一家之言"的目标，更不可能得到实现。如果说，在庙堂这个场域中，参与者追求的目标是"政治权力"的话，那么，在市场这个场域中，参与者追求的目标就是"经济利益"。在经济活动中，人们关心的是物质利益，学问算什么呢？相反，只有那些身在民间的"素心人"，由于他们没有急迫的政务和商务，既无须防范他人，更不值得他人防范，也不用考虑投入与产出之间的比例关系，因而可以从容地探索一些根本性的问题。譬如，人是什么？神是什么？心是什么？理是什么？世界是什么？时间是什么？语言是什么？诸如此类的疑问，才有可能得到根本性的解说。真正的学问，就是在这种远离现实功利的"商量培养"中获得的。如果说，一个民间的"素心人"在政务与商务活动中难免会显得很笨拙，那么，你又怎能指望一个追求"权"与"利"的人"培养"出真正的学问呢？

可见，无论是着眼于历史经验还是知识生产的因果关系，"学在民间"作为一个传统，既是一种事实，也是一种必然。根据这个道理，我们就可以对当前的一些现象作出某些解释。

譬如，我们都知道，20世纪对于中国文化来说，是一个剧烈变化的时期，中国传统文化遭遇了前所未有的冲击。但是，在这个过程中，中国并没有产生像春秋战国时代那样的"诸子"；虽然也涌现了不少的时代"弄潮儿"，但却没有培养出原创性的中国思想和中国文化。时至今日，从根本上看，中国人在思想和文化上依然缺乏足够的自信，依然没有我们自己独创的价值体系、思想基础与文化逻辑。造成这种状况的原因当然是多方面的（例如，思想巨子的出现也许还需要一个过程，等等），但其中的重要原因之一，我认为就是"学不在民间"，或"民间之学"的缺失。

五四运动期间，少数先知先觉的中国人引进了民主与科学这样一些新的思想基因。但是，这场本来具有一定民间性质的思想文化运动刚刚萌生，就迅速转化成为一场政治活动，五四领袖们也从一些颇具民间倾向的思想者，很快就变成了政治活动家。从那以后，在"民间之学"日渐式微的同时，"官方之学"以官办大学的形式，得到了体制性的支持。在 1949 年以前，中国的大学（特别是较有影响的大学）多为国立大学。一些教会主办的大学倒是具有相对的自主性和独立性，但是，这些学校的使命都是来自异域的主办者确定的，一般来说，不大可能成为原创性的中国学问的摇篮。1949 年以后，不仅中国（内地）的大学全部转为国有机构，而且，所有的人都被纳入了国家管理的领域。国家政治覆盖了所有的空间，传统的"学在民间"自然也就无从谈起。

然而，问题在于，如果"学不在民间"，如果"学只在官方"，那就必然要求所有的学人都像政治家那样考虑问题，或者主要考虑政治家关心的问题。当学人都变成了"机心"浓厚的政治人之后，当所有的学人——无论贤愚不肖，都把目光聚焦于现实政治之后，谁又来致力于根本性的思想创造与文化重建呢？谁又来阐述具有原创性的"中国学问"呢？

到了 20 世纪末期，中国社会逐渐走出了那个泛政治化的时代，一些富于创造性与使命感的学者似乎可以相对自主地"为天地立心"了。但是，就在这个时候，商业化的大潮又铺天盖地而来，几乎席卷了整个学术领域。从此，商业的逻辑与政治的逻辑联起手来，共同宰制了我们这个时代的知识生产过程（包括思想创造与文化传承）。一个学术从业者，如果你尊重政治的逻辑，你就会得到政治上的回报（譬如，授予你"政府奖"）；如果你尊重商业的逻辑，你就会得到经济上的回报（譬如，在核心期刊上发表五篇论文，给你5000元的奖励）。政治的逻辑要求你为政治目标服务，商业的逻辑要求你为科研任务效劳。当前，在正式的学术评价体系中，主要就是这两个指标。尤其是后一个指标，在戕害了学者的创造性的同时，还催生了大量的学术垃圾和学术腐败。据我多年来的观察，对于当代中国学术领域内的大部分甚至绝大部分从业者来说，很难逃脱这两种逻辑的束缚。

也许有人会质疑：学者们就不能超脱一些吗？就不能拒绝理会那一套正式的评价体系吗？就不能"不为五斗米折腰"吗？对此，我的回答是：对于绝大多数凡夫俗子来说，做不到。因为，对于绝大多数学术从业者来说，如果他们完全不理会正式的评价体系（政治化的，商业化的），他们将在学术体制中自我边缘化，一些人甚至会被淘汰出去，甚至会面临生存的危机。"悠闲出智慧"，一个学者如果有生存上的危机，他还会悠闲地、从容地"继往圣之绝学"吗？

一个学者确实可以自动走出官方的学术体制，但是，就像"娜拉出走以后"一样，一个走出了官方学术体制的学者并不意味着走进了"民间之学"，也不等于"学在民间"传统的恢复。记得数年前，有媒体曾经报道，当代中国也有零星的"民间之学"，也有零星的"民间学者"。但是，他们的处境极其艰难：缺乏起码的物质保障。由于没有学术机构作为支撑，他们的研究成果难以得到社会的认同。事易时移，在当前这个资讯爆炸的时代，有谁还能像三松堂主人那样安慰自己："吾其为王船山矣？"

在体制之外，有三五个学者，并不等于"学在民间"。本文呼唤的"学在民间"，是指有一个尊重"民间之学"的社会背景和制度环境。自从春秋战国时代以降，我们有这样的社会背景和制度环境，只是到了20世纪，我们才把这个社会背景和制度环境丢失了。现在，如果我们不把"学在民间"的传统找回来，如果我们没有这样一个整体性的背景和制度，如果我们只承认"官方之学"，那么，必然会形成这样的社会风气：谁的政治地位越高，谁掌握的真理就越多；谁的财富越多，谁就是越有智慧的人。在这样的流风之下，严肃的思想创造不仅不合时宜，而且难有萌生的机会。

　　基于这样的认识，我以为当代中国的思想文化重建，当代汉语思想与汉语学术的一个发展方向，就在于拓展"民间之学"，就在于恢复"学在民间"这个传统。在当代，如果说官方之学旨在支持官方的目标，那么，"学在民间"就是在官方评价体系之外的一种文化创新、思想融会活动。构建、拓展一个"民间"的学术环境，实际上就是把一些学者从政治逻辑与市场逻辑的双重束缚中释放出来，既不需要把某个当下的政治目标作为思考的出发点，也不需要为完成"科研任务"而生产泡沫性的"学术成果"。通过"民间之学"的展开，通过"民间之学"与"官方之学"的碰撞，我相信将有助于扭转当前中国思想文化衰微的状况。

　　如果说，在孔子时代，"杏坛"可以作为"学在民间"的一个象征；在王通时代，"河汾"可以作为"学在民间"的一个隐喻；在朱陆时代，"鹅湖"可以作为"学在民间"的一个符号，那么，当代中国的民间之学在哪里？我的回答是：一方面是网络代表的言论空间；另一方面，在互联网络之外，民间学术团体、民间学术刊物的建立，都可以为"学在民间"提供实质性的支撑。

　　以上我们讨论了"学在民间"。但是，"学在民间"并不是一个孤立的事物，与"学在民间"互为因果的还有"道在山林"。只要说起"学在民间"，很多人总会联想起"道在山林"。事实上，"道在山林"与"学在民间"是融为一体的，是同一个事物、同一种现象的不同侧面。不过，正是因为两者的侧重点有所不同，我们有必要在"学在民间"之后，接着讨论"道在山林"。

　　从字面上说，"道在山林"可以理解为"在山林中问道"。有一些经典性的人物和场景，可以帮助我们直观地理解"道在山林"的含义。譬如，上文提到的朱熹，在闽北山间"近思而切问"，成就了中国中古时期的思想高峰。明末清初的王夫之，在不为世人所知的山野之间，写下了那么多振聋发聩的思想著作，成就了一个里程碑式的思想家。朱熹、王夫之的问道方式，可以视为"道在山林"的象征。

　　到了现当代，在主流学术思想界，几乎没有人再去山林间问道了。原因很简单，思想中心、学术高地已经转移到与山林相对应的大都市，而且越是中心城市，就越是问道的好地方。在这种语境之下，"道在山林"仿佛是一个传说，又仿佛"朵云轩信笺上落了一滴泪珠，陈旧而迷糊"（张爱玲语）。虽然也有极个别的学者希望回归"道在山林"的传统——譬如蒋庆，就在贵州省修文县龙场镇兴建了"阳明精舍"，试图重现"道在山林"的旧时光景。但是，我们都清楚，这种举动的象征意义、符号意义显然远远超过了它的实质意义。

在传统中国，为什么"道在山林"？在当代中国，为什么"道在闹市"？道的家园、问道的方向为什么会发生如此剧烈的转变？对于这样一个颇有意义的思想史问题，不妨略作分析。

在古代，"道在山林"既是一种普遍性的共识，也是一种事实性的存在。有识之士，总是先在山林间问道，然后再去朝廷上、战场上立功。譬如诸葛亮，就是先在隆中的山林里得道，然后再出山立下盖世功勋。诸葛亮的经历表明，一个人的"出山"，总是以他曾经"在山"作为前提的。如果他希望在出山之后能够有所作为，一个必备的前提条件是：他曾经问道于山林之间。因此，问道于山林，是一条具有普遍性的成才成功、立己立人之路。

"问道山林"之所以可行，源于一个基本的方法论："道法自然"。这个经典性的论断，已经指示了问道的方向和途径，那就是：格物致知。格物是"格"自然之"物"，致知是"致"人世之"知"。"道法自然"、"格物致知"意味着，通过对天地之间的自然现象进行观察、体悟、抽象、提炼，特别是通过对于自然规律的把握，就可以找到"道"——安顿人间秩序的方法与规则。中国早期的思想史也可以证明这一点。譬如，古代思想家对于昼夜交替之类的自然现象的观察，发现了形而上的阴阳观念；通过对若干自然元素的解读与选择，发现了形而上的五行观念。以阴阳、五行为代表的中国思想范畴，就来源于自然界的启示，就是"道法自然"、"格物致知"的结果。

如果把"道法自然"视为方法论，那么，"天人合一"就是本体论。正是因为天人之间可以相互沟通、天人之间可以相互感应，"人之道"才可能效仿"天之道"。现代学者所讲的"自然人化"、"人自然化"，其实就是"天人合一"、"天人感应"的另一种表达。无论是"自然化的人"还是"人化的自然"，其实都是关于人与自然的本体论，这样的本体论，为"道在山林"背后的"道法自然"提供了更加本源性的思想基础。

由此，我们发现，"道在山林"在传统中国长盛不衰，源于根深蒂固的"道法自然"（方法论）与"天人合一"（本体论）。

然而，到了现代中国，"三千年未有的大变局"造成了思想格局的剧变：第一，"道法自然"已经变成了"征服自然"。从此，自然不再是效仿、尊崇的对象。第二，"天人合一"已经变成了"人定胜天"。天人已经两分，天人关系已经破裂，已经彼此疏远。第三，"天理"曾经占据的神圣地位，已经被大写的"人欲"所取代。以前的"存天理，灭人欲"，已经颠倒过来，变成了"存人欲，灭天理"——在现代性的政治哲学、法哲学中，"人欲"已经被改写为神圣的"自由、权利"。第四，"王法体现天理"的基本信条，早已换成了"国法体现统治者的意志"或"国法体现主权者的意志"。法律不需要服从天理，法律只需要体现统治者或主权者的意志就可以了。按照诸如此类的现代性理论，"山林"已经不再是"道"的承载者，而是人类生产经营活动的对象或场所；"山林"不再是问道的圣地，而是有待于规划开发、有待于合理利用的森林资源、土地资源。总之，"山林"作为思想家园的意义，已经全面丧失。

形而上的"山林"转变成为形而下的"山林"，表明文明秩序已经发生了根本性的转型。"道在山林"意味着：自然法则、天理、天道享有至高无上的权威，它们为人间秩序提供了一个外在的、终级的正当性依据。这样的正当性依据，中国称之为"天道"，西方称之为"上帝"（中世纪）或"自然法"（近代）。但是，随着上帝的死亡、现代性的展开，随着人的理性被庄重地加冕之后，为人间秩序提供正当性依据的"天道"被弃之如敝屣。在西方，"实体自然法"已经变成了"程序自然法"；在中国，"天理"、"天道"早已在文明秩序中退场。"天道"为什么退场？原因就在于，人的理性可以为人间秩序提供足够的正当性依据。在各种外在的"奇理斯码"全部"脱魅"的情况下，人的理性上升成为新的"奇理斯码"，成为被崇拜的圣物。"天理脱魅，理性入魅"，人们从崇拜"天理"、"天道"开始转而崇拜人自身的理性。在这种情况下，如果还有某种"道"需要探寻的话，那么，这种"道"已经不在山林，它依附于人的理性。简而言之，"道在理性"。

因为每个人都有理性，那么，谁的理性承载着更高的"道"呢？一个未经省察的共识性的回答是：人群中的强者。因为，强者是在竞争中产生的；强者之所以成为强者，之所以在竞争中脱颖而出，就是因为强者比别人具有更多的理性、更高的"道"；强者之所以成为强者，就是因为强者是"道"或"理性"的承载者。换言之，在物竞天择、适者（强者）生存的进化论的解释框架下，只有强者之道，才是值得探索之道，才是"正道"或"至道"。因此，强者在哪里，哪里就是思想的中心，哪里就是"道之所在"。按照这样的逻辑，倘若要在全国范围内问道，最好的去处是京城，因为那里是全国政治、经济、军事、权力的中心，也是"道之所在"；倘若要在全球范围内问道，当前最好的去处是美国，因为那里是全球政治、经济、军事、权力的中心，更是"道之所在"。按照这种"强权即真理"的逻辑，真理系于强权，道也在强权。

在传统中国，道在山林，那是"天人合一"、"道法自然"的产物。在现代世界，道不在山林，道在强权，这是社会达尔文主义的结果。

后 记

找一本安身立命的书

在"问津桃花林"的过程中，有一回，遇到一个青年学子征求我的意见：最应该读的、可以让自己安身立命的书是什么？他的意思很清楚，就是想找一本足以安身立命的书。面对这个看似寻常的问题，我沉吟良久，竟然无法给出一个明确的答案。

我自己的专业是法学理论，但我不能推荐法学理论方面的代表性著作或"经典名著"。因为，在这个强调社会分工的时代，法学理论著作是"专业书"，是学术研究的参考资料，与一个年轻人的安身立命，似乎没有什么密切的联系。同时，我也无法推荐那些流行的、花花绿绿的"励志类"读物，因为这类书的内容很可能是它们的编著者也不相信的——它们主要是商业策划的结果。我甚至也不愿意推荐《雷锋日记》之类的书，因为这不是提问者需要的答案；再说这样的书他们早就知道了，根本用不着我来推荐。那么，该推荐什么书呢？哪本书（或哪几本书）才有资格成为一个年轻人安身立命的依据呢？

我想，在传统中国人看来，这个问题根本就不成问题。据《魏书·李先传》记载，北魏的太祖皇帝虽然位居"九五之尊"，却因为多种主观或客观方面的原因，不太懂得中国书。他问李先："天下何书最善，可以益人神智？"

233

李先毫不迟疑地告诉他："唯有经书。三皇五帝治化之典，可以补王者神智。"这就是说，最应该读的、可以让一个人（甚至是一个君主）安身立命的书，主要就是孔子、孟子的书。稍稍扩大一点，就是四书五经，或者再加上一些学术思想名家的导读性、阐释性著作，譬如董仲舒的《春秋繁露》或朱子的《四书集注》。一个少年或青年，甚至一个君主，只要按照四书五经的教导去立身处世，就会获得一个圆满而健全的人生。读四书五经，不仅能够保证一个人"诚心正意"，而且还是一条通达"修身齐家治国平天下"的坦途。换言之，一个人的此岸世界与彼岸世界、身与心，都可以借四书五经而得到妥帖的安顿。这几乎是没有什么疑问的。传统中国的青少年基本上无须为选择什么书而发愁。他们需要担心的根本问题是：是否深刻地理解了孔孟的书，是否真正实践了孔孟之道。

到了清朝末年，孔子与孟子就站不住了。在"打倒孔家店"的呐喊声中，孔孟的书成了贻误青少年的大毒草。渊博如鲁迅，也在《青年必读书》一文中，劝年轻人不要读中国书。迅翁所谓的"中国书"，当然是以四书五经为核心的中国传统典籍。孔孟的书既不可读，那就只好改读西方人的民主与科学，准确地说，是改读西方人写的关于民主与科学的书。追求民主、追求科学，这是五四新文化运动为年轻人指出的安身立命之道。

就在民主与科学取代孔子与孟子，成为一些年轻人的新追求之际，伴随着十月革命一声炮响，马克思的书也来到中国，成为一些中国青年安身立命的依据。大致说来，在20世纪上半叶，被年轻人当做安身立命的书，可以说是五花八门的：既有无政府主义的，也有费边主义的，还有国家主义的，还有马克思主义的……诸如此类，不一而足。不过，其中讲民主、讲自由的书，较多地占据了主导地位，较多地占据了年轻人的心智。

20世纪中叶以后，形势剧变。在中国传统的四书五经继续遭到贬斥的同时，来自欧美的讲自由、讲民主的书也风光不再，甚至不再具有正当性。年轻人最应当读的书变成了马恩列毛的书。按照当时的主流观念，年轻人所有的困惑，所有的人生问题，所面对的各种各样的政治、经济、社会、文化问题，都可以在马恩列毛的书中找到答案。马恩列毛的书全面取代了孔子、孟子、朱子的书，成为年轻人（以及所有人）安身立命的依据。

但是，自改革开放以来，情况又有了微妙的变化。"新时期"以后的两代年轻人更多地选择了欧美流行的思想文化著作，并以之作为自己皈依的对象。这些流行的思想文化虽然成分复杂、旗号众多、变换频繁，但大体上还是以自由民主作为底色。与此同时，还有一些人重新把目光投向传统的中国书，"少儿读经"之类，就是这种现象的折射。但是，"少儿读经"多是虎头蛇尾，潜心研读传统中国书的年轻人似乎并不太多。现在，无论是孔孟的书还是马恩的书，都有一些读者。但是，在很多读者那里，这些书主要是学术理论研究的对象或资料，是学术论文、学术著作、学术演讲、学术研讨的主题。总体上看，这些书所蕴含的义理较少逸出学院，较少进入社会，似乎也没有普遍地充当年轻人安身立命的依据。

当前，虽有例外，但年轻人的普遍想法可以归结为四个字：多多挣钱。有少数进入公务员队伍的年轻人还在期待另外四个字：早早升官。无论是挣钱还是升官，都是极其正当的追求，无可厚非，甚至还值得鼓励。相比之下，在我十多年来的教书生涯中，问我读什么书可以安身立命的年轻人，仅有前文提及的一例。这一事实说明，关心这个问题的人并不多，甚至很少。遗憾的是，面对这个难得的、颇具"终极关怀"意义的提问，我却无言以对，答不上来，交了白卷。我比北魏时期的李先差远了！因为，我确实不知道该推荐孔子还是苏格拉底，马克思还是耶稣，释迦牟尼还是穆罕默德，或者其他更适合的人物及其著作。也许因为我仅仅是法学理论的学习者、研究者，而不是思想品德方面的教师；也许是因为我们这个时代还处于观望、徘徊、选择的过程中，还没有得出最后的结论。

回到前文提出的问题——什么样的书可以让人安身立命？这个问题的实质是：什么样的书才可以指示通往桃源仙境的津渡？面对这个永恒的问题，我只能回答：我不知道。在困惑之余，我花费了数年的工夫，"在法律思想的密林里"穿行，写成了这本小册子，它虽然微不足道，我却希望它能够引发你叩问理想津渡的信心与热情。